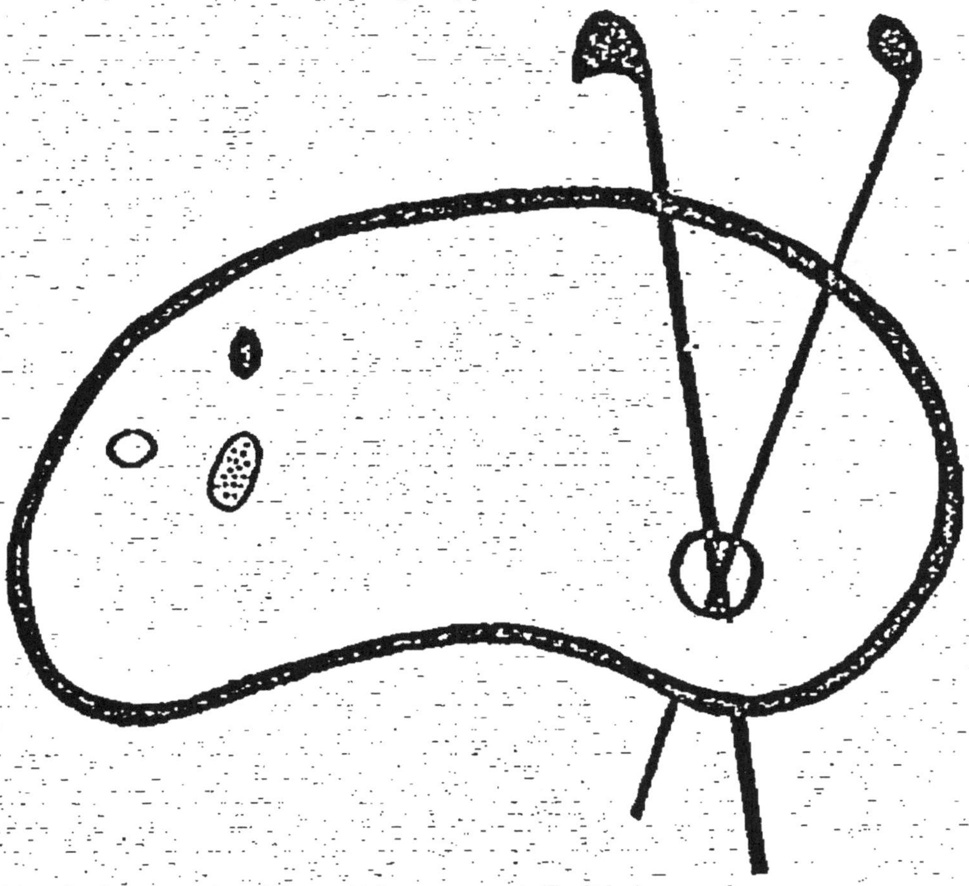

COUVERTURE SUPERIEURE ET INFERIEURE EN COULEUR

V. DE PALLARÈS

Le Crépuscule d'une Idole

Nietzsche, Nietzschéisme, Nietzschéens

PARIS

BERNARD GRASSET

ÉDITEUR

61, RUE DES SAINTS-PÈRES, 61

MCMX

BERNARD GRASSET, éditeur, 61, rue des Sts-Pères. — PARIS

DERNIÈRES PUBLICATIONS

Émile Baumann. — **L'Immolé** : roman (5ᵉ édition), *ouvrage couronné par l'Académie française* . . . . 3 fr. 50

Étienne Rey. — **De l'Amour**, *prix des « 45 »* (4ᵉ édition). . . . . 3 fr. 50

Pierre Grasset. — **Un Conte bleu**, roman, *prix des Annales* (4ᵉ édition) . . 3 fr. 50

Jean Giraudoux. — **Provinciales** : nouvelles (3ᵉ édition). . . . . 3 fr. 50

Jean Nesmy. — **La Lumière de la Maison** roman (3ᵉ édition). . . . . 3 fr. 50

Jean Harmand. — **Correspondance inédite du duc d'Orléans et de la duchesse de Montesson** (1773) . . 2 fr. »

Maurice Levaillant. — **Le Temple intérieur**, poèmes. . . . . 3 fr. 50

René Lauret. — **Line, histoire lorraine**, roman. . . . . 3 fr. 50

Jeanne Termier. — **Derniers Refuges**, préface de Léon Bloy. . . . . 3 fr. 50

Henri Ménabréa. — **Le muletier et son mulet** . . . . 3 fr. 50

Collection " Les Études Contemporaines "

Émile Faguet, de l'Académie française. — **Le Culte de l'Incompétence** . . 2 fr. »

pour paraître le 15 avril :

Pierre Leguay. — **La Sorbonne Contemporaine**. . . . . 2 fr. »

Le Crépuscule d'une Idole

Nietzsche, Nietzschéisme, Nietzschéens

V. DE PALLARÈS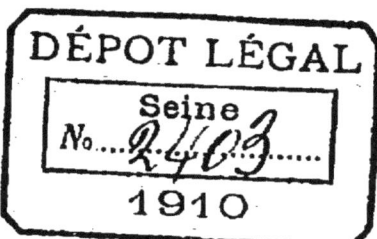

LE CRÉPUSCULE D'UNE IDOLE

Nietzsche
Nietzschéisme
Nietzschéens

PARIS
BERNARD GRASSET
ÉDITEUR
7, Rue Corneille, 7

1910

INTRODUCTION

PHILOSOPHIE ET PHILOSOPHES

INTRODUCTION

PHILOSOPHIE ET PHILOSOPHES

« La philosophie est une science dont l'idée n'est pas encore fixée ; car, si elle l'était, il n'y aurait pas autant de philosophies que de philosophes ; il n'y en aurait qu'une. On ne voit pas qu'il y ait plusieurs physiques, plusieurs astronomies ; il n'y a qu'une physique, qu'une astronomie, parce que l'idée de ces sciences est déterminée ». — Qui donc, ô philosophes, a pu écrire ces lignes désolantes ? Sans doute quelque savant à l'esprit borné, physicien ou chimiste fermé aux idées générales, incapable de pousser ses vues plus loin que ses appareils ou ses creusets ? Non point, c'est un philosophe. Alors un de ces philosophes dont toute l'originalité consiste à supprimer la philosophie, à rogner les ailes de la pensée, un positiviste, un « scientiste » (dernière formule), qui nous représente la « Reine des sciences » sous les traits affligeants d'une pauvresse contrainte d'aller mendier son pain de laboratoire en laboratoire, humble suivante, *ancilla scientiæ* après avoir été si longtemps *ancilla theologiæ* ? Eh bien, non : c'est un philosophe *vieux style*, un spiritualiste, presque un cousinien, Théodore Jouffroy, qui, au grand scandale des « philosophes classiques » de son temps, osa ainsi dénier toute valeur objective à la plus ancienne discipline de l'esprit. « La philosophie, dit-il encore, est la science de ce qui n'a pas encore pu devenir l'objet d'une science, le reste de la science primitive totale, la science de l'obscur, de l'indéterminé, de l'inconnu ». C'est aussi l'opinion d'un savant, d'un savant philosophe, et non des moindres : « L'indéterminé, seul, dit Claude Bernard, appartient à la philosophie, le déterminé tombant incessamment dans le domaine scientifique ».

On n'en finirait pas de rapporter les jugements défavorables ou ironiques dont la philosophie fut l'objet de tout temps. « Rien de si absurde, disait Cicéron, qui n'ait été soutenu par quelque philosophe ». Pour Montaigne elle est « une poésie sophistiquée... l'humaine fantaisie ne peut rien concevoir, en bien ou en mal, qui n'y soit ». Aux yeux de Pascal, « elle ne vaut pas une heure de peine » et « se moquer de la philosophie, c'est vraiment philosopher ». Voltaire estime qu'elle se compose « de choses que tout le monde sait et de choses que personne ne saura jamais ». Gœthe n'y voit que « le sens commun mis en langage amphigourique ». Enfin Renan, après avoir longuement constaté — et savouré — son impuissance radicale, non pas seulement à résoudre, mais même à poser valablement le problème des choses, propose de la classer dans la catégorie de l'art, à côté de la poésie, peut-être même un peu au-dessous.

Nous avons qualifié la philosophie de *Reine des sciences*. Si la majesté de ce superlatif n'imposait pas suffisamment, et qu'on demandât une définition plus rigoureuse, nous nous récuserions devant les difficultés de la tâche: Cette tâche, un très bon esprit de ce temps, M. E. Naville, l'a abordée en tout un volume in-8° ; nous n'affirmerions pas qu'il l'ait menée à bien. Convenez qu'on a quelque raison de se défier à priori d'une science qui exige un tel déploiement de forces spirituelles, simplement pour fixer son objet et faire valoir ses droits à l'existence.

Au vrai, le mot de philosophie exprime moins une idée déterminée qu'un mode ou mieux un genre de connaissance, genre très vaste, dont les limites, si elles existent, passent de beaucoup celles de l'entendement ; genre très riche, dont les espèces correspondent aux nombreux systèmes qui se sont partagé les esprits, depuis qu'il y a des hommes « et qui pensent ». Chacun de ces systèmes relève nécessairement d'une définition qui lui est propre. Il convient donc de chercher une formule très large, très compréhensive, capable de réunir et, au besoin, de réconcilier ces diverses conceptions. En disant de la philosophie qu'elle est aux sciences particulières ce que celles-ci sont à la connaissance vulgaire et empirique, en la proclamant ainsi la *Science des sciences*, on est assuré d'avoir pour soi tous les philosophes passés, présents et à venir. Cela est à considérer.

A défaut de définition valable, cherchons au moins de quoi se compose la philosophie. Plus exactement, que nous enseigna-t-on, qu'enseigne-t-on encore aujourd'hui sous ce nom vénérable ?

On enseigne, on croit enseigner : 1° la psychologie, 2° la logique, 3° la morale, 4° la métaphysique et la théodicée. — Or la psychologie est aujourd'hui constituée à part, avec ses chaires spéciales, sa méthode, ses laboratoires, ses revues, ses congrès, appareil imposant d'une science authentique et indépendante. Maintenant, que ses premiers résultats n'aient pas été des plus grandioses, que ses *esthésiomètres*, ses *cardiographes*, ses cylindres enregistreurs ne nous renseignent que de très loin sur ce que nous désirerions le plus savoir, c'est ce qui paraît hors de conteste. Elle ne laisse pourtant pas d'être affranchie et, pour ainsi dire, hors de page, tout en étant loin encore de l'âge adulte. La logique n'est qu'un corollaire de la psychologie, de même que la théorie de la connaissance, l'étude d'une fonction et du produit de cette fonction se rattachant étroitement à l'étude de l'organe. Quant à la théorie des méthodes, elle doit passer de plein droit aux sciences qui les appliquent. A quel titre un philosophe prétendrait-il enseigner à un savant l'art de se garantir de l'erreur, de conduire un raisonnement, d'instituer une expérience ? — La sociologie et la morale représentent peut-être le dernier refuge de la philosophie, refoulée sans trêve par les constructions chaque jour plus étendues des sciences positives, le dernier coin de terrain vague où les assembleurs de nuées ont accoutumé de se réunir pour y échanger leurs rêveries. Mais voici qu'une équipe de travailleurs se dispose à en prendre possession et à chasser définitivement ces ouvriers bavards du chantier de la science, philosophes, théoriciens et autres abstracteurs.

Restent la métaphysique et son annexe, la théodicée. Avec elles nous nous élevons dans les froides régions de l'Absolu. La métaphysique se définit en effet la « science » de l'absolu. Qu'est-ce que l'absolu ? c'est l'inconditionné, *ce qui est en soi et par soi*, (*solutum ab omni conditione*), c'est-à-dire l'inviolable par excellence, l'inconnaissable par définition, le noumène, Dieu. Prétendre connaître l'absolu, l'introduire de force dans les moules étroits de l'entendement, soumettre l'inconditionné aux catégories de la raison humaine, voilà qui constitue, depuis Kant au moins, une entreprise folle, anachronique et ridicule, vouée d'avance au plus lamentable échec. La définition même de la métaphysique implique contradiction dans les termes.

Il ne faut pas que les philosophes s'imaginent, sur la foi de Platon, qu'ils peuvent à volonté sortir de la caverne. Enchaînés côte à côte avec les philistins, ils subissent le sort commun et n'aperçoivent que des ombres. Et ces ombres seront toujours pour l'homme l'unique réalité. L'essence des choses se résout en la plus vaine des illusions. Dans l'instant qu'on croit la saisir, elle nous glisse entre les doigts pour ne nous laisser qu'un phénomène, moins que cela : un mot. Toute spéculation, toute discussion dans cet ordre d'idées, quand elles ne sont pas pure logomachie et galimatias double, s'enferment fatalement dans un cercle vicieux, et l'on peut dire des métaphysiques qu'elles ne diffèrent entre elles que par l'ampleur de ce cercle.

Que reste-t-il ou que restera-t-il bientôt à la philosophie comme domaine propre et, en quelque sorte, comme pouvoir temporel? Rien, presque rien, l'ombre d'une ombre, le souvenir mélancolique de sa grandeur passée. Et s'il est vrai qu'elle a donné le jour aux sciences particulières, en vertu de la loi générale de division du travail, il faut admirer sans réserve cette mère héroïque qui s'est dépouillée pour ses enfants au point de leur sacrifier son existence même.

L'étude complète d'une science, d'un objet quelconque de connaissance, comporte deux parties successives : la partie *historique* et la partie proprement *scientifique* ou positive, celle-ci se subdivisant à son tour en *théorique* (somme de vérités acquises, ensemble de faits et de lois) et *pratique* (technique spéciale, méthodes, appareil de recherches). Or, au point de vue de l'étude particulière qu'on se propose, ces deux parties, historique et positive, sont d'une importance relative très variable. On peut poser en principe que, plus une science est avancée, plus elle est indépendante de son évolution antérieure. Au contraire un savoir non encore constitué est inséparable de sa propre histoire et même ne s'en distingue pas. On conçoit fort bien, par exemple, la chimie sans l'histoire de la chimie, alors qu'on chercherait vainement la sociologie hors de l'exposé des diverses doctrines sociologiques, l'histoire étant « la forme nécessaire de tout ce qui est dans le devenir ».

Ces considérations sont pleinement applicables à la philosophie. Plus que toute autre, cette pseudo-science est étroitement tributaire de son passé. Elle n'existe même pas en dehors de son histoire, qu'on peut définir, sinon le tableau des erreurs de la pensée humaine, du moins et plus équitablement, avec M. Arréat, celui de « la marche de l'esprit humain dans le champ illimité de la conjecture. »

Ouvrons donc un de ces vastes recueils où la patiente érudition d'un Brucker, d'un Tennemann, nous retrace fidèlement les doctrines de ces hommes dont on peut dire qu'ils ont atteint les plus inaccessibles sommets de la spéculation. Arrivés à la dernière ligne, fermez le livre, fermez les yeux, et, la tête entre vos mains, réfléchissez. De ce terrible conflit de systèmes, de tous ces problèmes posés et résolus de cent façons diverses, de ce grandiose « tintamarre de cervelles » appliquez-vous sincèrement à dégager une pensée commune, une conception, une idée qui rappelle, de près ou de loin, cette *perennis quœdam philosophia* qu'y admirait Leibnitz. Il est à craindre que ce ne soit en vain, et que vous n'y découvriez d'autre « perennis philosophia » que la manie même de philosopher.

De deux choses l'une : ou vous sortirez de cette lecture aussi incertains que vous l'étiez avant de l'entreprendre, n'en ayant retiré, suivant la distinction de Kant, qu'une connaissance *historique* et nullement *rationnelle*, soit un profit intellectuel à peu près nul ; ou bien, par un enviable privilège, vous aurez été séduit par une doctrine particulière au point de vouloir vous l'assimiler, l'adopter à l'exclusion de toute autre. Dans ce dernier cas, il est douteux que vous puissiez justifier votre choix autrement que par des motifs tout personnels, par une disposition, naturelle ou acquise, à considérer les choses sous un certain angle, à comprendre ceci plutôt que cela, à donner le pas à l'abstrait sur le concret, au suprasensible sur le sensible, à l'idéal sur le réel, ou inversement ; soit encore par cet ensemble de vagues aspirations qu'on a nommées, « les raisons du cœur », lesquelles sont bien les plus faibles, les plus décevantes de toutes en matière de connaissance.

Des raisons logiques, des raisons *rationnelles* pour épouser tel système plutôt que tel autre, vous n'en pourrez produire aucune, par l'excellente raison qu'il n'y en a point. En effet, à quel critérium, à quelle pierre de touche auriez-vous recours ? L'évidence ? Serait-ce l'évidence au sens vulgaire et *philistin* du mot ? (« ce que je vois, ce que je touche est *évidemment* tel que je le vois, tel que je le touche ») ? Cette évidence-là ne nous fera jamais sortir du plus grossier et du plus faux des réalismes. Serait-ce plutôt l'évidence supérieure de la raison, cette évidence attestée, non plus par l'œil du corps, mais par l'œil souverain de l'intuition intellectuelle ? Le malheur est que cet œil, le degré de son acuité, de même que l'étendue de son champ visuel, diffèrent notablement d'un individu à l'autre. L'œil de l'esprit, comme l'œil du corps, est sujet à la myopie, à la presbytie, à l'hypermétropie, à l'astigmatisme. Les mêmes verres ne sauraient donc s'appliquer à toutes les vues indistinctement. Mais ces verres, ces lorgnettes, ces besicles, ce sont précisément les diverses philosophies. Et voilà bien pourquoi le verre A, qui rend évident à l'œil de Pierre un certain système du monde, ne correspond nullement au verre B, qui fait paraître non moins évident à l'œil de Paul un tout autre système de ce même monde. L'évidence en philosophie s'appelle de son vrai nom : *adaptation ;* mieux encore : *prédilection.*

Allèguerez-vous le consentement universel, ou seulement du plus grand nombre ? Citez donc une doctrine qui ait réuni, dans son intégrité originelle, plus de quinze à vingt suffrages. Car il est remarquable que toute philosophie qui franchit les limites de l'école et se popularise est vouée *ipso facto* aux pires altérations, au plus irrémédiable dépérissement. Songez à l'épicurisme. Aussi bien, *le consensus omnium* se soucie-t-il médiocrement de philosophie ; et quant au *consensus sapientium*, il est toujours en suspens.

Vous retrancherez-vous derrière la rigueur du raisonnement ? Mais qui ne voit que c'est là précisément la partie forte de tous les philosophes. (Nietzsche est, à cet égard, une rarissime exception). Les pièces de leurs systèmes s'emboîtent à merveille, et si vous accordez ou acceptez les deux ou trois premières, vous êtes entraînés à subir tout le reste. Vous ne pouvez pourtant prétendre embrasser d'une étreinte commune ces irréductibles adversaires, sous prétexte qu'ils combattent tous avec une égale valeur. Aussi bien n'oublions pas qu'un raisonnement ne vaut que ce que vaut l'objet auquel il s'applique. « Défiez-vous des logiciens », nous recommande Leibnitz. La dialectique est un excellent moulin, mais c'est un moulin à tout moudre. Versez de l'ivraie ou du bon grain dans la machine, elle fonctionnera avec la même précision.

Mais, direz-vous, faut-il donc s'armer de pied en cap d'un système tout fait. Ne peut-on pas choisir dans le vaste arsenal et emprunter à chaque école la part de vérité qu'elle a découverte ? La philosophie doit-elle renoncer à procéder comme les sciences positives, que nous voyons s'enrichir chaque jour d'acquisitions nouvelles, soigneusement contrôlées, dégagées de toute erreur, épurées de toute scorie ? Et n'est-ce pas ainsi qu'il faut entendre le conseil de Leibnitz, nous invitant à chercher sous les vicissitudes des systèmes la perdurable philosophie qui s'y trouve incluse ? Très bien : l'entreprise est intéressante ; mais elle n'aboutit en somme qu'à forger un système de plus, et tous les points d'interrogation précédemment posés se posent et s'imposent à nouveau. Nous possédons une nouvelle lorgnette faite de pièces et lentilles empruntées aux autres lorgnettes, rien de plus, rien de mieux. Nous croyons avoir découvert une optique nouvelle, une méthode de vérité applicable à tous les esprits, et voici que nous n'avons en main qu'un procédé sans valeur. Nous rejetons ceci, nous adoptons cela sans un critérium qui s'impose, en réalité, au gré de notre fantaisie, de nos idées personnelles, et, dans une large mesure, de notre *inconscient*. La science, elle, a des moyens à peu près infaillibles pour contrôler ce qu'on lui transmet. Une observation, une expérience faites en un lieu et en un temps donnés se peuvent renouveler en tout temps et en tout lieu. Rien de semblable dans le domaine de l'abstraction, où, encore une fois, le moyen de contrôle indiscutable, la pierre de touche infaillible sont encore à trouver. L'éclectisme apparaît même, de toutes les philosophies, comme la plus arbitraire, la moins conciliable avec l'esprit scientifique. « L'éclectique, dit Gœthe, est celui qui choisit, dans ce qui l'entoure, dans ce qui se passe autour de lui, tout ce qui est en harmonie avec sa propre nature pour se l'approprier ; j'entends par là qu'il doit s'assimiler tout ce qui, soit dans la théorie, soit dans la pratique, peut servir à son progrès et à son développement. Deux éclectiques pourraient donc être deux adversaires, s'ils étaient nés avec des dispositions différentes, car ils prendraient, chacun de leur côté, dans la tradition philosophique ce qui leur conviendrait ». C'est bien ainsi que Cousin entendait l'éclectisme : « L'art qui recherche et discerne le vrai dans les différents systèmes, qui, sans dissimuler ses justes préférences pour quelques-uns, au lieu de se complaire à condamner et à proscrire les autres à cause de leurs inévitables erreurs, s'applique plutôt, en les expliquant et en les justifiant, à leur faire une place légitime dans la grande cité de la philosophie, cet art élevé et délicat s'appelle l'éclectisme ». — A la bonne heure ! mais qu'il demeure entendu que cet « art » et ces « préférences » ne se donnent pas pour autre chose, et abdiquent toute prétention dogmatique. — Dans l'ordre de la pensée, l'éclectisme a sensiblement la même valeur qu'une anthologie en littérature.

N'hésitons pas à l'affirmer : tout système est une erreur. Erreur parce qu'il vise à l'absolu, alors que le relatif nous est seul accessible ; erreur parce qu'il évolue et se joue dans un monde de signes, de symboles et de mots, qu'il voudrait faire passer pour le seul monde réel ; erreur, même dans les vérités qu'il contient, par la déformation et le voisinage qu'il leur inflige ; erreur enfin, et sophisme d'orgueil, parce qu'il a la prétention d'expliquer le texte de l'univers sans s'être donné la peine de le déchiffrer.

Mais voici que s'élèvent, d'un coin du vieux temple presque désert, d'éloquentes protestations. — Impossible de souscrire à un jugement aussi exclusif, d'adhérer à une critique qui fait une part si démesurée à l'esprit de négation. Quoiqu'on puisse dire, la philosophie existe et existera toujours, parce qu'elle est l'expression d'un besoin invincible de la nature humaine, le noble besoin de s'élever, à certaines heures, au-dessus des tristes contingences de la matière et de la vie, dont la science ne nous affranchit nullement, bien au contraire. Suivant une formule célèbre, les philosophies passent, la philosophie reste. Que nous importe d'ailleurs que son objet ne soit pas précis et mesurable à l'égal de celui des sciences positives, et qu'elle ne comporte pas le même genre de certitude. On peut même accorder que certaines questions, qu'elle considère comme appartenant à son domaine, gagneraient à être traitées par les méthodes proprement scientifiques. Mais alors même que la philosophie serait entièrement dépossédée et, en quelque sorte, expropriée au bénéfice des sciences particulières, elle ne périrait point pour cela. Son esprit, son influence, son autorité, son prestige n'en seraient pas plus atteints que ne le furent, si l'on nous permet cette comparaison, le prestige et l'autorité du Saint-Siège sur le monde catholique, après la suppression de ses biens et de son pouvoir temporel. C'est qu'il y a en philosophie autre chose qu'une somme plus ou moins considérable, un enchaînement plus ou moins rigoureux de faits, d'observations et de lois ; il y a encore, il y a surtout un esprit, une tradition et un honneur. Ne souriez pas. Oui, l'honneur de poser et de scruter les éternels problèmes, dût la solution en être indéfiniment et désespérément poursuivie ; l'esprit et la tradition indéfectibles du Beau, du Bien et du Vrai.

« Le mot de philosophie, dit M. Denys Cochin, ne sera jamais rayé des langages humains, et, tant qu'il y aura des hommes, on rencontrera des esprits plus occupés de leur origine, de leurs fins dernières, de leur raison d'être dans l'univers, que de ces amusements et passe-temps qu'on appelle l'industrie, le commerce et la politique ».

A merveille. Mais il ne semble pas que nous soyons beaucoup plus avancés. L'expression d'un besoin ne nous fait pas faire un pas vers la satisfaction effective de ce besoin, non plus que l'énoncé d'un problème vers la solution de ce problème. De plus, nous voici ramenés à la conception renanienne : la philosophie en tant qu'*esprit*, vision poétique du monde, élévation sur les mystères de la destinée, harmonie que rend l'âme au contact de l'univers. Et si l'on a pu définir l'art : *la réalité vue à travers un tempérament*, cette définition, à peine modifiée ne convient-elle pas dès lors à toute philosophie : le monde vu à travers un esprit, interprété par l'intelligence, reconstruit par l'imagination ?

Que la philosophie soit autre chose, qu'elle ait été autre chose jusqu'à ce jour, c'est ce qu'il faudrait bien qu'elle nous démontrât, et par le seul argument recevable en l'espèce, l'argument de Diogène, qui prouvait le mouvement en marchant. Mais la philosophie ne marche pas ; elle tourne sur elle-même. — Erreur ! nous crie la même voix indignée, si elle tourne c'est en courbe ouverte, en spirale, c'est-à-dire en élargissant à chaque révolution son domaine et ses vues. — *Quod est demonstrandum*, répondrons-nous, l'histoire en main : sur les cinq ou six questions cardinales, c'est-à-dire sur *l'essentiel*, sur l'objet propre de la philosophie : Dieu, l'âme, la liberté, le devoir, le problème de l'être et de la destinée, nous sommes tout juste aussi avancés qu'aux temps de Thalès et des vieilles écoles de l'Inde. Qui sait même si nous n'avons pas reculé ?

On est vraiment stupéfait devant l'incroyable pauvreté de l'héritage que nous ont légué vingt-cinq à trente siècles de spéculation abstraite. Elimination faite d'un énorme *caput mortuum* de bavardages, subtilités, redites, galimatias et contradictions, il reste quelques centaines de pages de fine analyse, une demi-douzaine de beaux rêves et la théorie du syllogisme. Tout le surplus est de la critique, et de la critique terriblement corrosive. Car il est remarquable que le génie philosophique n'excelle pleinement que dans la destruction. Les plus grands philosophes furent d'enragés démolisseurs. Dès leur entrée en matière on les voit se ruer, pleins de fougue, contre les édifices établis. Ils font place nette. Après quoi ils rebâtissent sur nouveaux frais. Mais cette partie de leur tâche est généralement moins heureuse que la première, ce qui s'explique de reste par la mauvaise qualité des matériaux qu'ils mettent en œuvre. *Essence, substance, être, non être, infini, absolu*, etc., tels sont les vénérables et antiques débris qu'ils agencent laborieusement, sans s'apercevoir qu'ils viennent eux-mêmes de les effriter un peu plus, de les rendre encore plus ruineux et moins utilisables.

Il n'y a pas de philosophie, il n'y a que des philosophes. Jamais variante du célèbre aphorisme médical ne fut mieux justifiée. Ce qui s'impose en effet, dans les deux cas, et transparaît à travers des entités plus ou moins définies, c'est un tempérament, une *idiosyncrasie*, une individualité. Le philosophe interprète le monde et traduit les sensations qu'il en reçoit, comme le malade interprète sa maladie et en traduit les symptômes divers, l'un et l'autre accentuant ceci, effaçant ou omettant cela, chacun suivant son mode et son degré propre de réactivité, son indice de réfraction physiologique ou moral. « Chaque philosophie, dit encore Gœthe, n'est qu'une forme différente de la vie ». Elle n'est, dirons-nous, qu'une autobiographie de la vie intérieure, le roman d'un esprit en tête-à-tête, parfois en lutte, avec l'univers et avec lui-même.

Il n'y a pas de philosophie. — Sans doute,

dira-t-on, mais la faute en revient aux philosophes, qui furent toujours trop pressés, surtout trop présomptueux. Dans leur hâte de bâtir, ils ne regardèrent ni à la solidité des fondations ni à la qualité des matériaux. C'est pourquoi leurs édifices s'écroulèrent les uns sur les autres, comme des capucins de cartes. Autrement plus sérieuse sera la philosophie de l'avenir, celle que nous voyons déjà s'esquisser sous nos yeux et qu'on peut définir : une coordination systématique des résultats généraux des sciences, une synthèse supérieure des plus hautes généralités positives. Presque toutes les écoles modernes sont d'accord pour concevoir en ce sens la philosophie : positivistes, évolutionnistes, même des indépendants tels que Renan et Schopenhauer ne lui assignent point d'autre objet que la totalisation abstraite du savoir humain. — Sans chercher à supputer combien de milliers d'années il nous faudra attendre la réalisation de ce projet grandiose, l'achèvement de cet *Opus majus* de l'esprit, nous demanderons simplement : la philosophie ne sera-t-elle que cela, ou sera-t-elle quelque chose encore ? Si elle n'est que cela, c'est-à-dire une *Somme* ou, plus abordablement, un *Compendium* des philosophies particulières des sciences, qu'il nous soit permis de trouver que ce n'est pas beaucoup, et que les *penseurs* qui s'en contenteront feront preuve d'un grand détachement spirituel. La philosophie rappellera, en effet, à s'y méprendre ces rapports encyclopédiques dont on charge périodiquement, lors des expositions universelles, des messieurs graves, très instruits et copieusement décorés : *Rapport sur les progrès réalisés dans la construction des machines agricoles ; Rapport sur les résultats généraux des sciences touchant la question de l'immortalité de l'âme...* Si, au contraire, elle est autre chose, c'est-à-dire si on ne lui condamne pas rigoureusement la porte de l'hypothèse — porte qui donne, comme on sait, sur l'infini, — en quoi cette philosophie différera-t-elle de ses aînées ? Car Pierre et Paul auront beau s'appuyer sur les mêmes données expérimentales, partir des mêmes prémisses scientifiques, dès lors que l'interprétation, l'hypothèse, l'élément personnel sont de la partie, leurs conclusions pourront différer *toto cœlo*. Edifiées sur le même terrain positif, avec les mêmes matériaux éprouvés, les deux œuvres ne laisseront pas d'être totalement dissemblables par l'architecture, la distribution intérieure, la hauteur, la solidité, etc. C'est ce qu'avait très bien compris A. Comte ; aussi proscrivait-il l'hypothèse, cette « marchandise de contrebande », réduisant la philosophie au rôle de coordinatrice abstraite des six sciences positives. Mais une telle conception équivaut pour la philosophie à un arrêt de mort.

La vérité est que le savant et le philosophe ne

posent pas les mêmes questions à la nature, ni ne l'interrogent de la même façon. Le savant est satisfait lorsque, étant donné un phénomène, il réussit à pousser aussi loin que possible *l'explication*, c'est-à-dire l'analyse des causes et conditions ; il est ravi lorsqu'il peut les ramener à un mode du mouvement ; il ne se tient plus de joie lorsqu'il a mis ce mouvement en formules. Étant donné un phénomène, chercher, définir et, si possible, mesurer l'énergie qu'il manifeste : voilà l'idéal du savant ; là finit sa curiosité. Là commence celle du philosophe. Ce qui est solution pour l'un n'est que l'énoncé du problème pour l'autre. Ces causes et conditions, en effet, sont elles-mêmes causées et conditionnées ; quelle est donc la cause première ? Y a-t-il un inconditionné ? Vous nous parlez d'énergie : qu'est-ce que l'énergie ? D'où vient-elle ? etc. Et, comme la nature est muette et que le savant tourne le dos, le philosophe se replie alors sur lui-même et cherche dans les profondeurs de son être intime la réponse qui lui est obstinément refusée du dehors. On connaît la fable du Protée et de ses multiples métamorphoses. Le savant se contente à reconnaître, à identifier Protée sous ses divers déguisements ; le philosophe, lui, veut quelque chose de plus : savoir qui est au juste ce mystérieux personnage, d'où il vient et quel est le sens de son polymorphisme décevant.

— En résumé : ou bien la philosophie s'absor-

bera de fait dans la science, renonçant ainsi à
son idéal trente fois séculaire, ou elle sera ce
qu'elle fut toujours : une tour, une belle tour
aventureuse édifiée par un homme d'imagination sur la base plus ou moins large des connaissances de son temps. *Erit ut fuit ou non erit.*

Il n'y a pas de philosophie. — Et c'est tant
mieux. Nous n'avons nul besoin d'une doctrine
définitive. Une des plus belles facultés de l'esprit humain se trouverait ainsi paralysée. Se
représente-t-on un système comme la *Monadologie* érigé en catéchisme officiel ? — Qu'est-ce
que la Monade ? Quels sont les attributs de la
Monade ?... Ce serait intolérable. Non, nous ne
voulons pas d'une vérité en cul-de-sac. Ce que
nous aimons, c'est la *poursuite*, c'est le vent et
l'ivresse de la course. Le gibier nous intéresse
moins que la chasse. « Nous ne cherchons pas
les choses, dit à peu près Pascal, mais la recherche des choses ».

Il n'y a que des philosophes. — Que demandons-nous à un Socrate, à un Épicure, à un
Marc-Aurèle, à un Spinoza, à un Renan ? La
part de vérité qu'ils ont découverte ? le *quantum* exact de leur apport au capital scientifique
de l'humanité ? Nullement. Ce que nous cherchons en eux, c'est moins un enseignement
qu'un charme, un esprit, un idéal, un thème de
méditation, parfois un exemple. Chacun de nous

a son maître de dilection auquel il se sent uni par de secrètes affinités de tempérament et d'humeur. Toute philosophie, disions-nous, est une forme différente de la vie, une conception personnelle du monde. Or, nous portons tous en nous, plus ou moins confusément, une de ces formes, et il nous est une profonde satisfaction d'esprit, et aussi d'amour-propre, d'en trouver le dessin achevé chez un homme de génie. Il en est des philosophes comme des poètes : nous les admirons et les aimons à raison même du degré de précision et de beauté qu'ils ont su donner à notre propre idéal, à notre image intérieure de l'univers et de nous-mêmes.

Il n'y a que des philosophes. — Leurs pensées sont pour nous comme les sources pures des montagnes. Sans doute il faut peiner pour les atteindre, et que de fois nous surprenons-nous à maudire les pierres, et les broussailles, et la montée interminable ! Mais quelle joie enfin de se mirer et de tremper ses lèvres dans leur eau vierge, solitaire et glacée, cependant qu'à six mille pieds plus bas, les tristes hommes des plaines se bousculent et s'affolent autour de la mare commune des intérêts et des passions !

CHAPITRE I

NIETZSCHE ENFANT

CHAPITRE I

NIETZSCHE ENFANT

Frédéric-Guillaume Nietzsche naquit à Röcken, en Saxe, le 15 octobre 1844. Il ne semble pas que ce candidat à la folie ait eu, pour parler le terrible langage des psychiatres, une « hérédité chargée », si peu que ce fût. Sa sœur, Madame Förster-Nietzche (1), nous donne sur leurs parents, grands-parents, oncles, tantes, etc., de longs et complaisants détails, peut-être un peu moins dans l'intérêt du récit que pour nous convaincre de leur parfaite santé intellectuelle et physique. C'étaient des pasteurs de campagne, des fils, des filles de pasteurs, honnêtes, craignant Dieu, et prolifiques comme il sied à de bons pasteurs allemands. Leur caractéristique commune, ce qu'on pourrait appeler leur dominante morale, était un grand esprit de

---

(1) Elisabeth FORSTER-NIETZSCHE : *Das Leben Friedrich Nietzsche's*, 3 vol. in-8° 380-944 p. Naumann édit. à Leipzig. — Voir aussi pour la biographie de Nietzsche : D. HALÉVY : *La Vie de Frédéric Nietzsche*, et P. DEUSSEN : *Erinnerungen an F. Nietzsche*.

famille, un goût inné des manières nobles, distinguées (*vornehm*), un mot qui revient souvent sous la plume de Nietzsche), l'horreur de tout ce qui est vulgaire, bas ou seulement douteux ; surtout une fierté, une volonté d'indépendance quelque peu altière, toutes qualités bien nietzschéennes que notre philosophe relève avec orgueil dans une lettre à sa mère, à l'occasion de la mort d'une vieille tante.

Descendaient-ils des comtes polonais Niëtzky? Cela ne nous intéresse que médiocrement. Nietzsche paraît avoir cru à ces nobles ancêtres. Il note, dans un écrit de 1883, combien peu de sang allemand coule dans ses veines, et qu'il réalise physiquement le type polonais au point que des Polonais mêmes s'y trompent, se refusant à le croire Allemand d'origine. Suit un éloge enthousiaste de la Pologne et des races slaves, « bien autrement douées que les races germaniques ». M. Lichtenberger écrit à ce propos : « Nous serions assez tentés d'admettre qu'un peu de « sang noble » ait coulé dans les veines de Nietzsche. Peut-être ce fait aiderait-il à expliquer la prédominance chez lui d'instincts aristocratiques peu communs, semble-t-il, dans le milieu très respectable et très cultivé, mais modestement bourgeois où il était né. » En quoi, demanderons-nous, le fait de descendre plus ou moins directement de hobereaux polonais peut-il expliquer la nature aristocratique de l'auteur de *Zarathustra*? Et puis, ce milieu « modestement bourgeois » où vécut le jeune Nietzsche, relevant en majeure partie de la même origine, ne devait-il pas offrir, dans cette hypothèse, le même caractère de noblesse et de distinction? Mais tout cela n'est d'aucune conséquence.

Nietzsche ne parla qu'assez tard. A deux ans et demi il n'articulait à peu près rien. Ses parents s'en émurent et consultèrent à ce sujet leur médecin, qui fit cette réponse assez *gemütlich* : « Le petit Fritz ne parle pas par l'excellente raison qu'il n'a rien à dire, rien à demander ; ses moindres désirs étant comblés d'avance, pourquoi se donnerait-il la peine de les exprimer? » Quoi qu'il en soit des raisons de ce retard, le petit Fritz finit par consentir à apprendre le langage des hommes, et dès lors rattrapa si bien le temps perdu, que, moins de deux ans après, il lisait et écrivait couramment.

Déjà se dessine sa petite personnalité. Grondé pour quelque sottise, il devenait rouge comme pivoine, se retirait dans un coin et y faisait mûrement son examen de conscience. Se reconnaissait-il des torts, il n'hésitait pas à faire amende honorable : mais dans le cas contraire, le petit homme se drapait dignement dans son innocence et ne soufflait mot de la journée.

Nietzsche n'avait pas cinq ans lorsque son père succomba aux suites d'une terrible chute faite dans un escalier, onze mois auparavant. Peu après cet affreux malheur, comblé encore par la mort de son plus jeune frère, Nietzsche suivit les siens à Naumburg, petite ville saxonne où se passa sa deuxième enfance, entre l'école et la famille, celle-ci composée de sa grand'mère paternelle, de sa mère, de sa petite sœur Lisbeth et de deux tantes, sœurs de son père.

A six ans on l'envoya à la *Bürgerschule* de Naumburg. Grand'maman Nietzsche, qui nourrissait sous son petit bonnet antique des idées très avancées, en avait décidé ainsi, estimant que, jusqu'à sept ou huit ans, tous les enfants, sans distinction de classes, devaient passer par la gamelle pédagogique d'une école communale. Mais ce milieu vulgaire et bruyant convenait mal au « petit pasteur », surnom que lui valait sa gravité précoce et déjà sentencieuse. « Dès cette époque, écrit-il dans son autobiographie de 1858, mon caractère commençait à se montrer. J'avais vu dans ma si courte existence trop de deuils et de chagrins pour être aussi joyeux et turbulent que les enfants de mon âge. Mes camarades se moquaient de mon air sérieux, et cela non pas seulement à l'école, mais aussi plus tard à l'institution et au lycée. Dès mon enfance je recherchais la solitude et ne me trouvais nulle part mieux que là où je pouvais tranquillement me livrer tout entier à mes réflexions. »

On le mit un an après à l'institution Weber avec ses deux premiers amis intimes, Guillaume P... et Gustave K... qui le tenaient pour un modèle et devaient toujours garder de lui le plus profond souvenir. En 1854, à dix ans, il entre, à sa grande joie, comme élève de cinquième au gymnase de Naumburg. Le jeune Fritz était alors, au physique, un grand, blond et robuste garçonnet, très fier de sa petite personne et jouant au grand frère, à l'homme fort, auprès de sœurette extasiée ; au moral un élève exemplaire, sérieux, travailleur, remarquablement doué, type accompli du *fort en thème*, espoir et orgueil de ses parents et professeurs. Quel que fût son goût pour la solitude et la méditation — et il paraît hors de doute que ce goût fut très vif — le jeune Nietzsche ne laissait pas de s'intéresser, voire de se passionner aux jeux de son âge. Il faut lire, dans le livre de Madame Förster-Nietzsche, les pages attendries et délicieusement puériles qui ont trait à cette période de leur vie : jeux guerriers, combats homériques, théâtre enfantin, où Fritz, toujours et en tout dirigeant et commandant — volonté de puissance déjà ! — dépensait sans compter des trésors d'imagination ; premiers spectacles sensationnels: tel celui de ces funambules célèbres qui firent une si grande impression sur le futur auteur de *Zarathustra* ; Noëls prestigieux, fêtes familiales célébrées comme on sait le faire en

Allemagne, vacances fertiles en aventures, etc.

Autre régal : les souvenirs vécus de grand'maman Nietzsche : la campagne de 1806, l'occupation du pays par ces terribles Français qui ne respectaient ni l'argenterie (combien nos bons Allemands se sont dédommagés depuis !) ni la vertu des Gretchen, ceci congrûment gazé, il va de soi. Elle avait vu Napoléon — Parlez-nous de lui, grand'mère ! suppliait Fritz — et, malgré tout et contre tous, gardait du vainqueur de 1806, un souvenir ému. Quand les enfants revenaient de l'école, enflammés contre la « bête féroce », le Croquemitaine pour grandes personnes que le barbacole leur avait dépeint, la bonne dame hochait la tête et disait en souriant : « Eh bien, mes petits, c'était tout de même un très grand homme ». — Nietzsche d'ailleurs l'entendait bien ainsi. — Quoique protestante, elle ne se faisait pas une idée excessive de la « mauvaise conscience » et du péché : « Je ne sais vraiment pas, disait-elle un jour, comment on peut se complaire à ruminer ces choses tristes. » On voit que Nietzsche avait de qui tenir. Cette femme d'esprit mourut dans la soixante dix-septième année de son âge, en avril 1856.

Nietzsche fit ses classes de grammaire, jusqu'en troisième, au gymnase de Naumburg. A cette période se rattachent ses débuts dans la carrière poétique. Si l'on en juge par les pièces qui nous ont été conservées, ses dons lyriques n'excédaient pas l'honnête moyenne. Le ciel, les étoiles, les fleurs, les oiseaux y sont célébrés en de petits vers candides, impersonnels et non toujours corrects. La rime le gêne-t-elle, il s'en affranchit (comme il fera plus tard) sans le moindre scrupule. Bien qu'il ait, dans son journal de 1858, apprécié ces bluettes à leur juste et assez maigre valeur, il ne laisse pourtant pas d'en dresser une liste très minutieuse, les répartissant en trois périodes, suivant l'inspiration, les tendances, l'idéal qu'elles révèlent, bref paraissant les prendre — et se prendre — en somme assez au sérieux.

De cette époque aussi datent ses premières compositions (?) musicales, ainsi que ses premiers essais théoriques, dont nous extrayons un jugement qui caractérise déjà sa manière tranchante et absolue : « Les hommes qui n'aiment pas la musique, déclare-t-il, doivent être considérés comme des brutes inintelligentes. »

Cependant ses succès scolaires et de bienveillantes recommandations lui valaient une place de boursier à la célèbre école de Pforta, où il entra en 1858. Il en rêvait depuis si longtemps !

Là, oui là seulement,
C'est là que je voudrais être !

Comme en toutes les choses de ce monde, la réalité se révéla ici très inégale au rêve. Le jeune

Nietzsche fut malheureux à *Pfortaschule*. Il y ressentit à l'excès la tristesse et les misères de l'internat, et cela pendant des années. L'école n'était pourtant située qu'à quelques kilomètres de Naumburg, ce qui permettait de fréquentes et longues visites des siens. D'ailleurs, la discipline y était très supportable, l'esprit excellent et le niveau fort élevé. Quelles sont donc les raisons d'une nostalgie aussi anormalement persistante ? On peut compter en première ligne l'humeur farouche, peu liante et, sans doute aussi, peu sympathique du jeune Nietzsche, son aversion pour les amitiés faciles et la camaraderie bruyante des enfants de son âge, son horreur de toute promiscuité, même dans un milieu choisi comme l'était celui de Pforta ; en second lieu son esprit d'indépendance qui devait lui faire supporter difficilement une règle intelligente et paternelle, il est vrai, mais ferme et même inflexible à l'occasion (comme il eut d'ailleurs sujet de s'en assurer personnellement) ; enfin il dut souffrir dans son amour-propre de n'être plus l'indéfectible premier de sa classe, l'élève incomparable, l'écolier modèle de Naumburg ; ses parties faibles s'accusèrent et il n'arriva jamais qu'à se maintenir à un rang honorable, très honorable, mais rien de plus.

Il coula sa mélancolie, comme on peut s'y attendre, dans un journal intime et des poésies qui nous ont été conservés. Il est remarquable que, chez Nietzsche, tout se traduit par des écritures. Le moindre évènement retentit sur sa vie intérieure et lui est matière à philosopher. A dix ans il rédigeait déjà, à l'occasion de ses jeux, de petits traités didactiques ; puis la musique lui inspira de graves maximes, dans le goût de celle que nous avons rapportée plus haut. Voici ce que lui dicte sa nostalgie en août 1859, par un jour sombre et pluvieux : « Je soupire après Naumburg, après mes amis, avec qui je me plaisais à m'entretenir en de pareils moments. Ici je n'ai personne. Toute l'école est si tristement vide pour moi !... O Noël, Noël, que tu es loin ! que tu es loin ! — Je me réjouis à la pensée de dimanche ; mais la semaine est terriblement longue à passer ! Il est vrai qu'un temps sombre rend l'âme sombre, et, quand le ciel pleure, mes yeux aussi se remplissent de larmes. Hélas ! mon âme a comme un amer avant-goût de l'automne. Il me souvient d'une journée de l'an passé, quand j'étais encore à Naumburg. Je me promenais près de la porte Marie ; le vent balayait les chaumes dénudés ; les feuilles jaunies tombaient autour de moi, et je songeais avec une profonde douleur : Le printemps fleuri, le radieux été sont envolés, partis pour jamais ! Bientôt la blanche neige viendra ensevelir la nature mourante !

Les feuilles tombent des arbres,

*Emportées par les vents furieux,
Hélas ! la vie avec ses rêves
Ne sera bientôt plus que cendre et que poussière.*

Nous faisons connaissance ici, pour la première fois, avec un Nietzsche fortement teinté de romantisme, un peu larmoyant et attendri sur lui-même, que nous ne retrouverons plus. Il n'était peut-être pas sans intérêt d'en dire un mot.

Cette crise intérieure était à peine apaisée qu'une autre se déclara. Nietzsche fut dès son enfance et demeura toujours épris de polymathie, passionné pour l'omniscience, *Universalwissen*. A quinze ans il rêvait d'être un Pic de la Mirandole, de faire son domaine de l'empire entier du savoir humain. La lecture de Humboldt ne fit qu'exciter cet appétit de connaissance, véritable boulimie intellectuelle dont il ne parvint jamais à guérir complètement. Il dresse une longue liste des sciences et des arts qu'il veut posséder : géologie, botanique, astronomie, musique, poésie, peinture, théâtre, art militaire, architecture, art naval, mathématiques, sciences naturelles, chimie, histoire, géographie, littérature, langues, etc., tout cela mis sur le même plan, en un pittoresque désordre. « Grand est le domaine du savoir, ajoute-t-il, *infinie* la recherche de la vérité ». C'est bien le même homme qui écrira plus tard : « Quelle n'est pas mon avidité ! En mon âme ne réside aucun désintéressement, mais un « soi » avide de tout, qui voudrait voir par les yeux, saisir par les mains de beaucoup d'individus, comme par ses yeux, ses mains à lui, — un « soi » qui ne veut rien perdre de ce qui pourrait lui appartenir ! Oh ! que cette avidité me brûle ! Oh ! si je pouvais renaître en cent autres êtres ! — Celui qui ne connaît pas par expérience ce soupir ne connaît pas non plus la passion de la vérité. » Nous reconnaissons à ces traits le « supplice d'une trop riche nature », la « forte encéphalite » dont Renan eut aussi à souffrir dans sa jeunesse et qu'il décrit dans les premières pages de *l'Avenir de la Science* : « L'homme né avec une faculté éminente qui absorbe toutes les autres est bien plus heureux que celui qui trouve en lui des besoins toujours nouveaux, qu'il ne peut satisfaire. Il lui faudrait une vie pour savoir, une vie pour sentir et aimer, une vie pour agir, ou plutôt il voudrait pouvoir mener de front une série d'existences parallèles, tout en ayant dans une unité supérieure la conscience simultanée de chacune d'elles. Bornée par le temps et par des nécessités extérieures, son activité concentrée se dévore intérieurement. Il a tant à vivre pour lui-même qu'il n'a pas le temps de vivre pour le dehors. Il ne veut rien laisser perdre de cette vie brûlante et multiple, qui lui échappe et qu'il dévore avec précipitation et avidité. Il roule d'un monde sur l'autre, ou plutôt des mondes mal harmonisés se heurtent dans son sein... Puis quand il se voit dans l'impossibilité de réaliser cet idéal multiple, quand il voit cette vie si courte, si partagée, si fatalement incomplète, quand il songe que des côtés entiers de sa riche et féconde nature resteront à jamais ensevelis dans l'ombre, c'est un retour d'une amertume sans pareille. Il maudit cette surabondance de vie qui n'aboutit qu'à se consumer sans fruit, ou s'il déverse son activité sur quelque œuvre extérieure, il souffre encore de n'y pouvoir mettre qu'une portion de lui-même. A peine a-t-il réalisé une face de la vie, que mille autres non moins belles se révèlent à lui, le déçoivent et l'entraînent à leur tour... » (Renan, *l'Avenir de la Science*, p. 15).

Cette maîtresse page s'applique de tout point à Frédéric Nietzsche qui d'ailleurs, par tant d'autres traits, rappelle l'auteur des *Dialogues philosophiques*. On sait que Renan exprima à plusieurs reprises son regret de n'avoir pas choisi les sciences de la nature de préférence à ces pauvres sciences « conjecturales » qu'on nomme la philologie et l'histoire. Une semblable incertitude sur sa vocation met notre jeune philosophe à la torture. Un instant, il songe à se consacrer à la musique. Mais il dut reconnaître qu'il n'était pas suffisamment désigné pour un art qui requiert de tout autres dons qu'une certaine virtuosité d'exécutant, ou même d'improvisateur. A sa mère qui le supplie de songer un peu au côté pratique, il répond qu'il s'en préoccupe, mais qu'il ne peut se résoudre à se spécialiser étroitement, qu'il ne veut à aucun prix devenir une « bête de métier » (Berufsthier), qu'il tient à réaliser « quelque chose de grand » et à ne pas jeter inconsidérément par-dessus bord ses études de prédilection.

Cependant il se relâchait sensiblement et négligeait de plus en plus ses travaux scolaires. L'élève Nietzsche, jusqu'alors appliqué et parfois brillant, quoique inégal, tournait au paresseux. Singulier moyen, dira-t-on de réaliser ses rêves de culture universelle ! Avec Nietzsche il faut toujours s'attendre à des volte-face, à des contradictions, à des sautes de vent. L'école l'ennuyait. Il déplore sans trêve l'étroitesse (!) du milieu où se consument les plus belles années de sa vie. Toute son activité se reporte alors vers la petite association littéraire *Germania* qu'il avait fondée avec ses deux amis d'enfance Guillaume et Gustave. Il s'occupe aussi de travaux personnels : *L'Histoire et la Fatalité* ; le *Libre arbitre et le Destin*. — Assurément le cas n'est pas grave, et il arrive au meilleur élève d'avoir des distractions. Qui de nous ne s'est jamais surpris à faire des mathématiques à la classe de latin, et *vice versâ* ? Mais ici nous nous trouvons en présence du premier terme d'une longue série qui ne se terminera qu'avec la vie consciente de Nietzsche. Toute sa vie durant, il fut ballotté entre deux courants contraires : ses obligations professionnelles d'une part, et, de l'autre, ses travaux personnels, ses études de prédilection ; puis, quand il se décida à s'affranchir des premières, combien il fut encore loin de trouver son équilibre dans les autres, c'est ce que nous verrons bientôt.

Cette défaillance n'eut d'ailleurs qu'une courte durée. Les deux dernières années passées à Pforta furent de tout point excellentes et Nietzsche, nonobstant quelque faiblesse en mathématiques, passa un assez bon examen de fin d'études. Entre temps, il s'était prononcé pour la carrière « académique » et se préparait à faire consciencieusement de la philologie. Consciencieusement ne veut pas dire avec enthousiasme : il n'avait en effet choisi cette voie que comme pis aller, parce qu'il fallait bien finir par « embrasser » une carrière, d'ailleurs secrètement résolu à y faire « quelque chose de grand » ou à s'en désintéresser.

Quelques linéaments de sa personnalité littéraire et philosophique se devinent déjà d'après le choix de ses lectures et de ses études libres. Le *Cosmos* de Humboldt le grise d'omniscience et lui ouvre de grandioses perspectives sur ce vaste univers. A quinze ans, il lit et relit les *Brigands* de Schiller, où il admire « une vraie guerre de Titans *contre la religion et les vertus.* » Le brillant Jean-Paul, fils de pasteur comme lui, le séduit par un genre d'esprit assez rare en Allemagne, l'humour. « Je crois, écrit-il, que Jean-Paul sera un de mes auteurs de chevet. » Par contraste, un autre fils de pasteur, cet élégiaque Hœlderlin qui devait finir dans les ténèbres de la démence une vie tourmentée et misérable, l'attire comme par un sinistre pressentiment de sa propre destinée. Un peu plus tard il écrira une thèse sur Théognis de Mégare, le gnomique et hautain aristocrate qui lui passera certainement une bonne part de son mépris pour le « troupeau ». Enfin, dans la courte notice biographique que chaque élève de Pforta, suivant l'antique usage, laisse comme dernier souvenir à l'*alma parens* qu'il va quitter, Nietzsche mentionne ses classiques grecs favoris : Eschyle, Sophocle, Platon, dont le *Banquet* l'enchante tout particulièrement.

Sans doute aussi avait-il dès cette époque pris contact avec les moralistes français, spécialement avec La Rochefoucauld et Pascal, encore qu'il n'en soit point question dans ses écrits de ce temps-là. On en jugera par les moins naïfs des aphorismes ci-après :

IDÉES (été 1861)

« — Infinie est la poursuite de la vérité.

— La guerre entraîne la pauvreté, qui entraîne la paix.

— Toutes les fois qu'un homme s'élève contre la religion, on peut présumer hardiment que ce n'est pas sa raison, mais bien ses passions qui ont vaincu sa foi. Une conduite coupable et une foi pure sont deux voisines qui ne peuvent pas se sentir, et, quand elles viennent à se séparer, on peut dire qu'elles ne le font que pour se délivrer l'une de l'autre.

— La gravité est une attitude du corps dont le but secret est de masquer les défauts de l'âme.

— Une once d'esprit naturel vaut mieux qu'une cargaison d'esprit emprunté.

— L'esprit naturel doit jaillir de notre âme et non de celle des autres.

— Le fondement de l'Etat, c'est la Religion. La décadence des mœurs a comme suite un amollissement progressif.

— Plus un Etat est cultivé et civilisé extérieurement, plus il est près de sa fin. »

Nietzsche garda de Pforta une impression assez médiocre et demeura convaincu qu'il avait, par un effort de volonté et d'attention, réellement sauvé sa personnalité de l'action uniformisante « exercée par une discipline qui, devant agir sur la masse, traite froidement et superficiellement les individualités. » Il ne méconnaissait pourtant pas tout ce qu'il en emportait de bonne culture et de solide préparation aux nouvelles études qu'il allait aborder. Plus tard il écrira : « Il n'y a pas d'éducateurs. En tant que penseur on ne devrait parler que d'éducation de soi. L'éducation de la jeunesse dirigée par les autres est, soit une expérience entreprise sur quelque chose d'inconnu et d'inconnaissable, soit un nivellement par principe, pour rendre l'être nouveau, quel qu'il soit, conforme aux habitudes et aux usages régnants. Dans les deux cas c'est quelque chose qui est indigne du penseur ; c'est l'œuvre des parents et des pédagogues, qu'un homme hardi et loyal a appelés *nos ennemis naturels*. Lorsque depuis longtemps on est élevé selon les opinions du monde, on finit un jour par se *découvrir soi-même* : alors commence la tâche du penseur. »

CHAPITRE II

NIETZSCHE DISCIPLE

CHAPITRE II

NIETZSCHE DISCIPLE

Nietzsche passa à Bonn deux semestres (1864-65) comme étudiant en philologie et théologie. Il y fit connaissance avec le monde, le théâtre, l'art, et aussi avec le grand tas, le troupeau et les « philistins de la culture ». (1) Il entre en effet dans la *Burschenschaft* « Franconia » et paye d'abord son tribut d'excentricités et de fanfaronnades. Mais il ne tarde pas à prendre en aversion ce milieu si peu « distingué », où l'on n'a que des « opinions en masse » et dont le « matérialisme d'estaminet » le choque au-delà de toute expression. Il propose des réformes de mœurs qui sont accueillies, comme bien l'on pense, par un *tolle* à peu près unanime. Sur quoi notre inactuel philosophe se retire dignement. De son passage à la *Burschenschaft* datent son horreur pour le tabac, la boisson et l'intraduisible *Biergemütlichkeit*. « Des gens

(1) *Bildungsphilister*, une façon de Homais aggravée de suffisance et de snobisme.

qui tous les soirs fument pipe sur pipe et s'emplissent de bière sont absolument hors d'état de me comprendre ; il leur manque en effet cette clarté d'esprit qui est de toute nécessité pour saisir et embrasser les problèmes si profondément délicats qui sont les miens. » Il n'en demeura pas moins vivement froissé du peu d'égards que lui avaient témoigné ses camarades en se soustrayant à son influence réformatrice, — et son séjour à Bonn finit dans la mélancolie.

Nietzsche suivit à Leipzig son maître préféré, Ritschl, qui de son côté ne tarda pas à distinguer le jeune étudiant et, dès lors, le prit en grande affection et particulière estime. Mais son vrai maître, celui qui devait influer, peser en quelque sorte sur toute sa vie, celui qui l'éclaira d'une lumière soudaine sur sa réelle vocation, ce fut par hasard qu'il le rencontra. — Il avise un jour, chez son logeur, l'antiquaire Rohn, un gros livre dont le titre étrange éveille sa curiosité : *Le Monde comme Volonté et Représentation*, par Arthur Schopenhauer. Il le prend et en parcourt hâtivement quelques pages. « Je ne sais, dit-il, quel démon me souffla alors à l'oreille : « Achète ce livre et emporte-le ». En tout cas ce fut contre mon habitude, qui est de n'acheter des livres qu'après mûre réflexion. Arrivé chez moi, je m'enfonçai dans un fauteuil avec mon trésor et m'abandonnai enlièrement à la séduction de ce puissant et sombre génie. Là, chaque page, chaque ligne me criait : *Résignation, négation, renoncement ;* là je voyais comme un miroir où le monde, la vie et mon âme même m'apparaissaient dans une terrifiante grandeur. Là j'apercevais le mensonge désintéressé de l'art, là je voyais la maladie et la guérison, l'exil et le refuge, l'enfer et le ciel. « Ce fut plus que de l'enthousiasme, un véritable et dangereux délire où sa raison chancela. « Je me contraignis, écrit-il, pendant quinze jours consécutifs à me coucher à deux heures du matin pour me lever à six heures précises. Une insurmontable surexcitation nerveuse s'empara de moi, et qui sait jusqu'à quel degré de folie cela aurait pu aller si les appels de la vie... et la nécessité d'études régulières n'avaient salutairement réagi ».

Une de ses lettres nous révèle déjà, en un curieux passage, comment sa future philosophie devait se dégager de celle de Schopenhauer : « J'ai trois récréations, écrit-il, mais quelles récréations ! Schopenhauer, la musique de Schumann, et mes promenades solitaires. Hier, comme un terrible orage s'annonçait, je me hâtai vers une colline prochaine... où je trouvai une cabane... L'orage éclata avec violence, accompagné de grêle et d'une tempête de vent. J'en éprouvai une extraordinaire exaltation. Je compris en ce moment que, pour pénétrer le mystère de la nature, il faut commencer par nous évader de nos préoccupations et de nos contraintes habituelles. Que m'était alors l'homme et son inquiète volonté ! Que m'était l'éternel « *Tu dois* », « *Tu ne dois pas !* » Quel tout autre langage me parlaient l'éclair, la tempête, la grêle, libres puissances, sans morale ! Comme elles sont heureuses et fortes ! Volonté pure, non obscurcie par l'intelligence ! »

F. Nietzsche termina avec le plus grand succès ses études philologiques. Il fit ensuite à Naumburg en 1868 son service militaire, bientôt interrompu par un grave accident de cheval qui eut les suites les plus douloureuses. Ce fut là son premier contact sérieux avec la maladie, avec la « bonne souffrance », prélude d'épreuves physiques autrement plus angoissantes et plus cruellement tenaces. En novembre de la même année se place sa première entrevue avec Richard Wagner, entrevue cordiale et *gemütlich* à souhait : on cause pessimisme et musique, on rit — car « Richard » est très gai, d'une gaîté un peu grosse, mais communicative — et l'on se sépare sur la ferme promesse de se revoir.

En 1869 il est nommé, grâce à la toute puissante recommandation de Ritschl, professeur de philologie classique à l'Université de Bâle. Stupéfaction générale, grand émoi ! Professeur à vingt-quatre ans, sans même avoir en poche son parchemin de docteur ! Quel génie venait donc de poindre à l'horizon germanique ? Lui seul reste calme : « Eh bien, quoi ? il y a un professeur de plus par le monde ; que voit-on là d'extraordinaire ? » L'Université de Leipzig, tenant compte de ses travaux antérieurs, le dispensa de présenter sa thèse et lui conféra sans examen le titre de docteur.

Professeur de l'enseignement supérieur à un âge où l'on n'est d'ordinaire encore qu'étudiant, tout autre que lui ne se fût pas tenu de joie. Mais Nietzsche est l'homme des violents contrastes, des plus paradoxales bizarreries de tempérament. Il excelle, pour nous servir d'une expression qui lui est chère, à faire bonne mine à mauvais jeu ; mais, inversement aussi, à jeu splendide mine renfrognée. Nous avons vu que la philologie ne l'enthousiasmait qu'à demi. Il n'a pas encore pris possession de sa chaire que déjà il envisage la possibilité de l'abandonner. Sa grande peur, comme il l'écrit à un ami à la date du 15 avril 1869, c'est de devenir un « philistin », un « homme de troupeau ». « Que Jupiter, dit-il, et toutes les Muses m'en préservent ! » Et pourtant, n'est-il pas un peu sur la voie qui mène au *philistinisme* en se préparant à être l'homme d'une spécialité ? Est-il rien qui rétrécisse davantage le champ de la compréhension, qui émousse plus sûrement le sens philosophique que l'accomplissement d'une tâche journalière, que la concentration de la pensée dans un canton strictement limité du savoir! — On reconnaît là l'élève de Pforta impatient de la règle « étroite » de la maison, l'ennemi de toute contrainte, de tout devoir imposé du dehors que fut toute sa vie, en théorie et en acte, l'auteur de *Zarathustra*. Il se flatte néanmoins de maintenir sa liberté d'horizon, d'échapper au danger de la « micrologie », du culte de « la variante en soi » où donnent la plupart des philologues, si profondément il sent en lui le sérieux philosophique, si clairement lui ont été révélés, « par le mystagogue Schopenhauer, les vrais problèmes essentiels de la vie et de la pensée ! » Et ce sérieux philosophique, cette influence de Schopenhauer, ce sens des grands problèmes, il va les faire passer dans son enseignement. Car il lui importe peu de former de bons philologues au sens étroit du mot. Il fera de la philologie philosophique. Oui, et mieux que cela : de la philosophie à l'occasion et sous le couvert de la philologie.

Résumons brièvement les principaux articles de son *Credo* philosophique à cette époque de sa vie.

1° Supériorité de ce qu'il y a en nous de plus profond, de plus personnel, de plus *nouménal* (au sens schopenhauerien) : l'Instinct.

2° Se connaître soi-même, et se connaître par ses actes plus que par la réflexion, destructrice d'énergie.

3° Nos actes doivent rester indépendants de

notre conscience (psychologique). Celle-ci d'ailleurs n'a pas d'unité réelle : elle n'est qu'une collection de phénomènes.

4° Deux facultés à cultiver en nous : 1° envisager toujours ce que nous sommes — et quoi que nous soyons — du point de vue esthétique : jeter sur toutes choses « ce regard de Gorgone » qui les pétrifie et les métamorphose instantanément en une œuvre d'art, en un spectacle de beauté ; — 2° Accueillir ce qui nous arrive — et quoi qu'il nous arrive — comme « de l'eau pour notre moulin » pour parler comme Gœthe ; « faire bonne mine à mauvais jeu » pour parler comme Nietzsche ; ou encore, si on nous passe cette image familière, ramasser la tuile qui nous tombe sur le dos et l'utiliser pour réparer notre toit. Ces deux facultés, nous élevant en quelque sorte au-dessus de nous-mêmes, nous permettent d'échapper aux prises de la souffrance et du malheur.

5° Enfin cette souffrance et ce malheur, objet d'épouvante pour l'homme du troupeau, il faut les accepter comme nous acceptons le bonheur et la joie ; et ce n'est pas assez de les accepter, il faut les *vouloir*, car ils sont partie de nous-mêmes et nous devons *vouloir* tout ce que nous sommes ; et ce n'est pas assez de les vouloir, il faut encore les *aimer*, parce que nous devons nous aimer nous-mêmes et nous aimer tout entiers. *Aime ton destin.*

Nietzsche prit possession de sa chaire en mai 1869. Son discours d'ouverture fit sensation. Il traitait de la philologie classique, de son caractère, de son passé et de son avenir. C'est avec la plus profonde surprise que l'auditoire choisi et un peu solennel, composé de conseillers, de professeurs, de notabilités, autant que d'étudiants, voyait s'évanouir, sous le charme de la jeune et ardente parole, l'antique et banale image qu'il se faisait de la philologie. Au lieu de la vieille dame à lunettes, sèche, rêche et guindée, leur apparaissait une sorte de messagère des Dieux, souriante et nimbée de poésie, qui serait descendue en cette sombre vallée de larmes pour apporter aux hommes, comme jadis les Muses aux lourds paysans béotiens, un rayon d'idéal, d'enthousiasme et de beauté.

« Nous avons mis la main sur un oiseau rare », disait en sortant un conseiller. Oiseau rare en effet, et qui devait voler loin, très loin et très haut par delà tous les horizons connus et permis, mais qu'allait retenir quelque temps encore le fil à la patte wagnérien.

Le célèbre Ritschl, apprenant ce premier succès de son élève préféré, eut ce mot à double détente : « J'avais bien prédit qu'il saurait donner à ses recherches philologiques le même attrait qu'un romancier français à ses romans ».

Ici commence la période vraiment religieuse de la vie de Frédéric Nietzsche. Tous les mots sont trop faibles pour exprimer le sentiment que lui inspira Richard Wagner, tous, hormis peut-être un seul : *idolâtrie*. Wagner fut pour lui plus qu'un homme, plus qu'un *Surhomme* : un dieu grec descendu de l'Olympe, un « Jupiter » rayonnant, dont on devait s'estimer trop heureux de chanter les louanges et de propager le culte. Le maître résidait alors avec les siens à Tribschen, près de Lucerne, et Nietzsche s'évadait souvent de Bâle, le samedi soir, pour aller passer le dimanche auprès de l'Idole, en une respectueuse et profonde intimité.

Ses lettres débordent de ferveur : « Il réalise, comme nul autre ne peut le faire, l'image parfaite de ce que Schopenhauer nomme le Génie... En lui règne une si absolue idéalité : une humanité si profonde et si émouvante, une si sublime gravité, que je me sens auprès de lui comme en présence de la divinité même... Il faut que je te parle encore de mon Jupiter, de Richard Wagner... Ce que j'apprends et ce que je vois là-bas (à Tribschen), ce que j'y entends et devine est inexprimable. Schopenhauer et Gœthe, Eschyle et Pindare vivent encore, crois le bien... Mais il me faut finir, sinon je sens que je vais entonner un *péan*. »

Il presse ardemment ses amis d'embrasser la foi wagnérienne, et ses deux disciples de la première heure, Erwin Rohde et Gersdorff, se laissent endoctriner. Rien n'arrête l'élan de son prosélytisme. Tribschen est pour lui comme un lieu saint où il voudrait voir se diriger en pèlerinage les princes et les grands de la terre : il se tient à quatre pour ne pas proposer à la princesse Constantin de rendre visite à Richard Wagner !

Tout lui souriait alors, les enfants du dieu, qu'il comblait de cadeaux, Bâle la vieille cité moyenâgeuse, l'austère philologie elle-même ; enfin il venait d'être promu professeur ordinaire et travaillait diligemment à son grand ouvrage sur l'antiquité grecque, lorsque la guerre éclata. Le jeune professeur se sentit en délicate posture. En acceptant une chaire à l'université de Bâle il avait dû renoncer à la nationalité allemande. Or il estimait de son devoir d'aller combattre lui aussi « le maudit tigre français » ennemi de la bonne culture germanique, ainsi qu'il l'écrivait à sa mère. Sur sa demande, le gouvernement fédéral l'autorisa à s'engager, mais seulement comme non-combattant, — et le futur prophète de Zarathustra prit du service dans les ambulances. Il fit son devoir comme il faut, relevant et transportant les blessés, maniant avec zèle charpie, bandages, flacons et autres armes pacifiques. Mais le Dieu des armées lui était décidément hostile. Quelques jours seulement après son entrée en campagne il tombe malade, et dut finalement être évacué sur Naumburg. Cette courte et peu homérique expédition d'infirmier suffit à ébranler sa santé, déjà fort inégale. Il faut dire que, à moitié rétabli, il se traita contre toutes les règles du plus élémentaire sens commun, se droguant sans trêve ni discernement, surexcitant ses nerfs malades par un travail inopportun et demesuré.

Depuis longtemps déjà, Nietzsche « ruminait » un grand ouvrage sur l'antiquité grecque durant la période présocratique. Outre des esquisses et plans détaillés, il en avait écrit entièrement certaines parties, qu'il s'était empressé de communiquer au Maître et à Madame Cosima Wagner. On était bien trop avisé à Tribschen pour ne pas sentir quel merveilleux parti se pouvait tirer de cette riche et ardente nature, si originalement douée, prête à tous les dévouements, véritable force encore inconsciente d'elle-même, qu'il s'agissait seulement de savoir manier et diriger au mieux des intérêts wagnériens. On le félicite, on l'encourage de la façon la plus délicatement pressante à faire la synthèse de ses travaux, de ses vues si profondes, en un livre magistral et définitif. On le grise de l'illusion qu'il exerce sur l'inspiration du Maître la plus heureuse influence, qu'il le console à lui seul de l'animadversion et de l'incompréhension générales. « Hier, lui écrit Madame Wagner, le Maître, après vous avoir lu, s'est remis à son Siegfried avec un renouveau d'ardeur ». « Montrez donc, écrit Wagner de son côté, ce que peut la philologie, et aidez-moi à mener à bien la grande Renaissance qui réconciliera Homère avec Platon. »

Dès 1869, Nietzsche est décidé à réduire considérablement les proportions de son ouvrage et à en faire une apologie indirecte de l'art wagnérien. Il déborde d'un tel zèle, d'une si immense gratitude pour le maître qui l'a appelé à lui et lui a ouvert les trésors de son âme d'incomparable artiste, que ce n'est certes pas trop de tout un livre, de toute une science pour le payer de retour. — Et c'est bien toute une science, en effet, — et aussi toute une conscience — que Nietzsche va sacrifier à ses deux idoles du moment : Schopenhauer et surtout R. Wagner. Il écrit à son éditeur de Leipzig pour lui recommander particulièrement l'exécution artistique du travail. Il veut une brochure tout à fait esthétique, de format in-8°, avec de grandes lettres, et surtout « de très beau papier ». Mais l'éditeur recula au dernier moment devant la hardiesse et l'étrangeté de l'écrit, et la publication subit de ce fait quelque retard. Enfin la *Naissance de la Tragédie* parut dans les derniers mois de 1871.

Ce fut dans le monde savant une véritable stupeur. Etait-ce bien là l'œuvre d'un professeur de philologie, d'un jeune maître appelé à enseigner la critique, l'érudition et les bonnes lettres dans une chaire d'enseignement supérieur ?

Un amalgame de rêveries incompréhensibles, d'hypothèses sans fondement, de musique wagnérienne à propos des Grecs, de philosophie schopenhauerienne à propos de la tragédie classique !... Et cette stupeur fut silencieuse. Pas une revue, pas un journal ne parlèrent du livre, du moins sérieusement. Cette œuvre « discutable » ne fut même pas discutée.

Bien caractéristique est la réponse de Ritschl à son ancien élève, qui avait instamment sollicité son opinion très sincère sur la *Naissance de la Tragédie*. Le vieux philologue commence par se récuser, arguant de son ignorance en philosophie. Il appartient tout entier à la méthode historique, et ne saurait juger les choses humaines que du seul point de vue historique. Or, ce point de vue et cette méthode le détournent de croire que la solution du problème du monde se trouve incluse dans tel ou tel système philosophique ; qu'il puisse se produire un retour en arrière au cours du développement et de l'individualisation de la vie ; que la civilisation d'une époque, d'une race, si élevée soit-elle, doive servir de modèle et d'étalon à toutes les époques et à toutes les races. Il tient au contraire qu'il faut maintenir les individualités et s'intéresser à elles, bien loin de vouloir les réduire ou les surmonter ; que chaque peuple a ses qualités, ses aptitudes propres, et aussi sa mission spéciale, dont il doit prendre conscience et sur quoi il est tenu de régler sa vie. Quant à condamner la science, à la déserter au profit de l'art libérateur, il serait un peu naïf de demander un tel sacrifice au vieux philologue endurci qu'il est et qu'il tient à rester. En ce qui concerne l'éducation, il semble que le résultat le plus clair de semblables théories serait de détourner la jeunesse du chemin de la science, sans pour cela la faire avancer d'un pas dans celui de l'art. Superficialité et dilettantisme, voilà tout ce qu'on apprendrait à la nouvelle école...

On imagine aisément l'impression que dut faire cette lettre sur l'auteur de la *Naissance de la Tragédie*. Il lui était loisible d'attribuer à la malveillance, à l'inintelligente routine, l'hostilité hargneuse de la critique à l'endroit de son livre, mais Ritschl, le savant incontesté, le maître à l'esprit si large, si compréhensif, avec cela bienveillant jusqu'à la partialité pour son ancien élève !...

A Tribschen en revanche on ne se tenait pas d'enthousiasme. « Cher ami, écrit Wagner par le retour du courrier qui lui avait apporté le livre, cher ami, je n'ai jamais rien lu de plus beau ! C'est de tout point magnifique ! Je vous écris en hâte, sous le coup de l'émotion que m'a causée la première lecture de votre livre, et je vais attendre maintenant que la raison me revienne pour le relire méthodiquement. Je disais à Cosima... que nul avant vous n'avait fait de moi un portrait d'une ressemblance à ce point saisissante... » Madame Cosima écrit de son côté : « Oh ! que votre livre est beau ! Qu'il est beau et qu'il est profond ! Qu'il est profond et qu'il est hardi ! Comment vous en récompenser ? me demanderais-je anxieusement, si je ne savais que la plus haute récompense, vous l'avez trouvée dans la conception même de votre œuvre !... Je l'ai lue comme un poème, mais un poème qui embrasserait les problèmes les plus profonds, et, non plus que le Maître, je ne puis m'arracher à cette lecture, car elle me donne une réponse à toutes les questions qui s'agitent obscurément en mon être intime. Je vous laisse à penser combien j'ai été saisie par votre citation de *Tristan et Isold* ! L'anéantissement par la musique et la rédemption par le drame, tels que vous les présentez, jamais comme dans cette œuvre unique je ne les avais aussi fortement sentis ; si bien que je peux dire : la plus puissante impression de ma vie, c'est à vous que je la dois. Et Schopenhauer, ce sombre chevalier à la Dürer, qu'il est donc bien dépeint et vraiment réussi ! » — On jugera, n'est-ce pas, que le diapason de l'enthousiasme et de la sympathie ne pouvait guère monter plus haut. Et si le jeune professeur de Bâle avait sacrifié au dieu de Tribschen son sens critique, son impartialité et sa conscience de savant, le dieu — et la déesse s'entendaient à le récompenser.

L'admiration ne fut pas moindre dans le clan des snobs et esthètes de l'époque. Bien entendu les trois quarts n'y comprirent rien ; mais leurs *hosannah* n'en furent que plus bruyants, les manifestations d'enthousiasme étant, comme on sait, chez le snob, toujours en raison inverse de son degré de compréhension. Les wagnériennes surtout, la vénérable demoiselle von Meysenbug en tête, délirèrent en chœur de la façon la plus dionysiaque du monde.

Cependant le but paraissait déplorablement manqué. La conspiration du silence sévissait toujours, et cette *Naissance de la Tragédie*, prélude et avant-coureur d'une autre naissance plus illustre et plus impatiemment attendue, — celle du théâtre wagnérien — moisissait obscurément dans les caves de l'éditeur. En vain R. Wagner et Erwin Rohde lancent-ils quelques appels de trompette. L'écho même ne répond plus. Tout semblait désespéré lorsque parut, à la surprise générale, une réplique à la *Naissance de la Tragédie*, sous le titre : *La Philosophie de l'avenir*. L'auteur, un philologue du nom de Wilamowitz, y attaquait d'un ton très acerbe le livre de F. Nietzsche, signalant et relevant sans pitié toutes les erreurs, bévues, témérités d'interprétation et sollicitations de textes qui en faisaient l'ouvrage d'un « prophète dionysien », d'un illuminé, plus que d'un philologue digne de ce nom. C'était déplaisant, à coup sûr, mais enfin c'était quelque chose : la glace rompue, on allait pouvoir causer.

Nietzsche était bien trop fier, trop « sensitive », pour se défendre lui-même. Il déplore quelque part « cette absurde irritabilité de peau », qui lui rend insupportable la moindre piqûre d'épingle et le paralyse complètement, le privant de ses moyens de défense. Il ne nous cache pas que, toutes ses forces étant consacrées à la création, il n'est rien d'étonnant à ce qu'il ne lui en reste plus pour la controverse. Aussi a-t-il recours à ses deux fidèles acolytes, Gersdorf et Rohde, pour repousser l'ennemi : « Il faut l'exécuter, écrit-il à Erwin Rohde, encore que le drôle ne paraisse avoir été qu'un prête-nom. Il le faut à cause du retentissement énorme que va avoir ce libelle d'erreur et de mensonge. D'ailleurs cette exécution lui vaudra sans doute quelque bon poste de professeur. » Ainsi fut fait, et la riposte paraît d'aussi bonne encre que l'attaque. « Ignorant, pamphlétaire, insolent, pauvre d'esprit », telles sont les aménités qui agrémentèrent cette querelle pseudo-philologique. Wagner admirait qu'on pût être « aussi grossier dans le service des Muses ! »

Cette vigoureuse défense ne contribua nullement à réintégrer F. Nietzsche dans l'estime des philologues. On s'entêta comme devant à tenir la *Naissance de la tragédie* pour « un pur non-sens, » et le résultat le plus clair de cette polémique fut de détourner de plus en plus les étudiants d'aller apprendre à Bâle les « bonnes méthodes » de l'érudition et de la critique. Le jeune professeur faisait son cours devant des bancs désespérément vides : « Je n'ai plus que deux auditeurs, écrit-il, un germaniste et un juriste... Encore l'un d'eux est-il un enthousiaste de ma personne auquel je pourrais tout aussi bien persuader de cirer mes bottes qu'enseigner la rhétorique ».

On peut dire de la *Naissance* de la *Tragédie* qu'elle fut le péché de jeunesse de Nietzsche, *péché contre l'esprit* qu'il confessa et regretta plus tard sincèrement. « Quel livre *impossible* ! écrira-t-il en 1886 ! Comme il m'est désagréable et étranger aujourd'hui !... Mais il y a... une chose que je regrette plus que tout... c'est de m'être gâté le grandiose problème grec par l'intrusion des choses modernes ». — Pour l'instant (1872), non seulement il ne regrette rien, mais tout ce cliquetis d'armes savantes, cet échange de coups de plumes et d'épithètes héroïques le surexcitent étrangement. Il écrit à Erwin Rohde, qui vient d'être nommé professeur à Kiel : « Nous voilà donc comme deux hommes d'armes et fidèles compagnons au milieu de la tribu académique. Maintenant que le pain quotidien est assuré, nous pouvons nous permettre encore plus d'audace pour effrayer le monde ; car, comme dit le proverbe : « Qu'y a-t-il de plus terrible qu'une flûte ? — Deux flûtes ! » Nietzsche est là tout entier.

Dans les premiers mois de cette année fertile en incidents, les Wagner quittèrent Tribschen pour Bayreuth. Ce fut dans la vie de Nietzsche un vrai déchirement. Le jour du départ, il errait, la gorge étreinte et la mort dans l'âme, à travers les pièces vides. Dans le grand salon, le piano à queue allongeait encore sa lourde masse à la place accoutumée. Ce témoin et interprète de tant d'émotions fut pour Nietzsche le dernier confident. Un chant d'une indicible tristesse s'éleva soudain des touches sonores sous les doigts du jeune professeur, véritable chant du cygne de la période la plus heureuse de sa vie, mélodie poignante dont, vingt ans plus tard, Madame Cosima Wagner gardait encore le souvenir ému. Nous dirons, sans la moindre arrière-pensée de malséante ironie, que les années de Tribschen furent la lune de miel de sa passion pour Richard Wagner. Il n'en parla jamais qu'avec la plus religieuse émotion : « Jours d'intimité, écrit-il dans son autobiographie de 1888, jours de sérénité, de sublimes rencontres, moments profonds !... J'ignore ce que d'autres ont éprouvé auprès de Wagner ; mais pas un nuage ne troublait alors l'azur de notre ciel. »

Cependant un autre agacement était venu s'ajouter à sa rancune contre les philologues. Les victoires de 1864, 66, et 70, avaient monté les têtes en Allemagne, surtout en Prusse, d'insupportable sorte. L'épais béotisme patriotique s'étalait à plein. Les brasseries, estaminets et autres *Bierstuben* retentissaient des *Hoch! hoch!* les plus nourris en l'honneur du vainqueur de Sadowa et de Sedan : « le maître d'école prussien. » Tant de fatuité et de jactance jointes aux lourds défauts de cette race encore à demi barbare, surtout l'intolérable et dangereuse prétention de posséder une culture, d'être le pays de la haute culture, appelaient une verte leçon. Lorsque de plus, au printemps de 1873, Nietzsche apprit que l'œuvre de Bayreuth menaçait de sombrer dans l'indifférence générale, que les adhésions escomptées n'arrivaient pas, et que la première pierre, posée l'année précédente avec tant de solennité, se morfondait, solitaire et mélancolique, son exaltation ne connut plus de bornes. Il se reprocha de rêver égoïstement aux problèmes de la «Philosophie des Grecs durant la période tragique », cependant que ses amis souffraient et peinaient pour la sainte cause. Déjà il avait sérieusement songé à quitter sa chaire pour aller par le monde répandre la bonne parole wagnérienne. Nous devons à la vérité de reconnaître que Wagner avait été le premier à empêcher cette folie. Maintenant, il s'agissait de secouer d'importance les « philistins de la culture » et pour cela, d'aviser une belle tête de

Turc, bien large, bien en vue, sur laquelle il y eût plaisir et profit à frapper un coup retentissant. Nietzsche fit choix de l'historien David Strauss, l'auteur de l'*Ancienne et la Nouvelle foi*, comme héraut, prototype et parangon de cette médiocratie satisfaite, dont il importait d'arracher le faux nez de culture, d'un geste sûr et magistral. Tel fut l'objet de la première des Considérations inactuelles : *David Strauss, der Bekenner und Schriftsteller* (août 1873), véritable exutoire de la mélancolie, bientôt changée en « sainte colère », que Nietzsche avait rapportée de son dernier voyage à Bayreuth.

Le pamphlet eut un beau succès de scandale, à la grande joie de l'auteur et de quelques wagnériens. « J'avais, écrira-t-il plus tard, mis le doigt sur la plaie d'une nation victorieuse, en lui montrant que ses victoires n'étaient pas une preuve de culture, mais peut-être, oui, peut-être quelque chose de tout à fait autre ». Son *Selbstgefühl* fut singulièrement accru par ce « coup de maître ». Personne plus, constate-t-il, ne lui chercha querelle, quelque liberté de parole qu'il pût s'arroger par la suite. Désormais son paradis repose « à l'ombre de son épée ». Il avait très heureusement appliqué la maxime de Stendhal, qui conseille de faire son entrée dans le monde par un beau duel. Et quel adversaire de marque il avait su choisir ! Quelque temps après, on apprenait la mort de David Strauss.

Nietzsche demeura convaincu qu'il l'avait tué. Il en eut regret sincèrement. La vérité est que l'auteur de la *Vie de Jésus*, depuis longtemps malade, quitta ce monde sans même avoir entendu prononcer le nom redoutable de F. Nietzsche.

La deuxième *Inactuelle* parut en février 1874. Elle était dirigée contre ce que Nietzsche appelait la « maladie historique » de l'époque, et avait pour titre : *De l'utilité et des inconvénients des études historiques pour la vie*. Cet opuscule passa à peu près inaperçu. Seuls, Jacques Burckhardt, son collègue et ami de l'université de Bâle, et le docteur Förster son futur beau-frère, en firent le plus vif éloge, éloge mérité à coup sûr, car cette deuxième *Inactuelle* est peut-être la plus haute de ton et d'allure, en tout cas la plus impartiale, la plus *objective* de toutes. C'est là que figure pour la première fois la théorie des grands hommes comme but, tâche, raison d'être de l'humanité et de son histoire, théorie toute renanienne, comme on sait.

La troisième considération : *Schopenhauer éducateur*, vit le jour en octobre de la même année. Elle ne fut guère goûtée que du petit nombre, comme d'ailleurs à peu près toutes les productions de notre inactuel, inopportun, intempestif auteur. Il y était fort peu question des doctrines du célèbre pessimiste, mais, par contre, beaucoup de celles de Nietzsche touchant le rôle d'initiateurs, de *révélateurs d'âmes* et de libérateurs que doivent remplir les grands hommes. Sous le nom de Schopenhauer il ne parlait en réalité que de lui-même et frayait uniquement ses propres voies. Il était en effet sur le point de franchir ce que nous nommerons la période *discipulaire* de sa vie, et de rejeter définitivement le poids d'influences et d'admirations porté jusqu'alors si allègrement. C'est dans cet ouvrage que se trouve citée l'admirable page où Schopenhauer définit la vie héroïque, la seule existence digne d'être vécue, et dont l'idéal fut toujours celui de Nietzsche : « Une vie heureuse est impossible. Ce que l'homme peut réaliser de plus beau, c'est une existence héroïque, une existence où, après s'être dévoué à une cause d'où peut résulter quelque bien d'ordre général, et avoir affronté des difficultés sans nombre, il demeure finalement vainqueur, mais n'est récompensé que peu ou pas du tout... Son souvenir reste vivant et il est célébré comme un héros ; sa volonté, mortifiée durant sa vie par les épreuves, la souffrance, l'insuccès et l'ingratitude du monde, sa volonté s'endort au sein de Nirvâna. »

Nietzsche se proposait d'écrire toute une longue série de *Considérations inactuelles*, d'abord vingt-quatre, puis onze, qui se trouvèrent finalement réduites à cinq (ici comme en tout le reste, Nietzsche a beaucoup varié : de tous les genres d'esprit, il ne lui manqua, mais alors totalement, que l'esprit de suite). Il voulait se débarrasser dans ces écrits de tout ce qu'il portait en lui de haines — de saintes haines — et de négations. « Je veux d'abord, écrit-il, chanter à plein gosier toute la gamme de mes inimitiés, et cela d'une telle voix que la voûte en retentisse formidablement. Plus tard, cinq ans plus tard, je tournerai le dos à toute polémique et m'attellerai à un bon ouvrage ». Il projette même de fonder une association d'hommes d'élite pour l'aider dans cette gigantesque entreprise de démolition. Il lui faut des hommes « entièrement libres, absolus, ignorant l'art des ménagements, et qui s'appelleraient eux-mêmes des Destructeurs... Tout ce qui est mauvais et faux doit être traîné à la lumière ! Nous ne voulons pas bâtir prématurément ; nous ignorons même si nous pourrons bâtir, et si le mieux ne serait pas de ne point bâtir ». De 1874 à 76 Nietzsche travaille simultanément à la quatrième Inactuelle : *Richard Wagner à Bayreuth*, à la cinquième : *Nous autres philologues*, à sa *Philosophie des Grecs durant la période tragique*, qu'il remet sur l'établi, en vue d'un remaniement complet ; enfin il « rumine » toujours son grand ouvrage sur l'antiquité grecque, synthèse idéale — et qui devait rester telle — de ses travaux de professeur et de ses études de cheval. Avec l'impétuosité et le manque de mesure qui sont sa marque propre, il veut embrasser les travaux les plus disparates, historiques, mathématiques, biologiques, etc., repris de plus belle par sa boulimie d'*universalwissen*. Comme lectures de cette époque et des années suivantes, notons : Schopenhauer, Dühring, Gœthe, Aristote et Platon, — Walter Scott sert de récréation.

Cependant sa santé laissait fort à désirer. Aux névralgies et violentes migraines étaient venues s'ajouter d'insurmontables douleurs d'estomac, toutes misères qu'aggravaient encore sa mauvaise hygiène et le déplorable abus qu'il faisait des médicaments. Comme tant d'autres, il croyait guérir ses maux en les promenant sur tous les chemins de l'Europe. Comme tant d'autres, il se soignait rigoureusement pendant quelques jours, pour retomber bientôt dans ses malheureuses habitudes d'intempérance à l'endroit des drogues et du travail cérébral. Ses yeux aussi protestaient contre le surmenage. Bref sa « grande raison » tout entière réclamait instamment un régime meilleur. Sa sœur, quand il veut bien la supporter auprès de lui, le soigne avec un inlassable dévouement, partageant son temps entre sa vieille mère à Naumburg et le grand enfant inquiet, déraisonnable et impulsif que demeura toute sa vie, nonobstant sa volonté de puissance, le prophète de Zarathustra.

La quatrième Inactuelle, *Richard Wagner à Bayreuth*, publiée en juillet 1876, fut, comme on sait, le dernier cadeau, le triste cadeau d'adieu de Nietzsche à celui qui avait été pour lui plus qu'un ami, plus qu'un frère : un dieu, une religion, un idéal.

A la radieuse lune de miel de Tribschen, « cette île de bienheureux », avait trop tôt, hélas ! succédé l'inévitable période de petits froissements, petites piques d'humeur, petites et grandes mésintelligences que traversent tous les ménages, sans en excepter les ménages d'amitié, et qui sont l'ordinaire et banal prélude des ruptures — ou des résignations. Il y avait là en présence deux *Moi* également entiers et absolus, deux *Moi* avec leurs qualités — celles d'hommes supérieurs — et aussi leurs défauts — ceux d'hommes très ordinaires, — qui devaient fatalement entrer en conflit.

Nietzsche nous dit lui-même qu'il avait reporté sur Richard Wagner toute la réserve de tendresse filiale que la mort si cruellement prématurée de son père avait laissée inemployée et comme comprimée en lui. Nous savons jusqu'à quel degré d'idolâtrie s'était haussé cet amour, idolâtrie aveugle comme tous les cultes exclusifs, mais dont l'aveuglement ne laissait pas d'être un peu conscient et voulu. Pour tout dire en une image à la Stendhal, Nietzsche *cristallisa* autour de Wagner ainsi qu'un vulgaire amoureux. Mais on sait trop combien éphémères et fragiles sont ces artifices et menus prestiges de toute passion, et que la réalité ne tarde jamais beaucoup à reprendre ses droits. Peu à peu lui apparaissaient les travers et petitesses du grand homme. Ainsi, on nous apprend que Wagner était un vrai tyran pour ses amis, une manière de Jéhovah soupçonneux et irascible, n'admettant pas que ses fidèles pussent se consacrer à autre chose qu'à la cause sacrosainte de l'art wagnérien. Déjà la deuxième *Inactuelle*, le premier écrit de Nietzsche où le nom de Wagner ne figurât point, avait reçu à Bayreuth un accueil assez froid, aisément perceptible sous les fleurs et guirlandes des félicitations obligées, ce dont Nietzsche avait été vivement blessé. « Je n'ai donc de valeur à leurs yeux que comme panégyriste, écrit-il, et me voilà forcé de n'admirer et louanger que ce qu'on louange et admire à Bayreuth ! » Le satellite était las de sa planète, et déjà peut-être songeait à s'échapper par la tangente…

Il y eut aussi entre eux des scènes héroï-comiques. Wagner qui détestait Brahms de plein cœur, trouva un jour sur son piano une partition de l'auteur du *Requiem allemand*, partition dont la rutilante couverture rouge « l'excita dit-il, et le fit bondir comme un taureau », car il devina sans peine par qui et dans quelle intention la « chose » avait été placée là, bien en vue, étalée insolemment. Ah ! ce fut une belle colère. Toute la maison en retentit. Nietzsche demeura impassible, ne refusa pas sa main lorsque le Maître, vite apaisé, lui tendit la sienne, mais n'oublia jamais. — Autre faiblesse : Wagner, qui possédait une inépuisable provision de gros sel, se plaisait à conter des anecdotes joyeuses et donnait même dans le genre déplorable du calembour. Ce débordement de *gemütlichkeit*, ce manque de distinction native contristaient fort le fier descendant des comtes Niëtzki.

Ces griefs paraîtront sans doute bien légers, et ils le paraîtront d'autant plus quand on saura que, du côté Wagner, on ne cessait de multiplier les plus vifs témoignages d'affection, les invitations les plus cordiales, les preuves les moins douteuses de gratitude pour tout ce que Nietzsche avait fait et faisait encore dans l'intérêt de Bayreuth. On a l'impression qu'il dut y avoir *autre chose*.

Deux sortes de mobiles, très inégalement reluisants, peuvent être et ont été en effet allégués pour expliquer la brusque défection du premier disciple de Wagner et son étrange attitude par la suite. Commençons par les plus nobles, ceux qu'on invoque naturellement du côté Nietzsche : — *Il y a eu erreur sur la personne.* Le Wagner que j'admirais et que j'aimais, l'artiste dithyrambique et dionysien de Tribschen, celui du moins qui fut le rêve de ma vie, n'a pas l'ombre d'une ressemblance avec cet impresario affairé et un peu vulgaire, ce metteur en scène puissamment doué certes, mais vraiment trop *illusionniste*, à la poursuite de l'effet à tout prix, uniquement préoccupé de réussir malgré tout et, ce qui est plus grave, auprès de tous, qu'ils soient « la foule » ou les « habiles » comme on disait au xviie siècle, bref et, sauf le respect que je lui dois et lui garde nonobstant, un peu *cabotin*. Quant au portrait que j'ai tracé de lui tout récemment, il allait par dessus lui, à un « *Monstrum* » idéal qui est peut-être en voie de susciter d'autres artistes. Le Wagner réel, le Bayreuth authentique ne sont qu'une mauvaise épreuve de cette eau-forte, une épreuve de dernier tirage et en petit papier.

En second lieu, *il y a eu erreur sur la chose*. Cette musique n'a décidément rien de commun avec l'art grec, lequel est tout de mesure, de nombre et d'eurythmie, même en plein délire dionysiaque. Cette musique, qui prétend faire corps avec le drame, en réalité le tyrannise et l'alourdit, bannissant toute fantaisie, toute liberté d'interprétation. Sans le drame, elle est le plus souvent un pur non-sens, quelque chose comme un rêve incohérent et pénible, ainsi tout le deuxième acte du *Crépuscule des Dieux*. Les règles les plus élevées de l'art sont ici méconnues. C'est proprement du style baroque, quelque chose comme le *flamboyant* en architecture. La musique de Wagner grise comme un vin fort, énerve comme le hachisch, mais combien nous sommes loin de ce sentiment de vie débordante que j'ai appelé l'état dionysiaque ! En somme je me suis complètement mépris, j'ai erré *toto cœlo* : ce que je prenais pour un splendide lever de soleil n'était au juste qu'un désolant crépuscule. Cet art est celui d'une époque ultra-mûre, un art de décadence. Peut-être d'autres esprits gagneront-ils à faire la même expérience, à suivre les mêmes chemins ; mais pour moi, j'ai senti qu'il y allait de ma santé et de ma vie spirituelle, qu'un prompt retour s'imposait à la « mélodie » et à la « mesure » ; qu'il me fallait rompre sans retard, rompre à tout prix, quelque déchirement qu'il dût s'en suivre, des liens si longtemps et d'ailleurs si chèrement portés...

« Pour avoir juré fidélité (peut-être même à un être purement fictif, comme un Dieu), pour avoir dévoué son cœur à un prince, un parti, une femme, un ordre religieux, un artiste, un penseur, dans un état d'illusion aveugle qui nous enveloppait de séduction, et y faisait apparaître ces êtres comme dignes de tous les respects, de tous les sacrifices — est-on lié enfin indissolublement ? Certes ne nous sommes-nous pas alors trompés nous-mêmes ? N'était-ce pas une promesse hypothétique, sous la condition, qui à dire le vrai ne s'est pas réalisée, que ces êtres à qui nous nous consacrions seraient réellement ce qu'ils paraissaient être dans notre imagination ? Sommes-nous obligés à être fidèles à nos erreurs, même avec l'idée que par cette fidélité nous portons dommage à notre Moi supérieur ? — Non, il n'y a point de loi, point d'obligation de ce genre ; nous *devons* être traîtres, pratiquer l'infidélité, abandonner toujours et toujours notre idéal. Nous ne passons pas d'une période de la vie à l'autre sans causer et aussi sans ressentir par là les douleurs de la trahison. Faudrait-il que, pour échapper à ces douleurs, nous nous missions en garde contre les transports de notre sentiment ? Demandons-nous plutôt si ces douleurs... sont *nécessaires*, ou si elles ne dépendent pas d'une opinion et d'une appréciation *erronée*. Pourquoi admire-t-on celui qui reste fidèle à sa conviction, et méprise-t-on celui qui en change ? Je crains que la réponse ne doive être : parce que chacun suppose que seuls des motifs de bas intérêt ou de crainte personnelle causent un tel changement. »

Telle fut en effet l'opinion du côté Bayreuth. — Nietzsche a moins aimé Wagner qu'il ne s'est aimé, cherché, admiré, caressé lui-même au contact de Wagner. Et que cela soit humain, *trop humain*, et bien *La Rochefoucauld*, nous sommes les premiers à le reconnaître et nous passerions volontiers l'éponge, s'il n'y avait que cela ; mais encore faudrait-il que Nietzsche en convînt de bonne grâce, au lieu de se payer ou de nous payer de grands mots. En somme voici l'histoire : il y avait une fois un petit oiseau ambitieux qui rêvait de voler très haut et très loin, mais ne savait où n'osait se lancer. Vint à passer un oiseau de haut vol, qui le prit en affection, le hissa sur son dos et l'emporta dans l'espace. Ils voguèrent ainsi de conserve pendant quelques années. Mais un jour, l'oiselet se sentit assez fort pour voler de ses propres ailes : il quitta alors brusquement le dos hospitalier du grand oiseau et, en manière de reconnaissance, lui allongea un bon coup de bec.

Nietzsche proteste à tout propos de sa *sincérité* et de sa *véracité*. *Aufrichtigkeit*, *Wahrhaftigkeit*, il n'a que ces mots à la bouche. Il tient que ces deux vertus sont une infaillible pierre de touche pour juger de la valeur d'un homme. Ce qui ne l'empêche pas d'écrire *Richard Wagner à Bayreuth*, une apologie enthousiaste du Maître et de son œuvre, au moment même où il médite de le quitter, peut-être même de lui planter dans le dos le poignard de ses haineux pamphlets de la dernière heure ! Inconscience ou délire de mégalomane ? — Ou encore, s'il affirme, malgré tout, sa sincérité en écrivant la quatrième Inactuelle, s'il est venu aux fêtes de Bayreuth sans arrière-pensée de défection ni traîtrise, il ne reste plus qu'une explication de sa conduite, explication paradoxale et insensée, mais par cela même très nietzschéenne : Nietzsche a renié Wagner *parce que Wagner avait réussi*. Et il a beau dire que la *qualité* de la réussite lui a déplu et qu'il rêvait un tout autre triomphe. Voilà bien un plaisant sophisme ! Est-ce qu'à cheval donné on regarde à la bride ? L'œuvre de Bayreuth s'était vue à deux doigts du naufrage ; un roi fou s'y intéresse, la tire du danger, la sauve d'un risible échec, et Nietzsche va reprocher à Wagner d'avoir flirté avec ce pauvre Louis de Bavière ! On lance un appel désespéré au peuple allemand ; Nietzsche lui-même condescend à rédiger une « Sommation », d'ailleurs impolitique, ridicule et irrecevable au premier chef, et, à l'heure où ce peuple a entendu, à l'heure où une foule, — un peu mêlée sans doute, mais qu'est-ce qui est sans mélange ici-bas ? — vient acclamer le Maître, l'instaurateur d'un art nouveau, confondant, dans son enthousiasme, l'initiale de son nom avec le W qui orne les écussons impériaux — le vieux Wilhelm lui-même s'était dérangé pour venir applaudir Wagner, non, à vrai dire, sans étouffer quelques bâillements, — à cette heure même, Nietzsche détourne les yeux, renie l'œuvre qui fut un peu la sienne, soyons justes, et file à l'anglaise pour ne plus revenir ! Orgueil, orgueil maladif qui devait le conduire à la démence, qu'avons-nous à chercher d'autres raisons ! Et qu'on n'allègue pas son opposition à la nouvelle formule, à la conception du drame lyrique. Nietzsche fut à cet égard plus wagnérien que Wagner lui-même, puisqu'il voulait faire descendre le chanteur dans l'orchestre et ne conserver sur la scène qu'une action simplement mimée, vision apollinienne commentée par l'harmonie dionysiaque des instruments et des voix. — La vérité, c'est que son amour-propre fut froissé de se sentir relégué à l'arrière-plan. « L'auteur de la *Naissance de la tragédie*, dit M. E. Schuré (*Revue des Deux Mondes*, 15 août 1895) disparaissait comme tout le monde dans l'apothéose du Maître, et celui-ci, le narguant un peu, mais sérieusement indigné et affligé de voir le disciple si morose, n'y comprenant rien d'ailleurs, semblait lui crier comme Loge, le démon du feu, du haut de l'arc-en-ciel qui conduit au palais des Immortels : « Pourquoi ces plaintes ? Réjouissez-vous au soleil des Dieux nouveaux ! »

Il y a bien un peu d'exagération dans ce réquisitoire wagnérien. Nietzsche avait en somme suffisamment payé de son temps, de sa plume, voire de son argent, pour se sentir dégagé de toute obligation envers l'œuvre, alors surtout qu'elle était en plein succès et pouvait désormais se passer de son concours. La seule chose impardonnable, ce sont les pamphlets de la fin ; nous y viendrons en temps et lieu.

Nietzsche quitta Bayreuth avant la fin des fêtes. Il partit les larmes aux yeux, profondément, irrémédiablement désenchanté. Nous avons suffisamment exposé les causes de ce revirement :

notons encore que c'est dans cette circonstance qu'il fut pour la deuxième et dernière fois de sa vie en contact direct avec le « troupeau » (la première fois c'était à Bonn, on s'en souvient). Son mépris pour la masse, le grand tas, le stupide *Pecus* en fut notablement accru, et la solitude lui devint dès lors un vrai besoin. Il est infiniment probable que son jugement fut, au fond, très influencé par l'irritation que lui causa le public de Bayreuth, cohue de snobs idiots et prétentieux, petites femmes hystériques jouant des coudes autour du « cher Maître » avec des grimaces d'adoration pâmée, membres de l'*Association wagnérienne* à cent sous par tête, bourdonnants, agités, insupportables, faisant du bruit et du volume pour cent fois la valeur de leur cotisation, et Wagner lui-même évoluant au milieu de tous ces grotesques, serrant des mains, donnant des « audiences en masse », épanoui, ventru, satisfait ! Non, non, vite en pleine forêt de Bohème, à Klingenbrünn, pour méditer froidement, glacialement, sur les problèmes de l'*Humain, trop humain !*

Ici finit le *Nietzsche disciple* et commence le *Nietzsche critique* qui, aux environs de 1882, deviendra le *Nietzsche Maître*, évangéliste et « créateur de valeurs. » En somme — et nul Nietzschéen ne jugera la comparaison démesurée, — développement en sens inverse de l'évolution cosmogonique : 1° période *satellitaire* (jusqu'en

1870) : Nietzsche tourne éperdument autour de Schopenhauer et surtout de Wagner ; — 2° période *planétaire* (au sens figuré aussi bien qu'étymologique) : phase de critique errante où l'astre nouveau cherche anxieusement à assurer sa course dans l'orbite de la Vérité (1870-82) ; — 3° enfin période *stellaire* (1882-88) : le philosophe, tout en restant critique, et critique de plus en plus acerbe, s'affranchit désormais de toute règle, de tout idéal, *même de vérité*, écarte dédaigneusement toute lumière étrangère, et prétend briller seul, de ses propres feux, étoile nouvelle annonçant un Sauveur nouveau : *Zarathustra*.

CHAPITRE III

NIETZSCHE CRITIQUE

CHAPITRE III

NIETZSCHE CRITIQUE

Un premier recueil de fragments et aphorismes ouvre cette deuxième période : *Humain, trop humain. Un livre dédié aux esprits libres.* Commencé dans la solitude de Klingenbrünn, en juillet 1876, l'ouvrage devait d'abord s'intituler *Die Pflugschar*, « le Soc de la charrue », puis *Der Freie Geist*, « L'esprit libre », et servir de préparation à une nouvelle série de *Considérations inactuelles*. Le mauvais état de santé de Nietzsche, qui lui rendait difficile tout travail de longue haleine, aussi d'autres raisons que nous exposerons bientôt, lui firent conserver pour ce livre et les suivants la forme accommodante de l'aphorisme et de la pensée détachée, — trop détachée.

Nietzsche ayant demandé et obtenu un congé d'une année entière, passa à Sorrente l'hiver et une partie du printemps suivant (1876-77). Il accompagnait la vénérable doyenne des wagnériens « idéalistes », Mademoiselle Malwida von

Meysenbug, qui était certes loin de soupçonner quel glacial ennemi de tout idéalisme et wagnérisme elle promenait avec elle. Etaient aussi du voyage : un jeune disciple, qui devait mourir prématurément l'année suivante, et le docteur Paul Rée, une façon de Nietzsche avant la lettre, *prénietzschéen* immédiat, et si immédiat qu'on s'est demandé depuis, très sérieusement, si le plus clair de la pensée de notre philosophe ne dérivait pas de cette modeste source. Tous les quatre formaient une petite communauté d'élite que Nietzsche (dont l'imagination ne se lassa jamais de forger des plans, d'ailleurs inexécutés autant qu'inexécutables) rêvait d'étendre et de constituer sous le nom ambitieux de *l'Ecole des Educateurs*. Chacun des « éducateurs » travaillait de son côté, Mademoiselle de Meysenbug à ses *Souvenirs*, le jeune nietzschéen à un roman, Paul Rée à son *Origine des sentiments moraux*, Nietzsche enfin à son *Humain, trop humain*. Sa sœur nous décrit en termes hyperboliques l'extraordinaire influence qu'il exerçait autour de lui. « De tout son être émanait un charme irrésistible. Il possédait le don de tirer des profondeurs les plus intimes d'un chacun ses qualités et pensées les meilleures. Auprès de lui on avait l'impression d'être soi-même plus grand et meilleur que jamais, si bien que sa présence exaltait au plus haut degré les facultés productives. ».

Cependant ses souffrances l'avaient suivi impitoyablement, et peu à peu se faisait jour en lui la triste conviction que ni la liberté ni le Midi ne parviendraient à lui rendre la santé. Dès les premières chaleurs, il quitte l'Italie pour ses chères montagnes, dont l'air pur et léger lui fut toujours si bienfaisant, et dont les eaux lui donnaient au moins l'illusion d'un rétablissement durable. Vers cette époque nous le voyons repris d'un grand zèle pour cette carrière professorale, que naguère encore il accablait de sarcasmes et de malédictions, pour cette « poudreuse » philologie qui lui avait volé, écrivait-il, dix ans de sa vie « dix ans de diète et de privations touchant la vraie nourriture de l'esprit... que de temps gâché !... Combien inutile, combien arbitraire et indifférente, au regard de ma tâche, m'apparaît toute mon existence de philologue !... » Aujourd'hui revirement complet : « Je suis résolu, écrit-il en 1877, à rentrer à Bâle en octobre prochain et à reprendre mes anciennes occupations. Je ne le fais pas sans le sentiment d'être *utile*, et les Bâlois sont les seuls qui m'aient donné lieu de m'apercevoir que je le suis en effet. Toutes mes réflexions, pensées et écritures n'ont eu jusqu'ici d'autre effet que de me rendre malade. Tant que je restai dans le droit chemin de l'érudition, je fus vraiment en bonne santé ; mais voilà que survinrent la musique énervante, et la philosophie métaphysique, et le souci de mille choses qui ne me vont nullement. Je veux donc redevenir professeur. » Quelques remarques de ce temps-là sont consacrées à l'éloge d'une « ferme vocation, d'un emploi remplissant dignement la vie ». La vieille morale tenait donc encore ! — Mais hélas, ces belles dispositions devaient bientôt fléchir devant l'inexorable fatalité. L'hiver suivant (1877-78), ses douleurs redoublèrent, le forçant de résigner une partie de ses fonctions et de renoncer à poursuivre son enseignement au *Pédagogium* de Bâle.

Il lui eût même été presque impossible, sans le secours opportun du zélé Peter Gast, de tirer un livre de l'amas de notes et réflexions griffonnées au jour le jour depuis Klingenbrünn. Grâce à ce fidèle Achate, à cet Eckermann d'un nouveau Gœthe, le manuscrit de *Humain trop humain* put être expédié en février à l'impression.

Nietzsche avait expressément recommandé le plus grand secret et désirait même que l'ouvrage parût sous un pseudonyme. Mais il se heurta au refus de l'éditeur qui, flairant un profitable scandale, tenait naturellement à n'en rien laisser perdre. Nietzsche en prit sagement son parti, faisant réflexion qu'aussi bien la vérité eût percé tôt ou tard, et qu'en somme tôt valait mieux que tard. D'ailleurs, n'était-il pas plus digne de lui de confesser hardiment ses péchés de jeunesse. « Celui qui s'est donné la tâche de parler au public, écrit-il, s'oblige par là même à se contredire aussi publiquement, lorsqu'il change d'opinions. » Il fit taire sa conscience, sa « mauvaise conscience » qui lui reprochait secrètement de chanter la palinodie sur un ton par trop aigu et discordant, et se contenta de quelques retouches, éteignant çà et là une trop brûlante allusion, émoussant telle pointe blessante, remplaçant « *je* » par « *le penseur* » et « *R. Wagner* » par « *l'artiste* ».

Le livre parut en mai 1878. Il portait l'invocation suivante : « Dédié à la mémoire de Voltaire, en commémoration du centenaire de sa mort, le 30 mai 1778. » Empruntons à Nietzsche lui-même l'explication et du titre et du choix de l'inattendu patronage : « *Humain, trop humain* est le monument d'une crise. Il s'intitule : un livre pour des esprits *libres* ; presque chacune de ses phrases exprime une victoire ; je m'y suis délivré de tout ce qu'il y avait en moi *d'étranger à moi-même*. M'est étranger tout idéalisme. Ce titre signifie : « Là où vous voyez des choses idéales, je vois, *moi*, des choses humaines, hélas ! par trop humaines ! ». — Je connais mieux l'homme. « Esprit libre » ne signifie nulle autre chose que « esprit affranchi », qui a repris possession de lui-même... Voltaire est avant tout un grand seigneur de l'esprit, précisément ce que je suis moi-même. Le nom de Voltaire sur un écrit de moi, c'était réellement un progrès *vers moi-même.* »

Le livre venait à peine de paraître que Voltaire, reconnaissant et ponctuel, envoyait de Paris son buste au nouveau disciple. L'objet, reçu très exactement le 30 mai, jour anniversaire de la mort, était accompagné de ces simples mots en français : « L'âme de Voltaire fait ses compliments à Frédéric Nietzsche. » Quand la tête au « hideux sourire » eut été déballée et posée sur la table de travail, Nietzsche la contempla longtemps en silence. « Dans ses yeux, dit Madame Förster-Nietzsche, passait une expression sérieuse et profonde, et pourtant d'une émouvante douceur. Alors une grande anxiété s'empara de moi. D'un geste de protection j'embrassai la chère tête ; mes larmes tombèrent sur son visage : — Pourquoi pleures-tu, Lisbeth ? interrogea Fritz à voix basse. — Il pouvait mieux supporter la lutte contre un monde de préjugés ; il était d'un métal plus dur, dis-je au milieu de mes larmes. Fritz me prit la main, la serra tendrement et se tut, très ému. Enfin il essaya de plaisanter et me dit : « Je suis bien plus fort que tu ne crois : à moi aussi Wotan a logé un cœur dur dans la poitrine. »

Le succès fut médiocre et plus que médiocre. Il n'y eut pas l'ombre d'un scandale ; force fut bien à l'éditeur d'en prendre son parti. Le grand public ne comptait sans doute qu'un nombre très insuffisant « d'esprits libres », car il se désintéressa totalement de l'ouvrage, malgré le coup de trompette du nom de Voltaire. Et les amis de l'auteur semblent bien avoir fait comme le public, à l'exception de P. Rée et de J. Burckhardt, qui témoignèrent hautement leur admiration. « C'est là un livre souverain », disait l'auteur de la *Civilisation en Italie*. Quant à Paul Rée, on l'accusa d'avoir été le mauvais génie, le détestable séducteur de Nietzsche. Ah ! Wagner (1) avait bien raison le jour où il mettait en garde son disciple bien-aimé contre la pernicieuse fréquentation de l'auteur des *Observations psychologiques !* Maintenant il était trop tard pour tenter une réaction. Un vent glacé, un souffle de mort avait « *congelé l'idéal ;* sous une épaisse couche de glace gisaient *le génie*, le *saint*, le *héros*, la *foi*, la *conviction*, la *pitié*, et, d'une façon générale, « *la chose en soi* ».

Il semble qu'on fit vers cette époque, du côté Nietzsche, de sérieuses tentatives pour regagner les bonnes grâces des Wagner. Malheureusement, les lettres de Mme Cosima Wagner, répondant aux ouvertures de Mme Foerster Nietzsche, ne laissent place à aucun espoir. Le fossé est devenu abîme, et c'est l'auteur d'*Humain* qui l'a creusé. Il est vrai qu'il était malade

(1) Paul Rée était Juif, et Wagner aussi farouchement antisémite que notre M. Drumont.

lorsqu'il écrivait ces choses « intellectuellement si insignifiantes, moralement si déplorables !... Sans parler de tout ce que trahit de présomption son titre, qui d'ailleurs est un non-sens, je ferai seulement remarquer que le genre des aphorismes est à la portée de presque tous, alors que ce qui importe, dans un livre, c'est l'enchaînement des idées. Le style m'en a paru d'une prétentieuse négligence... les vues superficielles, et le raisonnement une puérile sophistique. Tu parles constamment de la Vérité et des sacrifices qu'il a fallu lui faire. Mais, chère amie, les hommes qui révélèrent des vérités à leurs semblables ne furent, au cours des siècles, que d'infiniment rares apparitions, et l'auteur de *Trop humain* me paraît bien trop clairvoyant pour ne pas se rendre compte qu'il n'a nullement exprimé des *vérités*, d'autant moins que tout ce qu'il nous présente en morceaux était déjà systématisé avant lui »... C'est un malade que sa physiologie délabrée a poussé à la trahison. L'épithète « *noble* » dont il use et abuse, ne saurait donner le change sur son état et sa mauvaise action. Et que le malheureux n'ait pas eu la force de se taire, qu'il ait éprouvé le besoin de donner une preuve visible de son pitoyable état intérieur, c'est une raison pour nous de le plaindre profondément, mais à distance. Il dit de ses ouvrages qu'ils représentent les divers degrés de son développement spirituel. Voilà qui est étrange : « C'est à peu près comme si Beethoven avait dit : J'écris maintenant dans ma troisième manière ». D'ailleurs on sent bien que l'auteur ne croit pas à ce qu'il écrit, et c'est proprement un sophiste, dont on souhaiterait seulement que les acrobaties et paradoxes fussent plus brillants et mieux présentés. « Mais se révéler à la fois indigent et faux, perverti et misérable, cela est triste, et je ne puis que terminer sur ce mot de pitié : Puisse sa trahison lui être largement profitable ! »

Nous nous sommes un peu étendu sur ces critiques, car elles donnent la tonalité exacte des sentiments de Bayreuth. On voit qu'ils n'ont rien que de très humain, « trop humain ». Wagner de son côté publia dans les *Bayreuther Blätter* un article mordant, encore que prudemment enveloppé. Nietzsche pourra écrire plus tard, non sans quelque raison : « Je lui ai donné l'occasion d'être grand et il n'en a pas profité. C'est ce que jamais il ne pardonnera ». Et dans *La gaie Science*, sous ce titre modeste : *Amitié d'étoiles*, le disciple devenu maître tire la morale de ce banal — oui, au fond très banal conflit de vanités supérieures : « Nous fûmes amis et sommes devenus étrangers l'un à l'autre. Mais cela est bien ainsi et nous ne voulons nous le cacher ni nous l'atténuer, comme si nous devions en rougir... Nous sommes deux vaisseaux dont chacun a sa route et son but. Nous pouvons bien nous croiser et célébrer une fête ensemble, comme nous l'avons déjà fait, — et alors les braves nefs reposaient si paisiblement dans le même port, sous le même soleil, qu'elles semblaient être déjà au but et n'avoir jamais eu qu'un but. Mais bientôt les exigences supérieures de notre mission nous poussaient de nouveau bien loin l'un de l'autre, dans des mers différentes et sous d'autres soleils, et peut-être ne nous reverrons-nous jamais, — peut-être aussi nous reverrons-nous et ne nous reconnaîtrons-nous pas, tant les différents soleils et océans nous auront transformés. Que nous devions devenir étrangers l'un à l'autre, telle est la loi qui nous régit ; et c'est pourquoi il nous faut nous estimer encore plus haut ; et c'est pourquoi le souvenir de notre amitié révolue doit nous être encore plus sacré. Il existe sans doute une immense courbe invisible, une route stellaire, où nos voies et nos buts si différents sont peut-être tracés comme de courts segments ; — élevons-nous jusqu'à cette pensée. Mais notre vie est trop courte et notre vue trop bornée pour que nous puissions être autre chose qu'amis dans le sens de cette sublime possibilité. Ainsi nous voulons *croire* à notre amitié d'étoiles, même s'il faut que nous soyons ennemis sur la terre ».

Quoi qu'il en soit des deux vaisseaux et des deux étoiles, Nietzsche ressentit cruellement la perte de cette amitié, et son état moral aurait eu cependant bien besoin de réconfort, car la maladie et la souffrance allaient redoubler leurs assauts. L'hiver de 1878 à 1879 fut en effet des plus mauvais pour lui. Les crises se succédaient presque sans interruption. D'intolérables douleurs de tête, maux d'yeux et d'estomac, des vomissements incoërcibles finirent par le rendre à moitié fou.

Il prit le parti — cette fois irrévocable — de résigner des fonctions qu'il n'avait d'ailleurs jamais exercées que très irrégulièrement. On lui accorda, par mesure de faveur, une pension de 3.000 francs. Dès lors toutes ses forces, tout son temps allaient être consacrés sans partage à lutter contre le mal impitoyable qui menaçait sa vie et son œuvre, son œuvre qui *voulait* vivre elle aussi, *elle surtout*.

A peine libre, il se reprend à son jeu favori, faire des plans et des projets : l'hiver à Naumburg, l'été dans les montagnes, surtout dans cette incomparable Engadine qui l'avait émerveillé l'année précédente ; entre temps, une occupation corporelle, à la fois travail, distraction et exercice hygiénique. Le jardinage fut choisi comme étant fort convenable à un philosophe. Mais le mal féroce n'était qu'assoupi. Il se réveilla bientôt et redoubla de fureur aux premiers froids. L'hiver 1879-80 fut un long martyre pour F. Nietzsche, et l'année 1880 certainement la plus terrible de sa vie. C'est alors qu'il perdit toute patience, s'emporta contre l'insupportable climat du pays natal et prit Naumburg en définitive aversion. Les souffrances atteignirent enfin un tel paroxysme que, désespéré, à bout de forces, vaincu, il aspira à la mort. Cette mort libératrice, il crut réellement qu'elle approchait, qu'elle levait déjà sur lui sa main fatale. En termes émus, mais d'une âme ferme cependant, il prend congé de ses amis... « Cette lettre est la dernière, écrit-il à Mademoiselle von Meysenbug. Car l'épouvantable et presque ininterrompu martyre qu'est ma vie me fait désirer ardemment la fin, et, si j'en juge par certains symptômes, la libératrice congestion cérébrale est assez proche, pour que je puisse y compter... Je crois avoir fait l'œuvre de ma vie assurément comme un homme à qui le temps a manqué. Mais je sais que j'ai distillé une goutte de bonne huile pour plusieurs, et que je leur ai montré le chemin de la pacification, du droit sens, et de l'élévation vers eux-mêmes et par eux-mêmes... Il n'est et ne doit être au pouvoir d'aucune douleur de m'induire à un faux témoignage contre la vie, *telle que je la reconnais* ».

Il guérit, du moins provisoirement. « On ne meurt que lorsqu'on le *veut* bien », a dit Gœthe, entendant sans doute la *volonté* au sens métaphysique et nouménal, ce qui reviendrait alors à dire : On ne meurt que lorsque la volonté (immanente, indestructible, toujours égale à elle-même comme chose en soi) se retire du corps où elle s'était objectivée et individualisée dans le temps et dans l'espace. Il faut convenir que cela ne nous avance guère, et que ce qui nous intéresserait tout particulièrement, à savoir pourquoi et comment cette volonté, cette subtile *chose en soi*, fausse compagnie à son *phénomène*, à notre corps, et le moyen de l'en empêcher, — hélas ! il y a trop de chances pour que nous n'en sachions jamais rien.

Notre philosophe écrivait plus tard, sur cette lutte tragique entre la vie et la mort : « Je me pris moi-même en main, j'opérai ma propre guérison. La condition pour cela — tout physiologiste me l'accordera — est que *l'on soit au fond bien portant*. Une nature foncièrement morbide ne peut pas guérir, encore moins se guérir elle-même ; mais pour un être typiquement sain, même la maladie peut être un énergique *stimulant* vers la vie, vers un surcroît de vie. Et c'est ainsi en effet que m'apparaît *aujourd'hui* cette longue période de souffrances. Je découvris en quelque sorte à nouveau et la vie et moi-même ; je savourai les bonnes choses, et jusqu'aux petites choses, comme il serait difficile à d'autres de les savourer ; — de ma volonté de santé, de mon *vouloir-vivre* je fis toute ma philosophie. En effet, qu'on y prenne garde : mes années de plus chétive vitalité furent celles où je *cessai* d'être pessimiste : mon instinct d'auto-guérison me *défendait* une philosophie de misère et de découragement. »

De cette époque datent et parurent successivement en 1879 : *Opinions mêlées et sentences*, appendice à *Humain trop humain*, et *le Voyageur et son ombre*, seconde suite au même ouvrage. Les deux livres furent réunis en un seul en 1886 sous le titre de *Humain trop humain. Deuxième partie*. Comme fond et comme forme, *Opinions* et *Le Voyageur* sont l'exacte continuation de *Humain trop humain* : même pêle-mêle d'aphorismes variant de quelques lignes à plusieurs pages, même philosophie en ordre dispersé, même critique à bâtons rompus et qui se dispense trop souvent de donner ses raisons, même *Selbstgefühl* et sentiment d'une « *tâche grandiose* », enfin même ton de voix mordant, affirmatif et absolu.

A partir de 1880, Nietzsche devient le philosophe errant et solitaire, oscillant du nord au midi, des fraîches vallées alpestres aux villes d'Italie aimées du soleil, toujours à la recherche d'un climat et d'un milieu propice à l'éclosion de ses pensées, vite épris d'une ville ou d'un site, plus vite encore désenchanté, franchissant trois ou quatre cents lieues pour faire un séjour d'été dans une forêt près de Berlin, et repartant sans même avoir ouvert ses malles, bref inquiet, souvent malade, et avant tout préoccupé de sa « tâche », de sa « haute mission ». C'est à Venise, où il passe le printemps de 1880, que commencent à éclore les germes de ses idées maîtresses, celles qui dominent sa troisième période : conditionnement de la conscience et de la moralité par ce qu'il y a de plus profond en nous, l'instinct ; caractère purement « perspectif » de toute vérité ; même l'idée de *Volonté de puissance* comme loi fondamentale de la nature, apparaît déjà à l'état embryonnaire.

L'hiver de 1880-81, que Nietzsche passa à Gênes, lui fut clément de tout point. Les violentes douleurs ont cessé et les migraines se font de plus en plus rares. Aussi travaille-t-il activement à son troisième recueil d'aphorismes, écrit presque en entier sous le charme de cette mer idéale, qui chante sa mélodie au pied du rocher accoutumé où, étendu au soleil tel un lézard méditatif, notre philosophe rêve que l'humanité, enfin éclairée et reconnaissante, lui dresse un monument à cette place même où fut conçue *Aurore*. Dès le printemps, hélas ! les douleurs reparaissent et Nietzsche, qui se croyait au seuil de la guérison, perd derechef toute patience. « A aucune époque de sa vie, écrit sa sœur, il ne s'est autant plaint ni en termes aussi forts que pendant ce printemps ». Il se trouvait alors à Reocaro, près de Vicenza, et corrigeait, en compagnie de Gast, les dernières épreuves d'*Aurore*.

Le livre parut en juillet. Voici en quels termes Nietzsche l'apprécie dans son autobiographie de 1888 : « Avec ce livre commence ma campagne contre la morale... On sort de cette lecture avec une défiance ombrageuse à l'endroit de ce qu'on honorait et même adorait jusqu'à présent sous le nom de morale, et pourtant on ne trouve dans tout le livre ni une négation, ni une attaque, ni une méchanceté ; — bien au contraire, il s'étend au soleil, lisse et heureux, telle une bête marine qui prend un bain de soleil parmi les récifs. Aussi bien étais-je moi-même cette bête marine : presque chaque phrase de ce livre a été pensée et comme capturée dans les mille recoins de ce chaos de rochers près de Gênes, où je vivais tout seul en une familière intimité avec la mer... Ce livre, tout *d'affirmation*, épand sa lumière, son amour, sa tendresse, sur toutes sortes de choses mauvaises, et il leur restitue leur « âme », la bonne conscience, leur droit souverain, supérieur à l'existence. La morale n'est pas attaquée, elle ne compte plus... »

Le livre fut prodigieusement méconnu, et, cette fois, par les amis mêmes et confidents ordinaires de la pensée de Nietzsche. E. Rohde ne souffla mot, craignant sans doute de dire une sottise ; Paul Rée manifesta beaucoup d'enthousiasme, mais à contre-sens, du moins au jugement de l'auteur ; quand à Burckhardt, **sa** lettre se terminait ainsi : « C'est avec un certain vertige que je vous vois circuler, sans le moindre vertige, sur les crêtes et cimes les plus élevées. Il faut croire que peu à peu, dans la vallée, se formera un groupe de plus en plus nombreux qui, à tout le moins, s'intéressera au spectacle de l'intrépide escaladeur de crêtes ». Pour le coup, Nietzsche condescendit à se demander si cette incompréhension générale ne pourrait pas s'expliquer autrement que par le défaut d'intelligence de ses lecteurs. Il relut *Aurore* et y découvrit tant de « pensées *inexprimées*, « du moins pour moi », dit-il avec candeur, et ici, et là, et partout tant de portes dérobées qui conduisent plus loin, et souvent très loin » qu'il pardonna presque à ses amis de ne pas s'en être aperçu.

En juillet de cette même année 1881, Nietzsche fit la découverte de Sils-Maria, dans la haute Engadine, où il devait couler tant de jours heureux sous les grands sapins odorants, parmi les sources, les rochers et les lacs au regard clair.

Je me suis garanti de toute voix humaine,
Pour écouter l'eau sourdre et la brise voler.
J'ai fait taire mon cœur et gardé mon haleine
Pour écouter l'esprit qui devait me parler. »

Ainsi pouvait-il chanter avec le poète. Et cet esprit lui révéla alors un merveilleux secret, une pensée « d'une portée incalculable », qui étincela soudain comme une étoile nouvelle au firmament de son esprit : l'idée de *l'éternel Retour*. L'œuf qui devait donner naissance à Zarathustra venait d'être fécondé. Ce fut une minute inoubliable. Devant lui, le lac de Silvaplana déroulait sa moire lumineuse ; près de la rive, un énorme rocher dressait fièrement sa masse pyramidale dont l'ombre s'allongeait, mouvante, sur les eaux. Immobile, saisi d'une émotion profonde, d'un trouble presque religieux, le philosophe s'abandonnait à la conception grandiose qui montait en lui, et dont les contours, d'abord incertains, se précisaient peu à peu. Il serait donc vrai ! Le jeu physiquement *limité* des forces naturelles, s'exerçant sur un nombre *limité* d'éléments matériels, ne saurait produire qu'un nombre tout aussi rigoureusement limité de combinaisons, quelque prodigieux, et incalculable, et hors de portée de l'imagination humaine que soit d'ailleurs ce nombre. Ces forces, cette matière, que nous voyons agir devant nous, dont nous sommes partie intégrante, nous ne pouvons rationnellement leur supposer ni commencement — quand, comment et de quoi seraient-elles nées ? — ni fin — quand, comment et pourquoi seraient-elles anéanties ? Nous ne pouvons davantage, et pour des raisons identiques, en imaginer l'accroissement ni la diminution. Enfin, ces forces n'ont jamais atteint et n'atteindront jamais leur position d'équilibre, car, depuis le temps infini, cet état aurait été réalisé et le monde demeurerait pétrifié dans une immobilité éternelle, ce qui n'est point. Or, ces combinaisons en nombre fini et limité sont tenues de remplir et de *remplir sans cesse* la série *illimitée* des temps ; il se produira donc nécessairement et indéfiniment des répétitions, des redites, des retours inéluctables des mêmes combinaisons, des mêmes enchaînements de phénomènes. « Quelque état que puisse atteindre ce monde, il doit donc l'avoir déjà atteint, et non pas une fois, mais un nombre infini de fois. De même pour ce moment : il fut déjà une fois, et beaucoup de fois, et il reviendra pareillement quand toutes les forces seront exactement combinées comme aujourd'hui ; et ainsi du moment qui a engendré celui-ci, et du moment qu'il engendrera lui-même. O homme ! toute ta vie, comme un sablier, sera toujours retournée de nouveau et toujours à nouveau s'écoulera, quand aura sonné la grande minute de temps qui doit ramener, dans le cycle de l'univers, l'ensemble des conditions qui t'ont fait naître. Alors tu retrouveras toutes tes douleurs et toutes tes joies, tes amis et tes ennemis, chaque illusion et chaque erreur, le brin d'herbe et le rayon de soleil, et l'exacte disposition de toutes choses ».

Il faut renoncer à décrire l'enthousiasme de Nietzsche à cette révélation. Si l'on en juge par ses lettres, sa raison dut chanceler comme lors de sa première lecture de Schopenhauer. « Je crois, écrit-il, que je vis une existence dangereuse au plus haut point et que *je suis de ces machines qui peuvent sauter*. L'intensité de mes sensations me fait à la fois rire et trembler. Déjà, à deux reprises, j'ai dû garder la chambre, et cela par cette plaisante raison, que mes yeux étaient enflammés, pourquoi ? parce que chaque fois j'avais, la veille, trop pleuré pendant mes promenades, et, certes, pleuré non des larmes sentimentales, mais des larmes d'allégresse; et je chantais aussi et racontais des folies, possédé que je suis par une nouvelle conception, que personne ne peut se vanter d'avoir eue avant moi ».

Pas un instant il ne songe à soumettre à un examen critique, même superficiel, cette fameuse « nouvelle conception » qui n'est en réalité qu'un pur jeu de l'esprit, un *ludus rationis*, un frêle château de cartes qui s'écroule de lui-même à peine construit, sans qu'on ait seulement besoin d'y toucher. Pas un instant non plus il ne songe à se demander si sa « nouvelle conception » est vraiment une *nouveauté*, et si, « depuis plus de sept mille ans qu'il y a des hommes et qui pensent » aucun d'eux n'en a eu le moindre soupçon. Non, il s'abandonne sans réserve à l'ivresse de l'invention, au délire le plus « dangereux », comme il en convient lui-même, et découvre à son idée des conséquences d'une portée incalculable pour l'avenir de l'humanité.

Or, c'est juste ce moment que choisit le malencontreux docteur Rée pour lui demander s'il peut aller le voir à Sils-Maria ! Nietzsche épouvanté déclare à sa sœur que quiconque voudrait troubler son travail actuel, « l'accomplissement de sa tâche », son « seul à seul obligé », sera considéré comme un ennemi. S'il ne peut défendre sa solitude, il quittera l'Europe pour plusieurs années, il en fait le serment : « Je n'ai pas de temps à perdre, dit-il, et j'en ai déjà trop perdu ; si je ne suis pas avare de mes bonnes heures, je me sens une mauvaise conscience. Tu ne peux pas savoir tout ce que j'ai encore à exiger de moi-même. » Et, dans une autre lettre, encore bien que personne ne fût venu le déranger : « La terreur que j'ai eue, que ma solitude ne soit pas regardée comme *sacrée*, m'a rendu malade pendant quatre jours. Ce fut comme si tous les bons génies m'avaient abandonné, et tout le travail intellectuel de cet été me sembla perdu ».

Cependant, il avait entrepris la publication d'un quatrième recueil d'aphorismes, et ce recueil devait clore la série, son intention étant de n'écrire désormais que des ouvrages suivis et composés. On sait qu'il en fut comme par le passé, et que, jusqu'à la fin, Nietzsche, bien que tout à fait rétabli, n'en continua pas moins de n'exprimer sa pensée que par fragments et sans ordre. Le nouveau recueil parut en septembre 1882 sous le titre de *La gaie science*. C'est incontestablement le meilleur des quatre et peut-être le meilleur livre de Nietzsche, celui qui rend le mieux toutes les faces de son génie ondoyant et divers. L'accueil aussi fut sensiblement meilleur. Un rayon d'espoir brilla dans sa nuit. — En 1886, quand Nietzsche changea d'éditeur, l'ouvrage fut augmenté d'un cinquième livre et du « *Chant du Prince Vogelfrei* ».

Vers cette époque, notre héros est pris d'un grand désir de courir les aventures, espérant ainsi donner à ses pensées tout loisir de faire leur chemin en silence et les retrouver ensuite plus fraîches, plus neuves ; comme ces enfants qu'on reconnaît à peine après deux ans d'absence, tellement ils ont grandi et se sont fortifiés. Mais ce désir, ainsi que la plupart des projets, plans et rêves de sa vie ne devait pas franchir la sphère platonique de l'imagination. Tout se réduisit à un voyage à Messine.

Plus sérieux paraît avoir été son projet de suivre pendant quelques années des cours scientifiques, soit à Vienne, soit à Paris, non plus par goût de polymathie et d'*Universalwissen*, comme au temps de sa jeunesse, mais en vue d'acquérir les éléments nécessaires pour donner à sa philosophie une solide base expérimentale. Il écrit à E. Rohde, à propos du livre qu'il va lui envoyer, *La gaie science* : « ...Une circonstance atténuante, c'est que ce livre sera le dernier pour une longue suite d'années, car, en automne, je vais à l'Université de Vienne recommencer mon temps d'étudiant... Aujourd'hui il s'agit d'un plan d'études spécial, en vue d'un but personnel et secret auquel je veux consacrer le reste de mes jours. « C'est ce but suprême, « d'une importance inimaginable », qui lui a permis de s'élever au-dessus des tristesses de ces dernières années. « Quelles années ! Quelles longues douleurs ! Quels troubles intimes ! Quels bouleversements ! Quelles solitudes ! Qui peut se vanter d'avoir eu à souffrir autant que moi ! Certainement pas Léopardi. » Mais il a tout surmonté héroïquement, jusqu'à sa maladie qu'il a vaincue lui-même, par ses propres moyens, « des moyens, ajoute-t-il, qui eussent coulé à fond tout autre que moi. » — Navrante ironie du destin !

Nietzsche n'alla pas à Vienne, mais à Leipzig, où il suivit quelque temps les leçons de Wnudt, le célèbre psycho-physiologiste. D'ailleurs il ne tarda pas à s'apercevoir qu'il faisait fausse route ; que les cours sont faits pour les étudiants, et qu'il était cent fois plus expédient pour lui de recourir aux ouvrages spéciaux que de se remettre à l'école à trente-huit ans sonnés. Qu'un ancien professeur d'Université ait pu se méprendre à ce point sur l'esprit et l'objet de tout enseignement supérieur, littéraire ou scientifique, c'est ce qu'on a peine à concevoir.

Le plus cher désir de Nietzsche, son rêve longtemps caressé, toujours vainement hélas ! rêve abandonné parfois de guerre lasse, bientôt repris sous une autre forme, était de fonder une école, de transmettre sa doctrine oralement, à la manière des anciens philosophes, d'avoir autour de lui un petit nombre de disciples fidèles, attentifs et zélés, enfin de réaliser ce que disait Sainte-Beuve de l'entourage de Gœthe à Weimar, « un petit système planétaire très bien monté, très bien entendu », dont il eût été le soleil. Ce rêve reçut, en 1882, un commencement de réalisation, qui tourna vite au désenchantement le plus complet.

Mademoiselle von Meysenbug et le Dr. Rée avaient recommandé à Nietzsche une jeune fille russe, Mlle Salomé, douée merveilleusement, assuraient-ils, et dont le tour d'esprit correspondait on ne pouvait mieux à la philosophie nietzschéenne, qu'elle brûlait d'apprendre de la bouche même du Maître. Notre philosophe, ravi, accepta d'enthousiasme. Cette union, *purement spirituelle* — jamais adverbe ne fut mieux en situation — dura six mois environ, avec des chances diverses, des hauts et des bas, surtout avec beaucoup, beaucoup trop de petites intrigues, petits racontars, petites indiscrétions, à travers quoi l'on démêle un peu intéressant conflit de jalousies hérissées et de vanités superlatives. Des quatre personnages en présence :

Mlle Nietzsche et Mlle Salomé côté femmes, Nietzsche et le Dr. Rée côté hommes, il semble qu'il y en ait eu au moins deux de trop ; — nous laissons à décider lesquels et passons outre, sans plus de détails, la chose étant au surplus d'un intérêt parfaitement médiocre. Le tout se termina par une rupture entre Nietzsche et le Dr Rée. On ne nous cache pas, du côté Nietzsche, que la perte de l'amitié du grand homme fut un coup mortel pour le talent de Rée, lequel, n'étant plus vivifié par les rayons du soleil nietzschéen, languit dès lors dans le marasme et l'impuissance (1).

Cette désillusion fut cruelle au cœur de Nietzsche. Il se sentit plus seul, plus incompris que jamais. « Amis, il n'y a point d'amis ! » dut-il répéter après Aristote, mais sans la sérénité souriante du Stagyrite, nul au monde n'ayant eu en somme moins de « philosophie » que notre pauvre philosophe. — Il lui restait, par bonheur, deux consolations, deux réconforts dans son désert : Peter Gast et Zarathustra ; le fidèle Peter Gast comme pain quotidien, et Zarathustra pour les heures d'ivresse, de « dangereuse » ivresse.

Ici commence la période *évangélique* de la vie de Frédéric Nietzsche. *Incipit Zarathustra.*

---

(1) Pour les détails, d'ailleurs très incertains, de cette intrigue, et la problématique passion de Nietzsche pour Mᵉˡˡᵉ Salomé, voir Daniel HALÉVY, *op. cit.*

CHAPITRE IV

NIETZSCHE ÉVANGÉLISTE. - SA FOLIE SA MORT

CHAPITRE IV

NIETZSCHE ÉVANGÉLISTE. - SA FOLIE SA MORT

« Personne ne peut se faire une idée des sentiments que j'éprouve à la lecture de mon *Zarathustra*. Le livre est beaucoup trop fort pour moi ; presque chaque mot m'arrache des larmes. Tout y est écrit comme avec du sang. Tout y est réalité. »

La première partie du poème fut composée à Rapallo, près de Gênes, pendant l'hiver de 1882-83. En février, Nietzsche écrit à son éditeur : « J'ai aujourd'hui une bonne nouvelle à vous annoncer : j'ai fait un pas décisif et, qui plus est, tel, que je crois que vous y trouverez votre compte. Il s'agit d'un petit ouvrage (à peine cent pages d'impression) dont le titre est :

Ainsi parla Zarathustra.
Un livre pour tous et pour personne.

C'est un poème, ou un cinquième Évangile,

ou telle autre chose à quoi il est difficile de donner un nom, d'ailleurs le plus sérieux, le plus serein de tous mes écrits, et accessible à tous. Ainsi donc, je crois qu'il va produire un effet immédiat. Vraiment, j'ai honte de parler d'*effet immédiat*, mais je le fais à cause de vous qui devez avoir en tête, très raisonnablement d'ailleurs, d'autres estimations de valeurs que moi — oh ! pardon ! » Il ajoute qu'on commence à s'occuper de ses œuvres et que « tant à Vienne qu'à Berlin, on parle beaucoup de lui entre hommes intelligents. » Il en prend avantage pour demander au libraire quelques enjolivements typographiques et un « vélin plus fort. »

Malgré l'alléchante perspective d'un succès « immédiat », l'éditeur témoigna peu de zèle à activer la besogne. Nietzsche perd patience : « On me vole des mois entiers, gémit-il, je ne puis rien entreprendre tant que je ne suis pas délivré de cette pénible *impression* (jeu de mots sur *Druck*). Mais il eut beau exhaler « poison et bile » contre l'éditeur et l'imprimeur, Zarathustra n'en dut pas moins prendre rang derrière un formidable lot de cinq cent mille livres de cantiques, et se résigner à ne voir le jour qu'en juin 1883, au lieu d'avril. Nietzsche, alors à Rome, attendait les premiers exemplaires dans une anxiété indescriptible : « Je suis *très ému*, écrit-il, et je passe beaucoup de temps en joyeuse société, car dès que je suis seul, je me sens troublé comme je ne l'ai été de ma vie. » Il comptait sur un réel triomphe, ne mettant pas en doute l'impression profonde que ce « cinquième évangile » devait faire sur le monde pensant. Peter Gast qui, le premier, en avait lu les bonnes feuilles, s'exclamait d'enthousiasme : « Sous quelle rubrique faut-il ranger votre nouveau livre ? Je suis tenté de répondre : sous celle des Saintes Ecritures... C'est miraculeux ! disent les disciples de Bouddha en écoutant ses paroles. C'est miraculeux ! suis-je forcé de m'écrier, avec plus de raison encore que ceux-ci, lorsque je *vous* écoute parler par la bouche de Zarathustra... » A quoi Nietzsche avait répondu, ou à peu près : *Tu dixisti*.

Or quelle ne fut pas sa douleur, lorsque s'avérèrent une fois de plus l'incompréhension et l'indifférence générales ! Rohde silencieux, Burckhardt ni figue ni raisin, la critique muette, l'éditeur désappointé et sarcastique, et le reste à l'avenant ! Encore malade de l'énervement que lui avaient causé les lenteurs de l'impression, l'infortuné poète sombra, peu s'en fallut, dans le plus farouche désespoir. Il maudit le *Bücherschreiben* et décida d'y renoncer. Le lourd coffre bondé de livres et de manuscrits qui le suivait partout, non sans parfois rester en route ou se tromper de chemin, le « pied-bot » comme il l'appelait, fut envoyé cordialement à tous les diablés, et, pour l'heure, demeura consigné sans appel au dépôt de la gare.

Ce ne fut là qu'une faiblesse passagère. La grande voix du Destin, la conscience de sa « Mission » le remirent bientôt sur pied, et, de nouveau, la Muse visita son sein.

La deuxième partie de *Zarathustra* fut écrite en dix jours à Sils-Maria, l'été suivant. Nietzsche, dans son autobiographie de 1888, ainsi que dans plusieurs lettres et notes antérieures, parle longuement de l'inspiration quasi surnaturelle dont il était comme envahi, *possédé* irrésistiblement en cette année mémorable. L'afflux des pensées était tel qu'il ne pouvait littéralement leur tenir tête. Un crayon à la main, il tâchait à en saisir au vol le plus possible, les entassait pêle-mêle et en hâte dans son carnet, pour ensuite débrouiller ce chaos de merveilles jusqu'à une heure avancée de la nuit.

Cette deuxième partie parut en septembre. Nietzsche s'abstint cette fois d'en envoyer des exemplaires à ses amis. « A un tel appel poussé du plus profond de l'âme ne pas recevoir un mot de réponse, cela est une effroyable épreuve qui peut faire succomber l'homme le plus insensible. Voilà ce qui m'a fait rompre toute attache avec mes contemporains. » Deux nouvelles disgrâces vinrent encore l'accabler vers cette époque. Impuissant à se faire entendre par le livre, il avait projeté une série de conférences à l'Université de Leipzig, dans l'espoir, toujours tenace chez lui, de recruter des disciples. Mais on lui fit entendre discrètement qu'il eût à y renoncer, ses doctrines s'accordant mal avec l'enseignement officiel. — Enfin, son unique sœur l'abandonnait à son tour pour se marier, et, — surcroît de tristesse — allait s'expatrier au loin, par delà les océans, au lieu de lui continuer ses bons soins, comme il semble, n'est-ce pas, que c'était son devoir.

Nietzsche écrivit à Nice, l'hiver suivant (1883-84), la troisième partie de Zarathustra, qui parut en avril et fut, jointe à la deuxième, envoyée aux amis. Hélas ! éternelle répétition : nul n'y vit goutte ; P. Gast lui-même commençait à ne plus comprendre. Il fallait décidément renoncer. « Mon œuvre a le temps, écrit Nietzsche... Plus tard, dans cinquante ans, peut-être quelques-uns, peut-être un seul (— il faudrait un génie pour cela !) auront l'intuition de ce qui fut par moi accompli. Pour l'instant, il est, non seulement difficile, mais tout-à-fait impossible (d'après les lois de la perspective) de publier quoi que ce soit sur moi qui ne reste à une infinie distance en deçà de la vérité... Le livre a le défaut d'être trop riche, trop ardent, trop passionné. Il trouble le sommeil. Les problèmes en jaillissent de tous côtés. Là dedans il y a des paroles capables de déchirer le cœur à un

Dieu... Dans cette œuvre, chaque mot doit d'abord blesser et faire mal, puis ensuite transporter et ravir profondément. Ce qu'on n'a pas compris ainsi, on ne l'a pas compris du tout. »

La quatrième partie du poème-évangile, écrite en 1884-85, ne fut imprimée qu'à quarante exemplaires. Nietzsche en effet, malgré les plus actives démarches, ne trouvait plus d'éditeur, et il dut finalement se résoudre à s'éditer lui-même à peu de frais. La première édition pour le public ne parut qu'en 1892. L'ouvrage devait enfin se continuer par une cinquième partie, dont Nietzsche rédigea bien une demi-douzaine de plans ; mais aucun ne fut mis à exécution. Nul ne peut dire au juste combien de parties auraient pu suivre encore. L'auteur lui-même n'en a jamais rien su. On trouve en effet dans ses manuscrits tour à tour des projets de continuation et des notes telles que la suivante : « Résolution : assez de Zarathustra ; je veux parler *moi-même.* »

Quoi qu'il en soit, *Also sprach Zarathustra* fut toujours l'œuvre préférée, l'enfant chéri par dessus tous de Frédéric Nietzsche. Nous ne pouvons malheureusement citer qu'une faible partie des éloges qu'il ne se lassa jamais de lui prodiguer. Bornons-nous donc aux quelques passages suivants, d'ailleurs significatifs : « Mon *Zarathustra* est le plus grand cadeau qui ait été fait jusqu'à présent à l'humanité. Ce livre, dont la voix porte par delà les millénaires, n'est pas seulement le livre le plus élevé, le vrai livre de l'air des sommets — tant le fait *homme* gît à une énorme distance au-dessous de lui, — c'est aussi le livre le plus *profond*... un puits intarissable où aucun seau ne descend qui n'en remonte rempli d'or et de bonté... » Il écrit à Erwin Rohde : « J'ai idée qu'avec ce *Zarathustra* la langue allemande a atteint la perfection. Il y avait, après Luther et Gœthe, encore un troisième pas à faire ; — vois donc, cher vieux camarade, si la force, la souplesse, l'harmonie ont jamais été réunies à ce point dans notre langue ! » Et, quelques années après : « Je ne suis pas surpris qu'on ne comprenne pas mon Zarathustra ; il n'y a de la faute de personne : un livre si lointain, si beau, qu'il faudrait avoir du sang des dieux dans les veines pour comprendre son langage d'oiseau ! »

Comme Jésus au jardin des Oliviers, comme le Bouddha, comme Zarathustra lui-même, comme tous les grands révélateurs qui vinrent engager l'humanité dans des voies nouvelles vers des horizons nouveaux, le sublime auteur de *Also sprach* connut les indicibles détresses de la tentation. Il murmure lui aussi son *Domine si possibile est...:* « Tu n'es pas assez vaillant ! Laisse cela à de plus forts ! Jouis de ta fatigue même ! Admire-toi ! Persuade-toi que ta pitié est vertu, et que tu sacrifies ta science au bonheur de tes semblables ! — Avoue-toi donc ce qu'est au juste cette volonté de création : soif de puissance, qui ne peut se contenter de la voie ordinaire. Des amis ? *Ce sont des instruments que tu veux* (1). — Et pourquoi donc proclamer cette vérité ? Même si tu devais croire qu'elle est réellement Vérité ! Il n'y a assurément nulle obligation pour toi ! Aucun devoir de vérité ! — Tu gâtes au monde la jouissance du présent ! Tu es le maître de la grande fatigue même ! Tu désarmes la vertu... *tu ravis* sa force à l'humanité... » Quelle prodigieuse énergie ne lui fallut-il pas pour surmonter ces tentations ! observe gravement l'auteur de *Nietzsche's Leben*.

Quand il eut franchi, en quatre bonds de géant, « l'effroyable abîme » de *Zarathustra*, il s'assit, se laissa choir plutôt, accablé d'une immense lassitude : « Cela se paye cher d'être immortel : on meurt plusieurs fois au cours de sa vie. — Il est une chose que j'appelle la rancune de la grandeur : tout ce qui est grand, une œuvre, une action, se retourne, à peine achevé, contre celui qui l'a accompli. Précisément parce qu'il l'a accompli il se trouve maintenant plus faible ; — il ne supporte plus son action, il n'en soutient plus le regard. Avoir quelque chose *derrière* soi, que l'on ne devait jamais vouloir, — quelque chose où est fixé le nœud même de la

---

(1) **Significatif.** L'aveu est exempt d'artifice.

Destinée des hommes — et cette chose, l'avoir maintenant *sur* soi ! — Cela écrase presque, — la rancune de la grandeur ! »

On demeure positivement confondu à la lecture de ces choses. Un fanatique de *Faust* ou de la *Divine Comédie* qui entonnerait un tel dithyrambe à la gloire de Gœthe ou de Dante ne manquerait pas de se couvrir de ridicule, — et voilà un poète qui le chante à pleine voix en son propre honneur ! On chercherait en vain dans l'histoire des lettres, des philosophies, voire des religions, depuis les temps les plus reculés jusqu'à nos jours, un autre exemple d'orgueil aussi prodigieusement ingénu, de *narcissisme* intellectuel à ce point exalté. Cela désarme à l'égal de quelque énorme vantardise de Marseillais ou de Gascon. Nietzsche écrit, dans son *Crépuscule des Idoles* : « Michelet ou l'enthousiasme qui ôte l'habit ; » — combien plus justement pouvons-nous dire de lui-même : Nietzsche ou l'*autolâtrie* qui rejette jusqu'à la chemise ! On s'attriste seulement à songer que des mains pieuses, quoique décidément trop zélées à recueillir tout ce qui tomba de cette plume inégale, n'hésitent pas à livrer au public d'aussi regrettables écritures.

Cependant *Zarathustra* n'avançait qu'avec une désespérante lenteur. Les cinq cent mille livres de cantiques encombraient sans doute le chemin. Aussi Nietzsche se propose-t-il de lui frayer la voie par un volume de commentaires. Il nous apparaît ainsi tour à tour comme un auteur sacré, écrivant sous la dictée de l'Esprit, et comme un exégète pénétrant qui paraphraserait son propre évangile. Déjà *Aurore* et *La gaie science* étaient en quelque sorte des pré-commentaires de Zarathustra. *La généalogie de la morale* et *Par delà le bien et le mal* achèveront de développer, sous la forme théorique, les sublimes enseignements du Sage des sages, du solitaire des hauteurs, et serviront en outre de prélude au grand ouvrage sur la « Philosophie de l'avenir » dont les idées maîtresses commencent déjà à se faire jour.

Par delà le bien et le mal fut commencé à Sils-Maria pendant l'été de 1885 et terminé l'année suivante. Toutes les démarches auprès des éditeurs étant demeurées vaines, Nietzsche dut faire les frais de la publication. Le livre parut en septembre 1886, chez Naumann, à Leipzig, sans le moindre succès. *La généalogie de la morale*, complément de *Par-delà*, écrite et publiée dans les mêmes conditions en 1887, eut un sort identique. « Je n'ai que deux lecteurs, écrivait Nietzsche, Burckhardt à Bâle et M. Taine en France, mais de *tels* lecteurs !... » Nous étudierons dans la deuxième partie les principales thèses de ces deux ouvrages, où les problèmes déjà posés ou pressentis dans les quatre volumes précédents prennent leur forme définitive, le « grand ouvrage » annoncé étant demeuré en plan.

Un tel parti-pris d'inintelligence devenait réellement intolérable. Nietzsche éclate en invectives contre cette époque imbécile « où le rhinocéros fleurit ; » contre la « canaille » journalistique et critique qui parle de ses livres sans les avoir lus, et mérite « pour toute réponse un maître coup de pied, » contre les « cochons cultivés et les oies de grande ville », les pasteurs, la jeunesse allemande, « tout ce qui boit de la bière et pue la politique », contre les « gens de lettres, qui trafiquent sans vergogne des choses de l'esprit » ; contre les « petites femmes de lettres (les mêmes qui se pâment aujourd'hui sur *Zarathustra*) aux doigts tachés d'encre et au sexe détraqué (l'expression allemande est d'une crudité intraduisible). » — « Je suis seul, gémit-il, absurdement seul ! »

Et plus s'épaissit l'ombre silencieuse et angoissante qui l'entoure, plus s'exalte le sentiment qu'il a de lui-même, de sa grandeur, de la souveraine importance de sa mission. « Je ne connais dans aucune littérature des livres qui possèdent une telle richesse d'expérience de l'âme, et cela du plus grand au plus petit et au plus raffiné !... Il n'est pas impossible que je sois le premier philosophe de l'époque, oui et peut-être mieux que cela encore, quelque chose de décisif et de fatal qui se dresse entre deux millénaires ! » — On sent monter, n'est-ce pas, le double délire caractéristique, délire précurseur de la catastrophe prochaine. Désormais cette pauvre âme malade, ce malheureux cerveau surmené et surchauffé — telle une chaudière sous perpétuelle pression — ne connaîtront plus que de rares moments de lucidité et d'accalmie.

C'est environ vers l'époque du premier Zarathustra, en 1882, que Nietzsche avait conçu le projet d'un grand ouvrage théorique destiné à parachever son œuvre en coordonnant et systématisant les données éparses dans ses recueils antérieurs. *Systématisant* ne saurait toutefois s'appliquer qu'avec réserve à notre philosophe, qui ne perdit jamais une occasion d'afficher son mépris pour « cette chose inerte, cette chose en bois, cette sottise quadrangulaire » qui s'appelle un système philosophique. « Je me méfie de tous les gens à systèmes et je les évite. La volonté d'un système est un manque de loyauté. » Ce qu'il cherchait plutôt — et que la nature inquiète, mal équilibrée de son génie ne lui permit pas de trouver — c'était de subordonner les unes aux autres, de hiérarchiser ses vues principales, ses « nouvelles valeurs. » Par un tour assez ironiquement plaisant du destin, ce fanatique de hiérarchie ne parvint jamais à y soumettre ses idées. On le voit hésiter entre sa Volonté de puissance, son Éternel Retour, sa

Transmutation de toutes les valeurs, son Surhomme, les prenant chacun tour à tour comme tête de colonne de sa philosophie, changeant plusieurs fois de titre, se perdant en des remaniements indéfinis, en des ébauches, projets, plans, commentaires, introductions, préludes et postludes, dans le détail de quoi il n'y a vraiment nul intérêt ni profit à pénétrer.

D'ailleurs ce « grand ouvrage » que ses fidèles se désolent qu'il n'ait pu terminer, ce livre qu'il appelait le « *pensum* capital de sa vie », il se l'était imposé comme discipline, et, quoi qu'on ait pu dire, il n'y travailla jamais que très irrégulièrement, sans la moindre méthode, bien entendu, — ce serait même lui faire injure que de lui supposer une méthode. Des deux hypothèses proposées par M. Lichtenberger pour expliquer l'avortement de l'œuvre maîtresse, non plus du poète-évangéliste, mais du philosophe de la *Volonté de puissance*, nous avons d'assez bonnes raisons pour adopter *l'autre* : « Elle est restée inachevée parce qu'il ne *pouvait* pas en être autrement, parce que l'œuvre dépassait les forces de l'auteur, parce que Nietzsche était condamné, par la fatalité même de sa constitution physique et intellectuelle, à n'être jamais qu'un dilettante très intelligent, si bien que l'avortement de la *Volonté de puissance* serait en quelque sorte le symbole visible de la banqueroute spirituelle de la philosophie du

Surhomme. » (H. Lichtenberger. *Le Testament philosophique de Nietzsche*. Revue de Paris, 15 avril 1902).

Nous voici arrivés aux derniers temps de la vie consciente — demi-consciente serait plus exact — de F. Nietzsche. Cette restriction n'a rien d'arbitraire. Depuis longtemps en effet, Nietzsche faisait un incroyable abus des médicaments les plus dangereux. Dès 1883, c'est-à-dire *en pleine période de santé*, alors que tous malaises, névralgies, migraines avaient cessé depuis deux ans, il contractait la funeste habitude du chloral, ce poison abrutissant et sournois que connaissent bien tant de névrosés de la littérature et d'ailleurs. Il en prenait régulièrement chaque soir, et des doses de plus en plus massives. Il eut, il est vrai, quelques velléités de résistance et tenta plusieurs fois de réagir. Mais la surexcitation maladive de ses nerfs, encore accrue — il s'imaginait naïvement le contraire — par des courses forcenées à travers monts et vaux, lui rendait très difficile, presque impossible, la régulière détente cérébrale, le bon sommeil normal, « baume universel des créatures ». Ce sommeil, il l'avait tué, comme Macbeth, par des moyens différents mais non moins sûrs. Lorsqu'il rentrait le soir, après quelque course folle, harassé, la tête bourdonnante, les nerfs tendus comme des cordes de violon près de se rompre, son cerveau exaspéré continuait à battre la campagne, à courir après les chimères de la journée ; le malheureux alors se jetait lâchement sur la fiole libératrice — avec quelle « mauvaise conscience » on l'imagine aisément — et contraignait au silence ses cellules nerveuses en les saturant de poison.

D'ailleurs le chloral ne lui suffit bientôt plus. Jamais les apothicaires et autres fabricants de mort subite n'eurent de meilleur client que cet apôtre de l'énergie. Les drogues les plus fantastiques, des substances totalement ignorées du Codex et de la pratique thérapeutique ne le font pas reculer. Un certain voyageur hollandais lui rapporte un jour de Java on ne sait quelle horrible mixture, dont Nietzsche se met à user incontinent, et qui le jette un soir sur le carreau de sa chambre, en proie à une effroyable crise nerveuse. Qu'on ajoute à cela des habitudes d'intempérance contractées sur le tard, et l'on jugera dans quel état pouvait être ce malheureux cerveau durant les dernières années de son fonctionnement.

Ces détails, assez pénibles il faut l'avouer, sont indispensables pour comprendre et apprécier à leur juste valeur les œuvres de sa dernière manière, notamment *Le cas Wagner* et *l'Anti-Chrétien*. Que toute cette pharmacopée de sorcière se puisse sentir à travers ses écrits, c'est ce qui ne fait pas doute. Il en convient d'ailleurs lui-même. Voici un fragment de lettre de 1884 : « Cela m'a très péniblement affecté, écrit-il au sujet de quelque ennui ; le malheur est que j'en suis redevenu malade (1) et que je reviens à l'ancien remède, — et alors je me mets à haïr indiciblement tous les hommes que je connais, moi-même compris. Je dors bien, mais je ressens à la suite de la misanthropie et du remords. » Une autre fois il avoue à sa sœur qu'il doit revoir et corriger l'après-midi ce qu'il a écrit le matin sous l'influence excitante du poison accoutumé. Car il est constant que toute sédation factice est invariablement suivie de surexcitation, tout comme une exaltation nerveuse artificiellement provoquée se compense rigoureusement par une dépression équivalente.

Le cas Wagner, disons-nous, fut manifestement écrit sous cette influence détestable. Ce pamphlet semble relever aussi de mobiles moins reluisants encore. Exaspéré par le silence et l'obscurité profonde où il végétait depuis des années, Nietzsche s'avise un jour que Wagner, par delà le Styx, peut encore lui être secourable. Qui sait si en se hissant de nouveau sur les larges épaules du Maître, mais cette fois pour vomir toute sa rancune contre lui, contre l'ancien ami qui a eu le tort impardonnable de

---

(1) « Ce qu'il appelait *maladie*, nous apprend Mme Fôrster-Nietzsche, c'est ce que les autres hommes nomment tristesse et manque d'entrain. »

réussir, — qui sait s'il ne parviendra pas enfin à attirer l'attention, à révéler sa propre existence, que le monde entier s'obstine à ignorer ? Sitôt conçu, sitôt écrit. Le libelle, ébauché à Turin en mai 1888, achevé le mois suivant à Sils-Maria, en pleine période d'intoxication, d'humeur noire et de demi-responsabilité, parut en librairie vers le mois de septembre. La vilenie était consommée. Elle ne porta d'ailleurs que des fruits médiocres ; il ne se vendit pas un exemplaire de plus de *Zarathustra*.

Que *Le Cas Wagner* n'ait pas été autre chose qu'une réclame misérable, un coup de trompette aussi désespéré que malsonnant, c'est ce qu'on lit sans peine entre les lignes de sa correspondance de 1888 : « Mes derniers livres, écrit-il au professeur Overbeck, sont plus passionnés que tout ce que j'ai écrit jusqu'à présent. La passion *étourdit*. Elle m'est bienfaisante et me fait oublier... En ce moment même, on imprime un petit pamphlet musical qui paraît inspiré de l'humeur la plus gaie. La gaîté aussi étourdit. Elle m'est bienfaisante et me fait oublier. Je ris véritablement beaucoup en écrivant de telles choses. » Et à son éditeur, pour lui annoncer l'envoi du *Crépuscule des Idoles* : « Cette fois je vais vous faire une surprise. Vous pensez peut-être que nous en avons fini avec l'impression — ah ! par exemple ! Justement s'achemine vers vous le plus joli manuscrit que je vous aie jamais envoyé. Il s'agit d'un écrit... destiné à former le pendant exact du *Cas Wagner*. » Il compte publier l'année suivante son ouvrage principal, *La Transmutation de toutes les valeurs*. « Comme ce livre à un caractère très sérieux et même sévère, je ne saurais le faire précéder de quelque chose de plus riant et de plus gracieux. D'un autre côté, il faut laisser quelque intervalle entre ma dernière publication et cette œuvre sérieuse. Je ne voudrais pas que celle-ci succédât immédiatement à mon exubérante *farce* (en français) contre Wagner. » Et, huit jours après, au même, pour lui donner contre-ordre : « Entre temps je me suis aussi convaincu d'une chose : que, pour l'instant, toute autre publication serait absolument maladroite. Elle viendrait troubler et rompre l'effet de cet écrit (*le Cas Wagner*) — elle supprimerait presque la nécessité de *prendre enfin connaissance de mes écrits antérieurs, nécessité si désirable !* »

Cette *farce*, dont tout l'esprit consiste à traîner sur la claie un ancien ami, Nietzsche pousse l'inconscience jusqu'à l'envoyer à la vénérable Mademoiselle Malvida, et, parce que celle-ci ne la trouve pas du meilleur goût, il se fâche tout rouge, et lui écrit une lettre qu'on jugera sans doute un peu plus que désobligeante : « Avez-vous deviné au juste *pourquoi* je vous ai envoyé à vous surtout cette exécution de Wagner ? —

Je voulais vous faire toucher du doigt une fois de plus que vous n'avez jamais rien compris de moi, ni un mot, ni un désir... Ce manque profond de flair, de finesse dans la distinction du vrai et du faux, que je reproche aux hommes modernes, — vous en êtes assurément vous-même un des cas les plus frappants, vous qui tout le long de votre vie vous êtes trompée au sujet de tous, même de Wagner, combien plus encore de moi-même, ce qui est autrement grave !... Ne comprenez-vous donc *rien* de ce qu'est ma *tâche ?* de ce qui s'appelle *Transvaluation de toutes les valeurs ?* » C'est par des lettres de ce ton qu'il avait fini par s'aliéner peu à peu tous ses amis, Erwin Rohde, Gersdorff et les autres, hormis l'inaltérable Peter Gast, en adoration perpétuelle devant l'auteur de *Zarathustra*.

Pour en finir avec le cas Wagner-Nietzsche, notons que celui-ci, malgré le « pénétration » dont il se croyait doué, s'est mépris totalement sur l'évolution morale de l'auteur de *Parsifal*. M. Lichtenberger, dans son livre sur *Richard Wagner poète et penseur*, rétablit la vérité, et s'attache à montrer combien logique et harmonieux fut le développement intérieur de Wagner, et que sa conception de la vie fut toujours nettement *anti-pessimiste*.

La « *farce* » ayant eu quelque succès de scandale, il était indiqué de la recommencer. De tous ses livres antérieurs, depuis 1878, Nietzsche extrait les plus violents aphorismes relatifs à Wagner et en tire un nouveau libelle, aussi déclamatoire et pitoyablement rageur que le premier : *Nietzsche contre Wagner*. On y peut lire entre autres aménités : « ... *Parsifal* est une œuvre de rancune, de vengeance, un attentat secret... une *mauvaise* œuvre... Je méprise tous ceux qui ne considèrent pas Parsifal comme un attentat contre la morale. » Qu'on relise cette phrase évangélique en remplaçant *Parsifal* par *le cas Wagner* et l'on aura sainement jugé et l'auteur et son œuvre. — Enfin, des mois d'août et septembre datent le *Crépuscule des Idoles* et l'*Anti-Chrétien*. Le premier de ses opuscules est précisément cet écrit « riant et gracieux » qui devait précéder la « Grande Œuvre » et dont Nietzsche fait ajourner l'impression, pour ne pas troubler le succès du *Cas Wagner*. Quant à l'*Anti-Chrétien*, sur quoi nous aurons occasion de revenir, on peut d'ores et déjà le caractériser d'un mot : c'est de l'exégèse de cabanon.

Dans les derniers mois de la même année, Nietzsche écrivit sa biographie suprême : *Ecce homo*, qu'on ne connut longtemps que par quelques extraits. Il paraît que nous devions attendre, avant de jouir intégralement de cette œuvre « divine », qu'il destinait à sa patrie, « que celle-ci se fût enfin rendue digne de ce don... »

et qu'eût d'abord disparu cette génération d'hommes aux sentiments troubles, mauvais et envieux à l'égard du héros si prématurément enlevé par leur faute. » La sentence a été rapportée. Nous possédons *Ecce homo*, — triste testament d'une intelligence qui va sombrer dans la nuit, sans retour.

Cependant, autour de lui montaient et grossissaient chaque jour les plus menaçantes rumeurs. Il avait eu pourtant un moment de détente et d'espoir. Georges Brandès, « l'esprit le plus riche du Danemark », avait donné à l'université de Copenhague une série de leçons sur la philosophie nietzschéenne. « Plus de 300 personnes y assistaient régulièrement, s'extasie Nietzsche, et, à la fin, ce fut une grande ovation ! On me fait entrevoir quelque chose de semblable pour New-York ». — Hélas ! ce n'était là qu'un court répit. Ses ennemis veillaient et conspiraient dans l'ombre. Un certain Richard Pohl pousse l'outrecuidance et la méchanceté jusqu'à prendre en main la cause wagnérienne, dans un article que publia la « Semaine musicale » éditée par son propre éditeur !! — « Quel manque de tact de la part de cet éditeur ! Il n'avait donc pas la moindre considération pour un auteur de sa maison, *pour un Frédéric Nietzsche, le créateur de Zarathustra !* » Et pas un être qui le console et prenne sa défense : « Ce devrait être pourtant un point d'honneur pour mes amis de défendre mon nom et *la sûreté du monde*, de me construire un château-fort où je sois à l'abri d'une aussi grossière méconnaissance : moi-même je ne devrais pas avoir à remuer un doigt contre mes ennemis. » Mais ils étaient vraiment trop, de « cette perfide race de pygmées qui ont la haine de tout ce qui est élevé et surhumain. » — Le flot monte d'heure en heure. Et voici — ô désespoir ! — que ses derniers soutiens sont emportés. Ses rares amis l'abandonnent. Peter Gast n'est plus Peter Gast. Son beau-frère, sa propre sœur le trahissent, écrivant du fond de l'Amérique du Sud des articles haineux contre *Zarathustra*. Sa mère, sa mère elle-même passe à l'ennemi, reniant son fils bien-aimé ! C'en est vraiment plus qu'il ne peut supporter, plus qu'un Dieu même, lacéré comme Dionysos, crucifié comme Jésus, ne pourrait supporter ! Et n'est-il pas d'ailleurs ce Dionysos en lambeaux, ce Christ couvert de sang et cloué à la Croix ?... « Je prends narcotique sur narcotique, écrit-il, pour étourdir ma douleur, et ne puis cependant trouver le sommeil. Aujourd'hui je veux en absorber une dose telle que j'en perdrai la raison !... »

Quos vult perdere Jupiter dementat... Quelques jours plus tard, on relevait dans une rue de Turin un malheureux, étendu de tout son long et secoué par un rire inextinguible. Le grand ressort, atteint depuis longtemps, venait soudain de se rompre. Les poisons de toute nature : le chloral, la liqueur de Java, le surmenage cérébral, peut-être un virus plus redoutable encore (1) avaient parachevé leur œuvre et réduit au silence « le plus incomparable génie qui ait jamais été. »

Interné d'abord à Bâle, puis à Iéna, Nietzsche fut finalement recueilli par les siens. La paralysie évolua avec une extrême lenteur, puisqu'il ne lui fallut guère moins de douze ans pour abattre le corps après avoir ruiné l'intelligence. Enfin, de crise en crise, le jour fatal arriva. Nietzsche mourut à Weimar, le 25 août 1900.

— Pourquoi pleurer ? disait-il un jour à sa sœur qui ne parvenait pas à cacher ses larmes, *ne suis-je pas heureux ?* — Une telle réflexion dans un tel état ! — C'est peut-être le mot le plus douloureusement profond qu'il ait prononcé de sa vie.

---

(1) Le Dr Moebius croit à une paralysie générale d'origine syphilitique. On a de lui une curieuse étude psychopathologique de notre auteur : *Ueber das pathologische bei Nietzsche.*

CHAPITRE V

L'ŒUVRE : IMPRESSION GÉNÉRALE

CHAPITRE VI

L'ŒUVRE : IMPRESSION GÉNÉRALE

C'est dans une formidable collection de plusieurs milliers d'aphorismes, essais, fragments, esquisses, boutades, maximes et autres *marginalia*, variant d'une ligne à dix pages, répartis pêle-mêle en huit à dix lots sous des titres de pure fantaisie, qu'il nous faut chercher et, par un minutieux travail d'abeille, recueillir et mettre en œuvre le miel mêlé d'absinthe de la pensée nietzschéenne. Ce n'est d'ailleurs pas sans charme qu'on se prend à errer à l'aventure dans ce jardin singulier, où des fleurs somptueuses, des orchidées rarissimes voisinent sans façon avec l'ortie cuisante et le pissenlit des terrains vagues. Non, jamais philosophe ou moraliste, depuis Montaigne jusqu'à Amiel, n'eut moins que Nietzsche le don de la « raison oratoire » le souci de classer, à l'exemple de Taine, « les idées en files régulières, avec progression à la manière des naturalistes, selon les règles des idéologues, bref oratoirement. » Nietzsche est, autant que Joubert, « impropre au discours continu ». Comme Montaigne, un de ses auteurs favoris, il aurait pu dire : « Je suis ennemi juré d'assiduité, d'obligation, de constance : aussi qu'il n'est rien si contraire à mon style qu'une narration estendue. Je me recouppe si souvent à faulte de haleine : je n'ay ni composition ni explication qui vaille. »

Ce législateur de la « hiérarchie », disions-nous, ne sut jamais y soumettre ses idées. Elles se présentent à lui sous la forme la plus complexe, touffues, branchues, hérissées, véritable enchevêtrement de rameaux épineux, de lianes et de racines qu'il ne se donne pas la peine de débrouiller, préférant s'armer de cisailles et couper dans le tas : cela fait des morceaux, les uns courts, d'autres longs, des brindilles, de jeunes pousses, du bois mort ; il ramasse et lie le tout, et voilà un fagot, c'est-à-dire, sinon un livre, du moins un volume. Des trois phases classiques de l'idéation : 1° Impression confuse et syncrétique de l'ensemble ; 2° vue distincte et analytique des parties ; 3° reconstitution logique et synthétique donnant, non plus une impression, mais une vision claire de l'ensemble, Nietzsche n'a jamais dépassé la deuxième, et c'est à l'état de pièces et morceaux — quelques-uns d'ailleurs d'un travail achevé — que sa pensée et sa doctrine nous sont parvenues. C'est que, pour franchir avec succès la troisième phase, pour tirer d'une multitude de vues de détail un tout cohérent, organique et centralisé, une *œuvre*, il faut des qualités que notre philosophe était loin de compter à son actif : la persévérance, l'esprit de suite et — tranchons le mot — *le goût du travail* méthodique et sérieux. « La méthode, dit-il quelque part, voilà l'essentiel et aussi la chose la plus difficile, celle qui eut toujours contre elle les habitudes et la paresse. » Or on sait quel éloignement lui inspiraient les « habitudes » et le « métier ».

Nietzsche écrivait au hasard de l'inspiration, sous la pression et suivant le rythme de cet inconscient qu'il tenait pour notre meilleur guide et parfait musagète. Il détestait encore une fois le travail régulier et son ordinaire appareil d'encre, de papier, de notes, fiches, etc., tout ce qu'on peut appeler l'exploitation méthodique, la mise en coupe réglée des choses de l'esprit. « Oh ! combien vite nous devinons comment un auteur est arrivé à ses idées, si c'est assis devant son écritoire, le ventre comprimé, courbé sur le papier. Oh ! combien vite alors nous en avons fini avec son livre !... Dans le livre d'un savant il y a presque toujours quelque chose d'oppressé qui oppresse... Un livre savant reflète toujours une âme qui se voûte : tout métier force son homme à se voûter : tout spécialiste a sa bosse. » Quant à lui, c'est sur les hauleurs qu'il pense, « en marchant, en sautant, en grimpant, en dansant », lisant peu, rêvant et « ruminant » beaucoup — d'ailleurs un peu toujours les mêmes choses, rabâchant même un tantinet parfois — en somme appliquant à la lettre le conseil d'un autre grand rêveur, saint Bernard : *Aliquid amplius invenies in sylvis quam in libris.* »

Son style trahit le plein air, la marche, l'escalade, la course et — l'essoufflement. Il procède par bonds et gambades, comme un jeune chamois, se jette brusquement de côté, repart à fond de train, franchit un abîme sur un pont de tirets et, soudain, s'arrête court, suspendu haletant à un point d'interrogation. « Je griffonne quelque chose sur une feuille écrit-il, et cela sans cesser de marcher. Je n'écris rien à ma table de travail. Des amis déchiffrent ensuite mes gribouillages. » Nous verrons bientôt qu'il convient de rabattre quelque peu de ces assertions.

Par une illusion « trop humaine » il se persuade que c'est là le comble de l'art et que l'observation psychologique ne saurait s'exprimer plus heureusement qu'en maximes, pointes et aphorismes. « La pensée isolée à laquelle un homme de valeur... attache un grand prix, est pour lui une clé de trésors cachés, pour les autres rien qu'un morceau de vieille ferraille. » — « L'aphorisme, la sentence, où le premier je

suis passé maître parmi les Allemands, sont les formes de l'éternité. Mon orgueil est de dire en dix phrases ce que tout autre dit en un volume — ce qu'un autre ne dit pas en un volume... J'agis avec les problèmes profonds comme avec un bain froid — y entrer vite, en sortir vite... une chose demeure-t-elle vraiment incomprise par le fait qu'elle n'est saisie qu'au vol, d'un regard, en un éclair ? Faut-il donc... s'y asseoir solidement, l'avoir couvée comme un œuf ?... Enfin ma brièveté a une autre raison encore : parmi les questions qui me préoccupent il en est beaucoup qu'il me faut expliquer en peu de mots, pour qu'on m'entende à mots couverts. Car je dois éviter en tant qu'immoraliste de pervertir l'innocence, je veux dire les ânes et les vieilles filles des deux sexes, qui n'ont d'autre profit de la vie que leur innocence. Or je ne connais pas sur cette terre de spectacle plus réjouissant que celui de vieux ânes et de vieilles filles qu'agite le doux sentiment de la vertu. »
Il met sévèrement en garde les lecteurs peu clairvoyants contre une grossière illusion d'optique à l'endroit de son œuvre. « Croyez-vous donc que c'est de l'ouvrage décousu, parce qu'on vous le présente en morceaux (et qu'il faut le présenter ainsi) ? »

On a pu soutenir en toute vraisemblance que le plus clair de la popularité de Nietzsche — un tel mot à propos d'un tel homme ! — c'est à cette forme aphoristique et fragmentaire qu'il faut l'attribuer. « Il est si facile, observe M. Höffding, de faire au moins une connaissance sommaire avec ses livres. » Moins que cela encore, quelques formules lapidaires cueillies au hasard des pages et soulignées d'un crayon enthousiaste : *«Rien n'est vrai, tout est permis... Il faut vivre dangereusement... Tu vas chez les femmes, n'oublie pas le fouet...* » quelques grand mots à effet : « *Volonté de puissance... Transvaluation de toutes les valeurs... Soyons durs !... Pathos de la distance... Morale des maîtres, morale des esclaves... Surhomme...* » etc. — et morbleu ! en voilà plus qu'il n'en faut pour faire figure de bon nietzschéen. On n'en demande pas davantage dans les « salons ».

Ce qui frappe encore chez Nietzsche à première lecture et qui a certainement contribué à son succès pour une large part, c'est l'extrême violence du ton, la crudité et le sans-gêne de l'image, surtout l'inépuisable richesse de son vocabulaire d'injures. En quoi il est bien Allemand, trop Allemand, un peu *Schopenhauer* et très *Feuerbach*, mais pas Grec, non certes, pas Athénien pour une obole ! Aristophane même — cette erreur du génie attique — ne traita jamais Socrate comme Nietzsche n'a pas rougi de le faire. *Polichinelle, décadent, imposteur, névrosé, canaille, cul-de-jatte, imbécile, pantin, castrat, voyeur* (!), *raccrocheur de l'idéal, punaise minaudière* — ces aménités s'adressent respectivement à Socrate, Jésus, saint Paul, saint François d'Assise, Rousseau, Kant, Renan, — et nous en passons, non des moins savoureuses. Ce manque complet de tact, cette outrance d'énergumène, cette dialectique de portefaix pour qui les « coups de gueule » tiennent lieu d'arguments, tout cela est surtout sensible dans les œuvres de sa dernière manière, or nous savons quelle large part en revient à la pharmacopée, aux stupéfiants et à l'élixir de Java. Le cas n'en est pas moins déplorable.

Quand on lit dans leur ordre chronologique les écrits de Frédéric Nietzsche, on a l'impression d'un homme qui se monterait peu à peu la tête, s'échauffant lui-même — « dans son harnois », comme on disait si joliment jadis. Il commence sur un mode relativement calme et, s'il n'argumente pas sérieusement et se dispense de donner ses raisons, du moins garde-t-il le ton de la bonne compagnie. Mais, à chaque fois qu'il revient sur un point déjà traité — et il y revient jusqu'à vingt fois, sans se lasser, non sans nous lasser — le tour devient plus agressif, plus acerbe, l'esprit disparaît et l'invective surgit. Enfin la poche à fiel crève ; c'est un flot de haine qui fait irruption, un débordement d'injures les plus basses où naufrage sans retour ce qui pouvait rester de tenue et de dignité, tout respect, tout sens critique et — a-t-on seulement besoin de l'ajouter en parlant de Nietzsche? — tout sens moral. La typographie elle-même entre en délire. C'est une incroyable sarabande de parenthèses, de guillemets, de points suspensifs, de tirets courant éperduement les uns après les autres, au grand effarement du lecteur non initié.

Ici comme en tout, ou presque en tout, rien n'est plus facile que d'opposer Nietzsche à Nietzsche. Ce n'est pas nous qui lui faisons dire que « l'on réfute une chose en en montrant les points faibles *avec égard ;* » et « qu'il n'est rien de fatal aux bonnes manières, comme le manque de mesure, la haine de la mesure... le *non plus ultra*. » D'où il résulte que cet aristocrate-né, ce descendant des comtes Niëtzki, ce philosophe épris de « noblesse » et de « distinction » prit sur le tard... de mauvaises manières? nous n'en savons rien, mais à coup sûr un style du plus mauvais goût, vigoureux, certes, et truculent (dans les deux sens, latin et moderne, du mot) et rappelant parfois d'assez près la manière héroïque de M. Léon Bloy, mais tendu, prétentieux et désobligeant à l'excès, chargé de scories, de plats calembours hérités de Wagner, de redites, d'assonances, de tropes invraisemblables, surtout d'injures et de grossièretés, bref passant trop souvent « bien au-delà du pire ».

Et ce style, même quand il paraît aussi libre

et spontané que l'air vif des hauteurs, ce style est très travaillé. Comme Flaubert, comme tant d'autres, Nietzsche n'écrivait pas bien naturellement. Ses manuscrits sont presque aussi noirs de ratures et de surcharges que ceux de l'auteur de *Madame Bovary*. Lui arrive-t-il d'écrire rapidement et d'abondance, comme pour *Zarathustra*, c'est qu'une longue gestation préalable a amené l'idée au point de maturité voulue. D'ordinaire, s'il griffonnait en hâte sur son carnet pendant ses courses et escalades, il ne laissait pas, le soir en rentrant, de revoir avec soin, de limer, de polir, d'orner, d'enrichir d'images nouvelles ses « chères pensées ». Parfois, pour les avoir revêtues trop vite du premier manteau venu, il lui arrivait de ne plus les reconnaître : « J'ai saisi cette idée en passant, et vite j'ai pris les premiers mots venus pour la fixer, de crainte qu'elle ne s'envolât de nouveau. Et maintenant elle est morte de ces mots stériles ; elle est là suspendue, flasque sous ce lambeau verbal — et en la regardant j'ai peine à me rappeler encore comment j'ai pu éprouver un tel bonheur en attrapant cet oiseau ». — En somme, un style mêlé, baroque, inégal, riche et même somptueux en images, passionné, hors de mesure dans l'expression, toujours courant après l'excessif, l'inédit, l'inéprouvé, toujours *par delà* un style merveilleusement « ondoyant et divers » comme l'homme même dont il nous restitue la singulière et vivante image.

« Un pareil esprit n'est pas capable de mesure ; il est par nature militant et emporté ; il apostrophe, il injurie, il improvise, il écrit sous la dictée de son impression, il se permet tous les mots, au besoin les plus crus. Il pense par explosions, ses émotions sont des sursauts, ses images sont des étincelles ; il se lâche tout entier, il se livre au lecteur, et c'est pourquoi il le prend ». Qui dit cela ? Taine. De qui ? de Voltaire. Peut-être ces traits s'appliquent-ils mieux encore à l'auteur de *Zarathustra* qu'à celui des *Contes* et des *Dialogues philosophiques*.

CHAPITRE VI

MODERNITÉ ET DÉCADENCE

CHAPITRE VI

MODERNITÉ ET DÉCADENCE

En dépit de la forme désordonnée et fragmentaire que Nietzsche a choisie pour y couler sa pensée — choisie ? bien plutôt que lui imposa son génie discordant et impulsif — rien n'est plus facile que de faire tenir en quelques pages l'intégralité de sa doctrine. La raison en est que Nietzsche, comme son maître Schopenhauer, comme la plupart des philosophes ses prédécesseurs, Nietzsche s'est énormément répété, reprenant sans trêve les mêmes thèses, parfois dans les mêmes termes, en tous cas pour n'y rien ajouter d'essentiel. Il donne l'impression d'un auteur qui publierait, outre son ouvrage principal, l'ensemble de ses notes, ébauches, brouillons et « premiers jets », ne pouvant se résoudre à sacrifier la moindre de ses rédactions. C'est pourtant lui qui a écrit : « Il faut enlever les échafaudages lorsque la maison est bâtie ». Il est vrai que la sienne ne le fut jamais, du moins complètement. — La raison en est encore que

Nietzsche, comme nous l'avons dit, procède volontiers par affirmations ou négations pures et simples, indéfiniment renouvelées. Il est aussi peu analytique et discursif que possible, incapable de suivre une idée un peu loin, de pousser un développement sans broncher, sans se jeter dans tous les sentiers de traverse qui croisent sa route. Bien instructive à cet égard est sa *Généalogie de la Morale*, le moins « décousu » de ses écrits. Les digressions y tiennent la place d'honneur, au grand détriment de la thèse qu'il est obligé de rappeler à tout bout de champ à l'aide de la formule aussi commode que banale : *Pour en revenir à...* De cette absence de toute argumentation Nietzsche ne fait point difficulté de convenir : « Pour les lecteurs dont j'ai besoin, dit-il, il est inutile que je démontre... Les réfutations ? qu'ai-je à me mêler de réfutations ! ce que je veux c'est remplacer l'invraisemblable par le vraisemblable, et, à l'occasion, une erreur à une autre erreur..... Une affirmation a plus de poids qu'un argument, du moins chez la plupart des hommes ; — l'argument éveille la méfiance ». Il déclare quelque part ne pas vouloir sortir de son habitude qui est « d'affirmer et de ne se préoccuper des objections et critiques que de façon indirecte et involontaire. » Nous verrons bientôt que la vérité fut le moindre de ses soucis. Le point de vue central de sa philosophie est ailleurs. Il conçoit tour à tour le philosophe de l'avenir comme un séducteur, un enchanteur, un preneur d'âmes, ou comme un législateur, un créateur de valeurs, dont la mission est de commander, d'imposer la loi, de dire *oui* et *non* ; jamais comme un dogmatiste ratiocinant et dialectisant, tout courbé et ployant sous le faix d'une énorme besace de raisons, preuves, réfutations, lemmes, dilemmes et syllogismes en *barbara* ou *baralipton*, fatras encombrant, ridicule bric à brac, « mascarade intellectuelle ». « Tout penseur qui veut démontrer quelque chose m'est suspect ».

Ce philosophe idéal (lisez : Nietzsche) est un Maître souverain. Gardons-nous de le confondre avec ses auxiliaires et subordonnés : les travailleurs consciencieux, les bons manœuvres de la philosophie et de la science, les gens « à bosse ». Ceux-ci n'ont qu'une tâche, qui est leur seule raison d'être : assembler et façonner des matériaux, tailler les pierres dont le philosophe se servira à sa guise pour l'édification de son temple.

Et ce temple sera fermé par de lourdes portes d'airain, que, seules, des mains puissantes pourront forcer ; et ce temple portera écrit en grosses lettres au fronton : *Que nul n'entre ici s'il n'est de race !* Nietzsche s'élève à mainte reprise, dans son œuvre et sa correspondance, contre l'insupportable prétention de certains bipèdes de troupeau, qui s'emparent outrecuidamment de ses livres, alors qu'ils auraient à peine le droit d'en contempler la couverture. « Ils mériteraient s'écrie-t-il, qu'on leur donne sur les doigts ». D'ailleurs ils courent les plus grands dangers, et le fruit défendu de la pensée nietzschéenne. « nourriture et réconfort pour une race d'hommes supérieurs, doit faire presque l'effet d'un poison sur une espèce très différente et de valeur inférieure... Nos idées les plus hautes doivent nécessairement paraître des folies, parfois même des crimes, quand, de façon illicite, elles parviennent aux oreilles de ceux qui n'y sont ni destinés, ni prédestinés. — Il y a des livres qui possèdent pour l'âme et la santé des valeurs inverses, selon que l'âme inférieure, la force vitale inférieure, ou l'âme supérieure et plus puissante s'en servent. Dans le premier cas ce sont des livres dangereux, corrupteurs, dissolvants ; dans le second cas des appels de héraut qui invitent les plus braves à revenir à leur propre bravoure. Les livres de tout le monde sont toujours des livres malodorants ; l'odeur des petites gens y demeure attachée. Partout où le peuple mange et boit, même là où il vénère, cela sent mauvais. Il ne faut pas aller à l'église si on veut respirer un air pur. »

Quelles sont donc les conditions requises pour obtenir le *dignus intrare* dans le temple nietzschéen ? Il faut, dit Nietzsche, « une âme guerrière, un désir de faire mal, un goût de la négation, une enveloppe dure ». D'ailleurs levez les yeux sur le fronton : *Que nul n'entre ici s'il n'est de race !* — Mais à quoi distinguera-t-on, à quel signe se reconnaîtra lui-même l'homme de race, le « noble » ? Aux actes ? Non. Nos actes sont si peu nous-mêmes ! Il y a toujours dans l'acte une part d'équivoque, d'étranger, d'inconnaissable. Aux œuvres ? Pas davantage. Le créateur d'une œuvre à tendances nobles, un artiste, un savant, peut très bien ne posséder et ne se sentir qu'une âme de troupeau. « C'est la foi qui décide ici, c'est elle qui fixe le rang... connaissance intime et profonde qu'une âme noble a d'elle-même et qui ne se laisse ni chercher, ni trouver, qui peut-être même ne se laisse pas perdre non plus ». Ainsi, à l'entrée du temple aristocratique comme à l'entrée de l'église populaire, de l'église-bergerie, un même acte de foi est exigé du néophyte. Mais ici, *la foi qui sauve*, ce n'est plus un acte d'humilité, d'abdication et d'effacement devant une puissance supérieure, c'est un acte d'affirmation et d'exaltation de soi-même, un acte d'orgueil.

Voici donc réunis dans l'enceinte sacrée ces *bons* Nietzschéens, ces âmes guerrières, ces *nobles* au regard hautain et dur. Nous supposerons seulement que s'est glissé à leur suite un simple honnête homme, sans plus, *honnête homme* au sens que nos pères donnaient à ce mot, et c'est lui que nous chargerons de nos étonnements et de nos objections.

Vive la vie ! C'est par ce cri d'allégresse, cri de guerre et de ralliement que débute l'initiation. Vive la vie ! *Sursum vita !* toute la philosophie nietzschéenne tient en cette formule jaculatoire. Vive la vie ! *Hoch das Leben !* Ces trois mots bien compris sont une pierre de touche magique, un étalon souverain, à quoi l'on peut éprouver et mesurer toutes choses et gens de ce monde — l'unique monde, s'il vous plaît, qui soit. *Vive la vie !* Sera jugé *bon* tout ce qui pousse ce cri avec nous, ou nous aide à le pousser, ou qui est dans le sens de ce cri. Sera jugé *mauvais* tout ce qui dit *non* à ce cri, tout ce qui gémit et se lamente en cette « vallée de larmes », comme disent ces pires entre les mauvais, les chrétiens ; tout ce qui crie *à bas la vie !* ou même, à l'instar de ces illuminés italiens du moyen-âge : *Vive la mort ! evviva la morte !* — « Un hymne, un hymne pour glorifier la lumière, la vie, le bonheur ! » cette ligne d'Ibsen pourrait servir d'épigraphe à l'œuvre de Nietzsche, qui, par ailleurs, en comporterait quelques autres un peu différentes.

— Vive la vie ! Quel enfantillage, et la belle découverte ! Mais tout en ce monde clame et acclame la vie : la fleur, l'insecte, l'oiseau, et l'homme plus que l'oiseau, l'insecte et la fleur, car il en sait mieux le prix inestimable. Il est ridicule de vouloir asseoir une philosophie sur un pareil truisme. Mais peut-être la vie a-t-elle pour vous un sens mystérieux et inusité. Qu'entendez-vous donc par *la vie* ?

— La vie, répond Nietzsche, c'est le charme, c'est l'enchantement par excellence ; la vie, c'est une chose agitée, changeante et chatoyante comme la mer, « la mer informe et multiforme » du poète ; c'est aussi une chose dangereuse, tour à tour sombre et ardemment ensoleillée. « Vivre est une *aventure* ». — La vie, on l'a définie par l'instinct de conservation, l'*omnis creatura vult esse conservatrix sui* de Spinoza, le *Wille zum Leben* de Schopenhauer ; c'est là une vue bien pauvre, bien étriquée. On l'a définie aussi par la « faculté d'adaptation » ; la vie serait une adaptation intérieure de plus en plus étroite aux conditions du milieu où elle évolue : encore une conception insuffisante et médiocre, tout à fait digne de cet « épicier » de Spencer ! C'est faire de la vie quelque chose de subordonné, d'humble et d'un peu répugnant que d'y voir l'unique souci de se conserver et de durer. Combien plus haute et plus féconde est notre propre conception ! Pour nous, la vie est essentiellement *Volonté de puissance*, désir de déborder, d'envahir, d'usurper, de faire la guerre. « La vie est *essentiellement* appropriation, agression, assujettissement de ce qui est étranger et plus faible, oppression, dureté, imposition de ses propres formes, incorporation et, tout au moins, exploitation. « Nous avons parlé de *conception*, mais il s'agit bien de cela et même de *Volonté* au sens ordinaire du mot ! ce qui prononce ici souverainement, c'est l'instinct, fonds et tréfonds de notre être physiologique, c'est l'instinct qui *veut* en nous, non cette entité risible que les philosophes ont appelée volonté et qu'ils nous représentent au service de la raison, attendant pour se mettre en branle que celle-ci ait délibéré et décidé, en vertu de son libre arbitre — encore une joyeuse invention ! — sur le meilleur parti à prendre dans un cas donné.

Et à cette vie ainsi conçue nous ne demandons rien autre chose : qu'elle soit elle-même, c'est-à-dire toujours plus qu'elle-même, la vie étant par essence ce qui doit perpétuellement se dépasser, se surmonter soi-même, rejeter sans trêve pour accaparer sans trêve, en un rythme harmonieux et puissant. Qu'elle soit donc volonté, plénitude, exubérance, force et richesse, et nous lui pardonnerons ses rigueurs. Que dis-je pardonner ! nous les aimerons, nous les voudrons, nous les provoquerons. Oui, les rigueurs, les duretés, les heurts, même la souffrance, que cela soit notre lot, pourvu que nous *vivions* comme nous voulons vivre, et, au soir du grand combat, lorsque les armes tomberont de nos mains et qu'il faudra nous endormir à jamais, ce n'est pas une parole de regret, c'est un chant de bénédiction, un hymne d'actions de grâces que nous jetterons à la vie comme dernier adieu.

Mieux encore : s'il nous arrivait, au cours de la lutte, de faiblir et de succomber, au lieu de nous obstiner à « végéter lâchement après avoir perdu le sens de la vie, le *droit* à la vie », n'hésitons pas : supprimons-nous. « Mourons fièrement s'il ne nous est plus possible de vivre fièrement. La mort choisie librement, la mort en temps voulu, avec lucidité et d'un cœur joyeux, accomplie au milieu d'enfants et de témoins, alors qu'un adieu réel est encore possible, alors que celui qui nous quitte *existe* encore et qu'il est véritablement capable d'évaluer ce qu'il a voulu, ce qu'il a atteint, de *récapituler* sa vie… une mort libre et consciente, sans hasard et sans surprise » est éminemment désirable. « Le fait de se supprimer est un acte honorable entre tous. » D'ailleurs la durée de la vie n'a aucune espèce de valeur pour nous.

Sentez-vous donc maintenant ce que nous acclamons en criant : *Vive la vie !* Ah ! ce n'est pas la petite vie rangée, chétive et falote de M. Durand ou de M. Schmidt ! Le bonheur ? nous ne courons pas du tout après le bonheur. Ce n'est pas cette bête-là que nous chassons, nous autres intrépides escaladeurs de cimes. Le bien-être comme but ? mais c'est une chose sans nom, un « vrai vomitif ! » Encore une fois nous autres casse-cous, nous voulons vivre en force, en puissance, en domination jamais satisfaite, vivre en guerre, en héroïsme, en noblesse et en beauté. Nous sommes les « virtuoses de la vie ».

— A merveille ! risque notre honnête interprète. Je vois que vous avez le souci de vivre en gentilshommes. Il n'est pas jusqu'à votre suicide qui ne m'impose considérablement. Cette façon de s'en aller ainsi au milieu de la fête est vraiment noble et de grande allure. Convoquer des témoins, *des enfants*, pour leur montrer comment on meurt, voilà qui est admirable, et Caton n'aurait certainement pas rêvé ça. Mais si je comprends ou crois comprendre votre conception de la vie, par contre je distingue mal les voies et moyens qui vous permettront de la réaliser. Les temps où nous vivons sont si peu héroïques ! On n'imagine pas une platitude comme celle de notre époque, méfiante et hargneuse à l'endroit de toute aristocratie, de toute originalité. Prenez garde, en voulant vivre en beauté, en puissance et en tout le reste que vous dites, prenez garde de vous faire lapider, non pas de pierres, mais de boue, d'ordures et de fruits pourris.

— Hélas ! il n'est que trop vrai. L'homme moderne est pour nous un objet d'aversion, une profonde souffrance. « Ce n'est pas la crainte, c'est bien plutôt le fait que chez l'homme rien ne nous inspire plus la crainte ; que cette basse vermine *homme* s'est mise en avant, s'est mise à pulluler ; que l'homme domestiqué, cet être incurablement mesquin et débile a déjà commencé à se considérer comme terme et expression définitive, comme sens de l'histoire, comme homme supérieur, » voilà ce qui nous fait monter aux lèvres une nausée de dégoût. Cette civilisation galopante, bruyante et grinçante dont tous les philistins, tous les Prudhommes et Homais sont si fiers, n'est pour nous qu'une course effrénée à la décadence, à l'irrémédiable dépérissement du type humain. L'Europe surtout s'enlaidit d'inexprimable sorte. « O protectrices divines, accordez-moi de pouvoir jeter un regard sur quelque être absolument complet, réussi jusqu'au bout, heureux, puissant, triomphant, dont il y ait encore quelque chose à redouter ! un regard sur un homme qui justifie l'homme !... Car voici ce qui en est : le rapetissement et le nivellement de l'homme européen cachent notre plus grand danger. Ce spectacle rend l'âme lasse. Nous ne voyons rien aujourd'hui qui permette de devenir plus grand, nous sentons que tout va en s'abaissant, pour se réduire de plus en plus à quelque chose de plus mince, de plus inoffensif, de plus prudent, de plus médiocre, de plus neutre, jusqu'au superlatif des chinoiseries et des vertus chrétiennes... Oui, le destin inéluctable de l'Europe est là : ayant cessé de craindre l'homme, nous avons aussi cessé de l'aimer... l'aspect de l'homme nous lasse aujourd'hui... nous sommes fatigués de l'homme. »

Permettez-moi de vous présenter les principaux types de cette humanité moderne : —

Voici d'abord M. Demagogos, le politiquailleur, le pêcheur en eau trouble, délégué et expression suprême du troupeau. Aucune noblesse, aucune sincérité, aucune pudeur : rien que des appétits, et de la plus basse espèce. Vil flatteur de la populace qu'il amuse et abuse avec des mots de parade : « Droits de l'homme, affranchissement, liberté, égalité », il n'arrive le plus souvent qu'à récolter le mépris, — le mépris de *Pecus !* c'est-à-dire la chose la plus dégradante, la plus innommable qu'il soit.

Voici le savant moderne, « l'esprit objectif », le rat de laboratoire ou de bibliothèque, l'homme à bosse, le spécialiste. Il est lui aussi « affligé des maladies et travers d'une race sans noblesse. Riche de mesquineries, il possède un œil de lynx pour les côtés faibles de ces natures d'élite à la hauteur desquelles il ne saurait atteindre. » Il a d'ailleurs « quelque chose de la vieille fille, car, comme elle, il n'entend rien à ces deux fonctions les plus importantes de l'homme : engendrer et enfanter... Ce n'est qu'un instrument, disons mieux un *miroir*, il n'est rien par lui-même... Cette sorte d'homme sans noblesse a les vertus d'un être sans noblesse, c'est-à-dire d'un être qui n'appartient pas à l'espèce qui domine et possède l'autorité », nuisible même, à l'occasion, par son « instinct de médiocrité... ce jésuitisme de la médiocrité qui travaille instinctivement à la destruction de l'homme supérieur. » Bref, c'est un homme « sans teneur, sans essence propre, par suite une non-valeur pour la femme, soit dit par parenthèse ».

Voici maintenant un autre « rachitique de l'esprit », le philosophe, le dernier philosophe. Il est encore plus pâle et plus chétif que le savant. Celui-ci du moins possède la bonne conscience de son métier. Quand il brandit son scalpel ou tourne les vis de son microscope, il a l'impression de remplir un sacerdoce ; il pontifie « pour le bien de l'humanité ». Mais le philosophe, lui, ne croit plus du tout à sa science ; il n'a plus foi en « la tâche directrice et en la suprématie que doit assumer la philosophie ». Il s'efface humblement devant ces « nains prétentieux et vulgaires, ces pygmées » de savants, qu'il devrait au contraire asservir et utiliser en vue de cette tâche et de cette suprématie. Le philosophe moderne a abdiqué : c'est un vaincu, un esclave comme les autres. Jetons-lui un regard de pitié, et passons.

Voici venir à nous le décadent des décadents, l'homme au geste bénisseur et au regard faux : le prêtre. Celui-là est détenteur d'un merveilleux secret, virtuose dans un art incomparable, l'art et le secret de vivre d'un mensonge, de tirer profit d'un mensonge, de dominer par un mensonge, et qu'il sait être un mensonge : *Dieu*. Le prêtre est le parasite par excellence, berger malade d'un troupeau malade, il est neurasthénique et faible d'intestins, triste et noir avec cela et un véritable objet d'horreur. « Mais les temps sont proches — je l'affirme — ou le prêtre sera considéré comme l'être le plus bas, le plus menteur et le plus indécent, comme notre Tchândâla ».

Voici le bon socialiste, le théoricien de la cité future, « brave homme et de mœurs irréprochables, » mais inexprimablement borné. Lui, c'est le « cœur chaud » qui rêve sincèrement d'un monde sans souffrances, sans inégalités « criantes », d'un monde et d'un homme « meilleurs » or il faut savoir ce qu'il entend par « meilleur » ! — une humanité inerte, amorphe et sans relief ; une vie dépouillée de tout caractère violent et sauvage ; un monde émasculé, châtré de toute énergie, une société honteusement enlizée dans le bien-être, la paix universelle, la concorde, la fraternité, tel est l'idéal du bon socialiste. Au demeurant un parfait crétin.

Voici enfin, car il faut se borner, l'homme d'action, l'industriel, le *businessman*, je dis un homme mais c'est bien plutôt un rouage, une pièce compliquée de cette énorme et assourdissante machine : la « civilisation » moderne. Et ce rouage est en perpétuel mouvement. L'homme d'action ne réfléchit pas, ou, s'il le fait, « c'est montre en main, comme il dîne, les yeux fixés sur le cours de la Bourse ; il vit comme quelqu'un qui craindrait sans cesse de laisser échapper quelque chose. » Ne demandez pas à ce banquier, qui ne vit que pour amasser de l'argent, le but de son incessante activité ; elle est sans raison et sans but. « Les gens d'action roulent comme roule la pierre, suivant la loi brute de la mécanique ». A ce régime-là on en vient à méconnaître et à mépriser tout penchant supérieur vers l'*otium*, le loisir et la divine oisiveté. « Plutôt faire n'importe quoi que de ne rien faire... Oui, on en viendra bientôt à ne plus céder à un goût vers la vie contemplative, c'est-à-dire à se promener, accompagné de pensées et d'amis, sans mépris de soi et mauvaise conscience. — Eh bien ! autrefois c'était le contraire : le travail portait avec lui la mauvaise conscience. Un homme bien né cachait son travail, quand la misère le forçait à travailler. L'esclave travaillait accablé sous le poids du sentiment de faire une chose méprisable. Seuls au loisir et à la guerre il y a noblesse et honneur : c'est ainsi que parlait la voix du préjugé antique. » Ayons donc le courage de le ressusciter, ce vieux « préjugé » contre le travail, le travail abêtissant, le travail dégradant et servile, et rendons sa noblesse à l'*otium*, car c'est une noble chose que le loisir et l'oisiveté — prière de ne pas confondre avec la paresse ; — « l'homme oisif est toujours un homme meilleur que l'actif ». Et, pour notre gouverne, n'oublions pas que « les hommes se divisent, de tout temps comme de nos jours, en esclaves et hommes libres ; or celui qui n'a pas les deux tiers de sa journée pour lui est esclave, qu'il soit d'ailleurs ce qu'il voudra : politicien, commerçant, fonctionnaire ou savant ».

Et au-dessous de ces intéressants spécimens des classes dirigeantes, politiciens de tout poil, savants, philosophes, prêtres, industriels et « grands bourgeois », s'agite, peine, gémit et gronde la tourbe indistincte des travailleurs, esclaves de la glèbe, de l'usine ou de l'atelier. Qu'ils soient esclaves, et plus esclaves que les esclaves antiques, c'est ce qu'on ne saurait nier. « On souhaite l'abolition de l'esclavage, on repousse avec horreur l'idée de mettre des hommes dans cet état, et pourtant chacun doit se dire que les esclaves eurent à tous égards une existence plus sûre et plus heureuse que l'ouvrier moderne ; que le travail servile est peu de chose auprès du travail de l'ouvrier. » Mais voici : cet esclave moderne jouit d'une petite compensation, qu'on appelle la « dignité humaine ». Moi, je lui donne un autre nom, son vrai nom ; je l'appelle la *vanité*, « cette brave vanité qui regarde comme le sort le plus dur de n'être pas sur un pied d'égalité, d'être publiquement compté pour inférieur ». Risible illusion !

On parle de question ouvrière. « Je ne vois absolument pas ce qu'on prétend faire de l'ouvrier européen après avoir fait de lui une question. Il se trouve en beaucoup trop bonne poslure pour ne pas « questionner » toujours davantage et avec toujours plus d'outrecuidance. En fin de compte, il a le nombre de son côté. Il faut complètement renoncer à l'espoir de voir se développer une espèce d'hommes modeste et sobre, une classe qui rappellerait le type du Chinois : et cela eût été raisonnable et aurait simplement répondu à une nécessité ». Au lieu de cela, on a tout fait pour empêcher, pour tuer dans l'œuf tout ce qui pouvait préparer l'avènement de cet état de choses. Avec une folle étourderie on a flatté, caressé, gâté l'ouvrier. On lui a donné accès dans l'armée, on lui a reconnu le droit syndical, le droit de grève, qui sont des droits de coalition et de révolte. Quoi d'étonnant s'il se trouve ainsi mis en appétit et réclame toujours davantage ! Quelle absurdité ! Il faut des esclaves dans toute société, une bonne couche d'esclaves soumis et contents de leur sort, or à ces esclaves on est en train d'accorder tous les droits, toutes les prérogatives des maîtres !...

— Ne commettez-vous pas ici une légère confusion ? objecte notre honnête homme. Cet « on » dont vous parlez, qui accorde et qui donne si étourdiment, ne serait-il pas le même « on » qui exige et qui prend ? Car enfin, l'ouvrier est le nombre et la force ; l'esclave moderne s'appelle légion, et il paraît avéré que cette légion, qui n'a décidément pas le moindre goût pour le « type chinois », réglera de plus en plus, —

comme d'autres légions aux beaux temps de la décadence romaine, — le sort des gouvernements et le sens des législations.

— Mais non, répond Nietzsche, l'unique coupable en cette affaire, c'est la « racaille socialiste, celle que je hais le plus parmi la racaille d'aujourd'hui. » Ces « crétins » ont contaminé de leur crétinisme le brave ouvrier moderne ; ces « apôtres de Tchândâla » ont pourri le travailleur de petite existence, heureux de sa petitesse et de son labeur quotidien. Ils lui ont inoculé le virus de l'envie avec le mensonge de la liberté et des droits égaux. Car il n'y a pas de pire poison que cette doctrine qui paraît prêchée par la justice même, alors qu'elle est la fin de toute justice. Aux égaux l'égalité, aux inégaux l'inégalité — tel devrait être le vrai langage de toute justice, et la conséquence nécessaire serait de ne jamais laisser égaliser des inégalités ». Mais la Révolution a passé par là, et Rousseau, l'apôtre de la canaille, avant la Révolution, Rousseau « cet avorton campé sur le seuil des temps modernes... malade d'un dégoût effréné, d'un mépris effréné de lui-même. La *farce* sanglante qui se joua alors, l'immoralité de la Révolution, tout ça nous est égal ! » Même ces scènes de sauvagerie, ce sang, ces atrocités, et le rythme de ce couperet se levant pour retomber en un horrible battement de « systole diastole » comme dit Carlyle, tout cela a créé autour de cette stupide idée moderne d'égalité, « une sorte de gloire et d'auréole, au point que la Révolution, par son *spectacle*, a égaré jusqu'aux esprits les plus nobles. Ce n'est pas une raison pour l'en estimer davantage. Je n'en vois qu'un qui l'ait sentie comme elle devait être sentie, avec *dégoût* : Gœthe. »

— Voilà une critique de la Révolution qui aura au moins le mérite de réconcilier, sur votre dos, aristocrates et jacobins, ceux-ci ne pouvant vous pardonner votre « dégoût » pour les « grands principes », ni ceux-là votre goût, vraiment excessif et plus paradoxal qu'il ne faudrait, pour les exécutions, les massacres et l'orgie sanglante. Taine réalisa jadis un tour de force assez semblable, mais c'était par des moyens un peu différents.

— Vous m'en voyez ravi. Je n'aime à ressembler à qui que ce soit, et l'on ne saurait me faire plus de plaisir qu'en n'étant pas de mon sentiment. Il n'en reste pas moins que le monde moderne, l'Europe surtout, offre un spectacle lamentable. L'humanité d'aujourd'hui n'est de haut en bas que faiblesse, décadence, infirmité et *aboulie*. Cette humanité est en passe de devenir quelque chose comme une petite vieille, « la plus horrible de toutes les petites vieilles, » et il faut une fière santé pour pouvoir s'en approcher sans dégoût. Humanité, charité, justice, bonté, concorde, fraternité : autant d'oripeaux dont la petite vieille aime à parer sa physiologie pitoyable, sa santé délabrée, son épouvantable avachissement.

L'humanité nous dégoûte ; mais le nationalisme et ses braillards imbéciles nous dégoûtent bien plus encore. Nationalistes, antisémites, socialistes, toute cette racaille est à mettre dans le même sac et à jeter à l'eau. Nous ne cachons pas notre sympathie pour les Juifs et les antipatriotes, les seuls aujourd'hui qui fassent montre de quelque énergie et endurance. « Nous autres sans-patrie, nous sommes trop multiples et trop mêlés, de race et d'origine...

— Tiens ! je vous croyais *nés*.

— ... pour faire des hommes modernes et, par suite, peu enclins à partager cette admiration mensongère de soi que pratiquent les races... Nous sommes en un mot — et que ce soit notre mot d'ordre — de *bons Européens*. » Cette Europe croulante, malade d'une paralysie générale de la volonté — surtout sensible en France, — malade de sa civilisation même, de son excès de culture, eh bien ! nous rêvons pour elle une Renaissance nouvelle, plus durable que la première, nous voulons lui infuser du sang neuf. Mais ce sera là l'œuvre de l'avenir. Pour l'heure, ce qui peut et doit la sauver de sa neurasthénie, de son spleen, de sa vieillesse précoce, de sa civilisation industrielle, « forme la plus basse d'existence qu'il y ait eu jusqu'à présent », c'est la souffrance, ce sont les épreuves, les convulsions, — c'est la guerre. Il faut que nous réapprenions à souffrir, que nous surmontions notre « incapacité presque féminine de rester spectateurs devant la souffrance, et aussi notre incapacité de faire souffrir ; il faut que nous foulions aux pieds cette sorte de bien-être méprisable dont rêvent les épiciers, les chrétiens, les vaches, les femmes, les Anglais et autres démocrates. » Il faut apprendre à « devenir durs. »

Heureusement que les évènements sauront bien nous y contraindre. « Il nous est permis de pressentir maintenant (grâce à Napoléon) une suite de quelques siècles guerriers qui n'aura pas son égale dans l'histoire, en un mot nous entrons dans *l'âge classique de la guerre.* »

— Allons, je crois que nous pouvons dormir tranquilles. Quand les grands hommes se mêlent de vaticiner, c'est toujours à coup sûr... qu'on prend le contre-pied de leurs prédictions. Songeons à Renan. Aussi bien, contre qui cette guerre, puisqu'il n'y aura bientôt plus de patries et que l'Europe « veut devenir une » ?

— Contre qui ? mais, par exemple, contre ce peuple qui incarne aujourd'hui la plus grande force de volonté, l'énergie, le génie même de la guerre, contre ce « prodigieux empire du milieu » qui ignore « l'absurdité parlementaire » et toutes ses conséquences, — j'ai nommé la Russie.

— Là ! qu'est-ce que je disais ? Il serait vraiment difficile de prophétiser avec plus de bonheur !

— Il n'est pas de tonique plus amer et plus efficace qu'une grande guerre pour rendre aux organismes sociaux épuisés « cette rude énergie du champ de bataille, cette profonde haine impersonnelle, ce sang-froid uni à une bonne conscience dans le meurtre, cette ardeur commune tendue dans le seul but d'anéantir l'ennemi, cette noble indifférence aux grandes pertes, à sa propre vie comme à celle des gens qu'on aime, cet ébranlement sourd des âmes comparable aux tremblements de terre ». La civilisation ne peut absolument pas se passer de faire de temps en temps une cure de barbarie et de cruauté. Il y va de son existence même. En temps normal elle a bien quelques exutoires anodins, tels que les émeutes sanglantes, les courses de taureaux et combats de coqs, les crimes, les exécutions capitales, les grandes chasses ; plus heureux que nous, les Romains s'offraient des combats de gladiateurs et des feux d'artifice de chrétiens. Ce ne sont là que palliatifs. La guerre — et la plus terrible est la meilleure — la guerre seule est un remède.

— Mais il y a des guerres injustes, des guerres abominables, et vous devriez distinguer. De ce qu'un peuple éprouve le besoin de se refaire des muscles, il ne s'ensuit nullement qu'il ait le droit de se jeter sur son voisin et de le mettre à mal.

— Voilà un ordre de considérations qui m'est totalement étranger : *guerre injuste... pas le droit de...* nous ne parlons pas du tout la même langue. Si un peuple *veut* la guerre, c'est qu'il *a besoin* de la guerre, c'est que sa volonté de puissance, à savoir sa vie même, s'y trouve intéressée. Prétendre l'arrêter en invoquant un vague précepte de morale, c'est vouloir, par raison démonstrative, empêcher la foudre de tomber ou le choléra de sévir. Il n'y a jamais en jeu que des questions de puissance. Il faut d'abord se demander ce que l'on *peut* et seulement après ce que l'on *doit*. Et voilà, précisément en quoi réside la vertu de la guerre : elle montre où est la force, où est la faiblesse, où la santé et où la maladie. Elle épure, elle trempe, elle durcit, elle rend plus fort, ou elle — anéantit ; et c'est pourquoi il faut l'aimer, si l'on aime la vie. La guerre est un bienfait des Dieux.

— C'est donc un bienfait méconnu, car de plus en plus, semble-t-il, on lui préfère le fléau de la paix.

— Zarathustra a dit : « Vous aimerez la paix comme un moyen de guerres nouvelles, et la courte paix plus que la longue. »

Ainsi, du point de vue de la vie, notre humanité moderne apparaît en pleine décadence. A côté des Grecs ou des Romains de la grande époque — même de n'importe qu'elle époque, — nous ferions une figure la plus piteuse du monde. Cela s'entend d'abord au physique. Nous sommes incomparablement plus laids. Contemplez ce groupe de jeunes gens malingres et disgracieux, et comparez-lui en imagination une théorie d'éphèbes grecs montant à l'Acropole un jour de grandes Panathénées !... Nous sommes incomparablement plus faibles, plus douillets, plus sensitifs. Nous naissons de plus en plus vieux...

— Ce n'est peut-être pas tout à fait notre faute.

— Surtout nous sommes plus malades, et jusque dans nos maladies préférées, la phtisie, la neurasthénie, les psychoses et névroses de toute nature, se trahissent ces deux symptômes caractéristiques : la faiblesse et l'épuisement.

Cela s'entend ensuite au moral, et ici nous entrons dans le vif de notre sujet.

Pour juger, toujours de mon point de vue biocentrique, une époque, un peuple, une civilisation, je procède comme un expert appelé à se rendre compte de l'état d'une entreprise, d'une affaire, d'une maison de commerce, j'interroge les livres, c'est-à-dire les *valeurs*, la « table des valeurs » unanimement reconnues à l'époque et par le peuple en question. Cette table des valeurs, on lui donne généralement un autre nom : on l'appelle *l'Idéal* et il est défendu d'y toucher, ce qui est une raison de plus pour moi de m'en emparer et de la soumettre à la critique la plus sévère. Or, je tiens que toutes nos valeurs sont des valeurs de dégénérés et de décadents. « Comparées avec les valeurs des êtres affaiblis, des aliénés et des neurasthéniques, les instances supérieures de la philosophie, de la morale, de la religion telles qu'elles ont eu cours jusqu'à présent, représentent, sous une forme atténuée, des *maux identiques...* Tous les jugements, tous ceux qui se sont rendus maîtres de l'humanité, de l'humanité domestiquée tout au moins, on les peut ramener à des jugements d'épuisés... Derrière les noms les plus sacrés règnent les tendances les plus destructives ; on a appelé Dieu ce qui affaiblit, ce qui enseigne la faiblesse, ce qui infecte de faiblesse... L'homme « bon » est une auto-affirmation de la décadence. » A tout ce qui se déguise sous le nom d' « idéal » christianisme, morale, pitié, religion de la souffrance humaine, suppression de l'esclavage, philanthropie, droits égaux, amour de la paix, justice, vérité, — à tout cela j'arrache le masque et je crie son vrai nom : *Décadence.*

Je le fais d'ailleurs sans colère. « La décadence est aussi nécessaire que l'épanouissement et le progrès de la vie ; nous ne possédons pas le moyen de supprimer ce phénomène. Bien au contraire la raison exige qu'on lui laisse ses droits. » Vouloir l'enrayer, outre que ce serait besogne assez vaine, équivaudrait à arrêter un processus normal de la vie. « Une société n'est pas libre de rester jeune, et, même au moment de son plus bel épanouissement, elle laisse des déchets et des détritus. » Mais ce contre quoi je m'élève, ce que je combats de toute mon énergie, ce que je fustige d'une main inlassable, c'est l'hypocrisie de cette décadence qui refuse de se prendre pour ce qu'elle est. Voyez-vous un hospice d'incurables et de gâteux d'où l'on crierait par toutes les fenêtres : *Venez à nous, car nous sommes la santé, la force et la raison !* alors qu'il faudrait l'isoler, l'enclore d'une triple barrière, pour empêcher les hommes valides d'aller y enfouir, en une heure d'égarement, l'authentique trésor de leur virilité et de leur énergie ! — Mais n'anticipons pas sur nos conclusions.

Je soutiens donc que « toutes les valeurs qui servent aujourd'hui aux hommes à résumer leurs plus hauts désirs sont des valeurs de décadence », des symptômes de corruption. « J'appelle corrompu soit un animal, soit une espèce, soit un individu, quand il choisit et *préfère* ce qui lui est désavantageux. La vie même est pour moi l'instinct de croissance, de durée, l'accumulation des forces, l'instinct de *puissance ;* où la volonté de puissance fait défaut, il y a dégénérescence. Je prétends que cette volonté *manque* dans toutes les valeurs supérieures de l'humanité, que des valeurs de dégénérescence, des valeurs nihilistes règnent sous les noms les plus sacrés. »

« Nos ennemis sont notre mesure, a dit Nietzsche. Les miens sont : le Christianisme, la Morale et la Vérité. N'ai-je pas quelque droit d'être fier de mes ennemis ? » Ce sont ces trois adversaires qu'il va successivement attaquer et pourfendre, sans trêve ni miséricorde.

CHAPITRE VII

PREMIER ENNEMI : LE CHRISTIANISME

CHAPITRE VII

PREMIER ENNEMI : LE CHRISTIANISME

Nietzsche prendra rang, dans l'histoire de la pensée, parmi les plus féroces iconoclastes de l'idéal religieux, à côté de Voltaire et de Feuerbach, dont il procède visiblement, mais qu'il laisse loin derrière lui pour la richesse de l'épithète et la virulence du ton. Il n'est en effet pas d'insulte, pas de grossièreté que ce fils, petit-fils, neveu et petit-neveu de ministres chrétiens n'ait jetées à la face du christianisme. On demeure stupide devant un tel débordement de haine, et l'on en cherche en vain les raisons. Des raisons il n'y en a point, du moins de raisonnables. Comme Jouffroy, comme Renan, comme tant d'autres, Nietzsche, après une enfance pieuse et recueillie, connut, aux environs de la vingtième année, « le malheur de perdre la foi. » La chose est regrettable, mais banale. La plupart de ceux — nous parlons des hommes supérieurs — qui ont traversé cette crise, non seulement n'en ont gardé aucune amertume, mais sont même demeurés toute leur vie sous le charme lointain, sous l'influence légère et très douce, et, en quelque sorte, dans l'atmosphère intime de leur premier idéal.

Ce serait mal connaître l'auteur de *l'Antichrétien* que de chercher en lui rien de semblable. Il est bien trop ennemi de la conciliation, de la mesure, de l'harmonie. Son âme violente et impulsive se refuse à toute composition, à toute fusion de sentiments, et ne connaît que les états extrêmes. Ne plus croire devient chez lui synonyme de haïr et d'injurier. L'irréligion se change en antireligion. Et si l'on a pu nommer *intelligence* cette qualité supérieure d'esprit qui nous fait, non pas seulement tolérer et admettre, mais encore comprendre et estimer, mieux encore même, goûter et chérir toutes les formes de pensée, de sentiment, d'adoration sincères; expressions inégales mais également touchantes de l'éternel humain que nous portons en nous — on peut l'affirmer sans paradoxe : Nietzsche n'était pas *intelligent*, du moins de cette intelligence, faculté du cœur autant que de l'esprit, qu'un Renan, un Guyau, par exemple, possédèrent à un si haut degré. Et il fut même tout l'opposé, c'est-à-dire un *fanatique*. Du fanatisme il est aisé de relever chez lui les deux traits caractéristiques, disons les deux stigmates : la conviction enragée et la haine de l'adversaire...

Nietzsche n'a pas assez de flèches dans son

carquois pour cribler et transpercer cette *conviction*, cet « âne superbe et vigoureux » qui entre en scène invariablement dans toute philosophie. Mais la sienne n'y a pas échappé, avec cette seule différence que les autres ânes sont relativement pacifiques, alors que le sien ne fait que ruer et braire des injures. D'ailleurs ces ruades et ces injures, quand elles ne se perdent pas dans le vide, l'atteignent et le meurtrissent lui-même. Des convictions anciennes, mal domptées, se dressent soudain et clament contre les convictions nouvelles, ce qui produit la plus étrange cacophonie qui se puisse concevoir. C'est ainsi qu'il nous présente tour à tour, presque coup sur coup : *Jésus-Christ* comme « l'homme le plus digne d'amour », puis comme un « décadent », un « névrosé », un « hypocrite », un « impudent agitateur » ; l'Ecriture comme « le livre le plus puissant, la loi morale la plus influente du monde..., un de ces livres dont la profondeur est telle et la portée si sublime, qu'ils ont besoin de la tyrannie d'une autorité externe, durant les milliers d'années indispensables pour les saisir et les pénétrer entièrement... un de ces livres auxquels il n'est pas permis de toucher avec des mains impures » (*Par delà*, aph. 263) — puis comme une « malpropreté », une chose qui « sent mauvais », autant d'ailleurs que ceux qui la lisent, les chrétiens ; un livre qu'on ne saurait toucher sans

« mettre des gants » ou sans courir « se laver les mains » après, un livre tel qu'après l'avoir lu on éprouve l'irrésistible besoin de se débarbouiller l'esprit dans de la saine littérature, dans Pétrone et son *Satyricon* par exemple ! — tomber des bras du Christ en croix dans ceux du bardache Giton ! cette dégradante image, qui eût fait reculer le marquis de Sade lui-même, Nietzsche n'a pas rougi de nous la servir jusqu'à quatre et cinq fois (*L'Antéchrist* 46 et *Volonté de Puissance* 111 ss.). Enfin, ce *christianisme*, « l'unique et l'immortelle flétrissure de l'humanité » (*Antéchrist* 62) a été « pour l'Europe une école de discipline et de raffinement des mœurs... On lui doit des services inappréciables, et qui donc se sentirait une reconnaissance assez grande pour ne pas se trouver pauvre au prix de ce que les « hommes spirituels » du christianisme ont fait jusqu'à présent pour l'Europe ! » (*Par delà*, aph. 62 et 263) — Epargnons-nous cent autres citations semblables : celles-ci — très voisines de date, qu'on le remarque — suffisent amplement pour convaincre Nietzsche d'incohérence, de fanatisme, et de mauvais goût.

Il était d'ailleurs d'une sincérité parfaite. (Nietzsche est toujours sincère). De cette sincérité, de cette « conviction » d'antichrétien nous possédons mainte preuve. Du temps qu'il professait à Bâle, il s'était lié d'amilié avec un collègue qui habitait la même maison que lui, le docteur R... Or, est-ce qu'un jour ce faux frère ne se met pas en tête de résigner ses fonctions pour entrer dans les ordres ! Prêtre catholique après avoir joui de la culture la plus haute, prisonnier de dogmes étroits après s'être livré à tous les vents qui circulent dans le monde de l'esprit ! Quelle inconcevable aberration ! Nietzsche considère cette évolution à rebours, cette apostasie de l'esprit libre comme une offense personnelle, et il en écrit à E. Rohde une lettre désolée. Le jour du départ, sur le quai de la gare, ce fut une scène du dernier pénible : « Le dernier moment, écrit-il, me réservait une véritable terreur. Les employés fermaient les portières des voitures, et R..., pour nous parler encore, voulut baisser la glace de son coupé. Mais celle-ci résistait et il fit de vains efforts pour en venir à bout. Et tandis qu'il se tourmentait ainsi pour arriver à se faire comprendre — sans succès ! — le convoi s'ébranla lentement et nous ne pûmes qu'échanger quelques signes. L'affreux symbolisme de cette scène... me fut presque intolérable. Je dus m'aliter le lendemain, en proie à des vomissements de bile et à des douleurs de tête qui me tinrent trente heures durant. »

Madame Foerster-Nietzsche nous raconte la promesse solennelle qu'il exigea d'elle un jour. Ils se trouvaient sur un plateau sauvage et désert, entouré de noirs sapins. Le soir tombait, un soir d'hiver, limpide et glacial. Des oiseaux de proie, hôtes sinistres de ce sinistre lieu, tournoyaient au-dessus de leurs têtes avec de grands cris rauques et angoissants. Dans ce décor romantique, byronien à souhait, la voix de Nietzsche s'éleva soudain : « Elisabeth, dit-il solennellement, promets-moi, quand je mourrai, que seuls des amis feront cortège à mon cercueil. Comme je ne serai plus là pour protester ni me défendre, écarte de moi une foule curieuse ; fais qu'aucun prêtre, que personne ne vienne mentir sur mon tombeau. Fais-moi mettre en terre sans mensonges, loyalement, comme un païen. » — Je levai la main, ajoute Madame Förster-Nietzsche, comme pour prêter serment, et je promis. »

Fermons la parenthèse sur cette utile digression psychologique, et reprenons Nietzsche au moment où, la lance en arrêt, il va fondre sur son premier adversaire : la Religion du Christ.

Qu'est-ce d'abord que la Religion ?

Faisons-nous grâce ici, au moins dans une large mesure, des considérations généalogiques dont Nietzsche est prodigue à l'excès. Toutes ces hypothèses sur l'*Origine de la Morale*, sur l'*Origine des Religions*, ne sont au juste que des *Variations sur un thème inconnu*, quelque chose comme le roman de la vie intérieure de l'homme primitif. Et ce roman est dans toutes les mains. Il n'est personne aujourd'hui qui ne se sente en état de développer congrûment le *Primus in orbe Deus;* personne qui ait besoin d'être persuadé que, si nos vénérables ancêtres ont créé tant de dieux, de déesses, demi-dieux et demi-déesses, tant de génies, nymphes, esprits, lutins, sylphes, démons, salamandres, gnomes et farfadets, c'est qu'ils ignoraient les véritables causes des phénomènes, n'ayant même aucune idée de la *causalité* en général, et qu'ils ressentaient pourtant le besoin de se mettre l'esprit en repos à l'aide et sous le couvert d'une quelconque explication. Peut-être aussi éprouvaient-ils tout simplement le désir de s'amuser, d'exercer leur imagination toute neuve, de créer des êtres merveilleux, bienfaisants ou terribles, et de jouir de leur création. Et d'en trembler aussi, comme ces enfants qui se font à eux-mêmes des contes terrifiants, et prennent la grosse voix dans l'obscurité, et qui frissonnent, et qui jouissent de se faire peur, étrange *complexus* de faiblesse et de « volonté de puissance », de naïve crédulité et de demi-scepticisme déjà nuancé d'ironie.

Nietzsche reprend en partie ces thèmes usagés, et les marque au sceau de sa thèse : la religion appartient à ce monde de causes fictives (l'âme, l'esprit, le libre arbitre, la substance, etc.), que l'homme a imaginées derrière tout ce qu'il percevait de remarquable, d'inexpliqué, d'étrange, d'inquiétant. Hors de lui d'abord, et c'est ce que personne ne contestera ; en lui ensuite, et ici nous rentrons dans le nietzschéisme, c'est-à-dire en pleine fantaisie. « De même que le vulgaire s'imagine aujourd'hui que la colère est chez lui la cause de son emportement, l'esprit la cause de sa pensée, l'âme, la cause de son sentiment ; en un mot, de même qu'on admet encore, inconsidérément, une foule d'entités psychologiques qui doivent être des causes, — de même à un degré social plus naïf encore, l'homme a interprété ces phénomènes à l'aide d'entités personnelles. Les états d'âme qui lui semblaient étranges, accablants, passionnants, il les tenait pour des obsessions, des enchantements émanés du pouvoir mystérieux d'une personne... L'homme n'osait pas s'attribuer à lui-même tous les moments surprenants et forts de sa vie : il a imaginé qu'ils étaient passifs, qu'il les subissait et en était possédé... qu'une personnalité supérieure, une divinité se substituait à lui-même dans le cas donné... La religion est un cas d'*altération de la personnalité*, une sorte de sentiment de crainte et de terreur devant soi-même, mais en même temps une extraordinaire sensation de plénitude et de bonheur. »

Très bien. Vous attribuez donc l'origine des religions aux états de force de l'homme primitif, à ce qu'il sentait en lui de surhumain, de supérieur à sa propre nature, et vous ajoutez que le sentiment religieux l'exaltait, lui était *extraordinairement* bienfaisant. Mais voilà qui est tout à fait dans le sens du déisme, de la théologie naturelle, et nullement dans le sens du nietzschéisme. N'oubliez pas que vous avez promis de nous montrer dans la religion un symptôme et agent de dégénérescence. Or, cette religion, nous la trouvons à l'aurore de l'humanité. Que donne l'application de votre redoutable formule : force ou faiblesse ? santé ou maladie ? vie ascendante ou vie en déclin ? jeunesse ou décadence ? Vous n'irez pourtant pas jusqu'à nous présenter l'homme primitif comme un faible, un malade ou un dégénéré. Il reste que la religion est l'œuvre, le produit, la création propre d'une époque de jeunesse, de fraîcheur, de santé et de force. Il reste que le fait religieux est un fait universel et normal ; que la « faculté religieuse » n'est pas une entité vaine, ni le « besoin religieux » un besoin factice, tardif et dépravé. Il reste... intacte la thèse renanienne que vous traitez de « *niaiserie religieuse par excellence* » à savoir que « la religion est un produit de l'homme normal, que l'homme est le plus dans le vrai quand il est le plus religieux », c'est-à-dire « au moment où le sentiment de l'infini prend chez lui le dessus sur le caprice ou la passion » (*Questions contemporaines*, pp. 416, 470). Et Renan va jusqu'à dire : « Le jour où le sentiment religieux disparaîtra, un grand vide se produira dans l'âme humaine, et l'humanité descendra. » (1) Il ne suffit pas d'un coup de crayon rouge et d'une annotation méprisante pour avoir raison d'une thèse. Les arguments sont insensibles aux injures.

Nietzsche ne répond pas, du moins directement. Il y a là, comme en tant d'autres endroits de sa doctrine, une lacune, un énorme trou. L'objection est pourtant de poids et la question d'importance. Quand il s'agit du diagnostic et de l'étiologie d'une « maladie » aussi générale que la diathèse religieuse, — si générale même qu'on a pu considérer toutes les autres « maladies », morale, pitié, idéal, culte du beau, du bien et du vrai, comme les surpousses et — horrible mais fidèle image ! — comme les accidents secondaires et tertiaires de l'infection religieuse primitive, il semble qu'on ne saurait remonter trop haut ni examiner trop minutieusement. C'est ce que Nietzsche ne fait pas ; c'est ce que des commentateurs font à sa place. Ils sont dans leur rôle. Un commentateur ne croira

---

(1) Ecoutons maintenant un autre « libre esprit, » le premier lecteur de Nietzsche en France, Taine : « . . Dans toute société, la religion est un organe à la fois précieux et naturel. D'une part, les hommes ont besoin d'elle pour penser l'infini et pour bien vivre ; si elle manquait tout d'un coup, il y aurait dans leur âme un grand vide douloureux et ils se feraient plus de mal les uns aux autres. D'autre part, on essayerait en vain de l'arracher ; les mains qui se porteraient sur elle n'atteindraient que son enveloppe ; elle repousserait après une opération sanglante, son germe est trop profond pour qu'on puisse l'extirper. » (Taine *Les Origines...* II p. 10)

jamais outrepasser ses droits en « sollicitant doucement les textes », ou, lorsque les textes ne se laissent point solliciter, par l'excellente raison qu'ils n'existent pas, en y suppléant de son propre fond.

C'est ainsi que l'on a fait dire expressément à Nietzsche que le phénomène religieux fut créé à l'origine par l'instinct de faiblesse de l'humanité. Crainte devant l'inconnu : faiblesse ; besoin de certitude : faiblesse, la volonté n'ayant que faire de la certitude ; besoin d'épanchement et d'adoration : faiblesse ; enfin faiblesse jusque dans ses états de force et d'exubérance vitales, puisque l'homme en méconnaît la source profonde et fontaine jaillissante, qui est son propre être, pour en faire hommage à une puissance supérieure, à une illusoire divinité. — La vérité est que Nietzsche, sur ce point capital, ne nous satisfait pas, ne nous donne vraiment pas assez « à mettre sous la dent ». Et le peu qu'il nous dit est si vague, si incertain, si fuyant ! On sent qu'il est pressé d'en finir avec l'*homo religiosus* en général pour concentrer ses forces et les lancer toutes contre son ennemi préféré : le christianisme.

Ici du moins il sera affirmatif et net. Et le trébuchet n'hésitera pas. Force ou faiblesse ? faiblesse. Santé ou maladie ? maladie. Vie ascendante ou vie en déclin ? vie en déclin. Jeunesse ou décadence ? décadence. Le diagnostic est sûr et le pronostic fatal (nonobstant contradictions, comme nous l'avons vu ; mais cette remarque s'applique à tous les points de la philosophie nietzschéenne, et il n'est peut-être pas une page où il ne faille sous-entendre : *sauf variations ou contradictions*).

— *Un homme s'est rencontré*, en un temps de civilisation incomparable, qui a su rassembler autour de lui, autour de son nom et de sa doctrine, tout ce qu'il y avait de bas, de faible, de manqué, de triste et de malade dans le corps social, pour en faire un parti, une secte, une religion, mais une secte et un parti ambitieux de s'étendre à l'humanité entière, mais une religion prétendant à devenir *la Religion universelle*, incontestée, sans rivale. Cet homme fut *Jésus-Christ*.

Ce Jésus : un être étrange, énigmatique, à la fois tout en nerfs et tout en douceur, un sensitif, un émotif, une sorte de *Noli me tangere*, en somme un « décadent » et le type même du décadent. Intéressant certes, et complexe, et contradictoire, il ne fut pourtant jamais ce que M. Renan, ce « pantin *in psychologicis* », a affecté de voir en lui, à savoir un *génie* et un *héros*. Un héros, Jésus ! Mais c'était la faiblesse même, « *l'incapacité de résister* » érigée en exemple et en morale ! Jésus avait une peur effroyable de la souffrance. S'il détestait la réalité, c'était « par suite d'une extrême sensibilité à la douleur, d'une irritabilité excessive qui ne veut seulement pas être touchée, ressentant trop vivement tout contact. » Cette même « irritabilité » lui interdit toute aversion, toute inimitié, toute mesure et limitation dans les sentiments, par quoi sa béatitude eût pu être troublée. Au fond un « hédoniste » malade, un moraliste du plaisir qui s'applique sa propre morale, un *Epicure* moins nerveux et moins *vivant* que le philosophe de Samos. « La crainte de la douleur, *même infiniment petite*, ne saurait finir autrement que dans une *religion de l'amour* ».

Voilà un premier « crayon » de Jésus qui n'est point banal. Jésus *froussard*, douillet, femmelette et épicurien, cela désarme, non pas seulement la critique, mais aussi le rire. Car, en vérité, il manque à cette drôlerie le seul pauvre mérite qui la rendrait supportable un instant : l'esprit.

Maintenant voici du nouveau : ce doux rêveur, cet apôtre de l'amour, ce délicat qui a une telle peur de l'action et des coups, c'est aussi « un saint anarchiste qui appelait le plus bas peuple, les réprouvés et les pêcheurs, les Tchândâla du judaïsme, *à la résistance contre l'ordre établi* (voir plus haut son incapacité de résistance « même au mal ») et cela en un langage qui, aujourd'hui encore, mènerait tout droit en Sibérie... cet anarchiste était un criminel politique... ce qui le conduisit à la croix : l'inscription qui se trouvait sur cette croix en est la preuve. Il mourut pour ses péchés, » non pour ceux des autres. Et admirez son attitude devant ses juges, devant Pilate — « la seule figure honorable de tout le nouveau Testament », — devant ses bourreaux : « Il ne résiste pas, il ne défend point son droit, il ne fait pas un pas pour éloigner de lui la chose suprême. Mieux encore, il la *provoque !* » Singulier hédonisme, n'est-ce pas ? étrange façon de se soustraire à la douleur ! Mais combien plus singulière et étrange est la psychologie de Nietzsche ! N'oublions pas toutefois que ces choses furent écrites quelques semaines seulement avant la catastrophe de Turin...

Quant à la doctrine de ce Jésus, elle est morte avec lui sur la croix. Il n'y eut jamais qu'un seul vrai chrétien : Jésus-Christ. Amour, humilité, passivité, tout le christianisme primitif, le seul authentique, se résume en ces trois mots. Le reste a été inventé de toutes pièces par les prêtres, ces professionnels de l'imposture, et surtout par ce « roi des imposteurs », ce type accompli de la prêtraille, dont il incarne la bassesse, la fourberie et les pires instincts : saint Paul.

Ce Paul, quelle énigme lui aussi ! une nature tourmentée, pitoyable, une sorte de Pascal juif. Il n'a d'abord qu'une idée, une idée fixe : la Loi, l'accomplissement de la Loi. Terrible pour les ennemis ou les transgresseurs de cette loi, toujours disposé à punir avec la dernière rigueur les moindres infractions, il semble, n'est-ce pas, qu'il devait avant tout l'observer scrupuleusement pour son compte, cette loi sacro-sainte dont il se constituait « à la fois le défenseur fanatique et le garde d'honneur ». Eh bien ! non ; c'est plus fort que lui, il ne peut pas s'y soumettre. Il y a décidément trop de charme à l'enfreindre, cette Loi. « Peut-être avait-il sur la conscience la haine, le crime, la sorcellerie, l'idolâtrie, la luxure, l'ivrognerie, la débauche et l'orgie ». C'est probable ; mais il dut y avoir autre chose. N'était-ce pas plutôt la Loi elle-même qui lui jouait le mauvais tour de se rendre inaccomplissable, qui poussait *elle-même* à se faire transgresser, avec une ruse de démon ? — Une loi aussi machiavélique ne pouvait manquer de s'attirer la haine. Aussi Paul se mit-il « à fureter de tous les côtés pour trouver un moyen de *l'anéantir* », tout en en restant le « fougueux zélateur » (ruse contre ruse, machiavélisme contre machiavélisme !) Et ce moyen il le trouve, un beau jour, sur le chemin de Damas. Vision soudaine ! minute inoubliable ! Une hallucination allait changer la face du monde : — Saul ! Saul ! pourquoi me persécutes-tu ?

— *Euréka ! Euréka !* s'écrie Paul, illuminé. « Le voilà bien, l'expédient que je cherche, la voilà la vengeance complète ; elle est là et nulle part ailleurs : j'ai entre les mains le *Destructeur de la Loi* ». Paul est rasséréné, soulagé de son idée fixe, guéri. Tout lui est révélé à la fois : la mort ignominieuse du Christ ? elle était nécessaire pour abolir la Loi ; la haine du péché, c'est la haine de la Loi ; la mort au monde, c'est la mort à la Loi ; la vie en Jésus, c'est la négation de la Loi.

« Ici l'exaltation de Paul est à son comble... l'idée de l'union avec Jésus lui fait perdre toute pudeur, toute mesure, toute soumission, et l'indomptable volonté de domination se révèle dans un enivrement anticipant la gloire divine. » Et c'est dans cet esprit de domination et de haine que ce *mauvais messager*, ce « dysangéliste » va se mettre à l'œuvre, *inventer* à son image et ressemblance tout le Christianisme : « Avant tout le Sauveur, qu'il cloua à *sa* croix. La vie, l'exemple, l'enseignement, la mort, le sens et le droit de tout l'Évangile — rien n'exista plus que ce qu'inventa dans sa haine ce faux monnayeur, rien que ce qui pouvait lui être utile... ce qu'il ne croyait pas lui-même, les niais chez qui il jeta *sa* doctrine le crurent. Son besoin était *la puissance* ; avec saint Paul le prêtre voulut encore une fois le pouvoir ».

Et le prêtre, ce parasite néfaste, cette « vraie tarentule de la vie », qui dira sa malice profonde, souterraine, inépuisable ; qui dira tout le mal qu'il a fait à la vie et à l'humanité ! — Le prêtre, c'est l'instinct de domination qui se donne carrière et se satisfait par les moyens les plus bas : le mensonge, l'imposture, la falsification des textes, surtout des deux grands textes du Monde et de la Vie, par l'hypocrisie, par la ruse, par la haine de tout ce qui est grand et fort, par la terreur exercée sur le troupeau, par... mais nous n'en finirions pas. Tout ce dont il a besoin pour atteindre son but, dogmes, rites et discipline, il l'invente sans pudeur. « Les idées d'au-delà, de jugement dernier, d'immortalité de l'âme, l'âme elle-même, sont des instruments de torture, des systèmes de cruauté dont les prêtres se servirent pour devenir maîtres, pour rester maîtres ». « *Il faut rendre l'homme malheureux*, telle fut de tout temps la logique du prêtre... l'homme doit souffrir, et il doit souffrir de façon à avoir toujours besoin du prêtre ». L'idée de faute, de péché, de punition, la doctrine de la grâce, du pardon, du salut, autant de mensonges profitables, autant d'attentats. « *Attentats de prêtres !* Attentats de *parasites !* vampirisme de sangsues pâles et souterraines !... Le péché, encore une fois, cette forme de pollution par excellence... est l'œuvre du prêtre... Le prêtre règne par l'invention du péché ». Car ce péché, c'est lui qui le pardonne ; cet Au-delà, c'est lui qui en détient les clefs. Il n'est pas un acte solennel dans la vie de l'homme, de la naissance au trépas, auquel ne préside la forme noire du prêtre, vivant symbole de la mort, de la décomposition et des horreurs du tombeau !... Ah ! ce n'est pas l'esprit qui leur manque, croyez-le bien. « On se tromperait du tout au tout si l'on supposait un manque d'intelligence chez les chefs du mouvement chrétien. Ah ! ils sont rusés jusqu'à la malpropreté, Messieurs les Pères de l'Eglise ! Ce qui leur manque c'est tout autre chose. La nature les a négligés, — elle a oublié de les doter, au moins modestement, d'instincts convenables et *propres*... Soit dit entre nous, ce ne sont pas même des hommes... »

On devine dans quel sens fut falsifié et travesti par ces « imposteurs » le christianisme primitif, la pure religion de Jésus. On l'accommoda d'abord à la forme de l'Etat, à l'organisation sociale, le prêtre ne se sentant pas le goût d'aller paître son troupeau dans le désert : première falsification de la pensée du Maître. — On imagina des fêtes, des rites, des cérémonies, des images, tout un appareil pompeux de culte extérieur et pharisaïque, qui eût fait bondir d'indignation l'humble et doux Nazaréen ; — un nouveau sacerdoce, une nouvelle Loi, c'est-à-dire une nouvelle caste régnante, tout ce que Jésus avait combattu et méprisé ; — une fantasmagorie sanglante avec victime expiatoire, toute une mise en scène propre à frapper l'imagination délirante des mystiques, des illuminés et des pauvres d'esprit ; propre aussi à rallier les fervents de tous les cultes prohibés et souterrains qui foisonnaient, rampaient et grouillaient dans l'Empire, au milieu et au-dessous d'une civilisation archi-mûre et déjà verdissante (cultes de Dionysos, de Mithrâ, de la Bonne Déesse, etc.) ; — enfin et surtout l'idée de péché, de pardon, de « foi » et de *salut* par la foi, c'est-à-dire par la soumission absolue au prêtre, à la parole et au pouvoir du prêtre. En deux mots, d'un « naïf effort vers la résignation et la paix boudhique », on a fait : 1° un nauséeux mélange de rabbinisme et de superstition, 2° un mouvement anti-païen.

Anti-païen, c'est-à-dire anti-grec et anti-romain, et nous savons ce que cela signifie. Cela signifie insurrection contre tout ce qui est noble et bien venu, contre tout ce qui domine (en dehors et en dépit du prêtre) ; rancune et malédiction contre les bien-nés, les puissants, les privilégiés, les affirmateurs et les avocats de la vie ; guerre à la nature (elle est le règne du mal), guerre à tous les instincts naturels (l'amour devient un péché) ; mépris du corps et de la propreté (fermeture des bains publics, — le chrétien ne se lave qu'une fois, le jour de son baptême) ; mépris de la santé, surtout de la beauté du corps (considéré comme une guenille, un sac à ordure, *stercoris saccum*) ; haine de l'esprit (*une seule chose est nécessaire*), « toutes les valeurs supérieures de l'intellectualité ne sont que péchés, égarements et tentations »; enfin anathème à tout ce qui est fier, indépendant, aventureux, volontaire, joyeux de vivre ; anathème au rire et à la danse, anathème à l'ivresse, anathème à la vie. *Anti-païen,* disions-nous du christianisme ; le vrai mot c'est : *antihumain.*

Et quelles sont les « valeurs » nouvelles intronisées à la place de toutes les instances supérieures de la vie ? — *L'égalité des âmes devant Dieu :* le plus infâme attentat contre l'humanité noble, l'œuf empoisonné d'où naîtront la démocratie, la Révolution et l'idiotie socialiste : « Nous sommes tous égaux », disent en clignant de l'œil les pygmées aux géants et les infirmes aux vigoureux. — *La pitié,* ce qui veut dire : nous souffrons, et *il faut* que vous souffriez de notre souffrance ; nous sommes les faibles, les malades, et il faut que vous renonciez, pour l'amour de nous, à votre force et à votre santé ; la vie nous est cruelle, maudissez donc la vie avec nous. Vous aimez les fêtes, et la joie, et les spectacles de beauté ; nous allons donc étaler nos plaies à vos yeux et vous offusquer de notre puanteur, jusqu'à ce que vous *compatissiez,* de fait et de consentement. — *L'humilité,* à savoir l'écrasement de l'homme devant Dieu (le prêtre, naturellement); nous sommes *tous* si petits devant Lui ! — *La chasteté,* lisez : l'état permanent d'insurrection contre la nature. Comme la nature est toujours la plus forte, il s'ensuit que nous serons constamment en état de péché, c'est-à-dire dans la main du prêtre, situation éminemment désirable. — *La prière*, ou l'art d'occuper, de faire tenir tranquilles ces grands enfants malades et disgrâciés. Ça leur donne une attitude ; ça les rend presque beaux ! Enfin la *pauvreté*, le *jeûne*, les *macérations*, la *sainteté* et autres mensonges contre la vie.

Nous avons étudié successivement : le fondateur, le grand metteur en scène et *travestisseur*, les chefs, les tendances et l'idéal du christianisme. Voyons maintenant le troupeau des fidèles. Oh ! c'est un joli spectacle, et réconfortant ! — D'abord le rebut et l'écume du monde antique, toutes les couches de Tchândâla, tout ce qu'il y avait de bas et de vil, la canaille universelle : ce fut là le gros de l'armée ; — puis les faibles, les déshérités, les souffrants, les « belles âmes »; — ceux qui étaient infestés de morale, le parti anti-païen ; — les blasés, les dégoûtés, les « fatigués de politique », — enfin le parti de ceux qui sont rassasiés d'eux-mêmes, heureux de participer à toutes les conspirations souterraines. On le voit : le christianisme représente une sorte de « conglomérat de tous les éléments morbides qui s'attirent et se cherchent », des quatre coins de l'empire, sans distinction de races ni de nationalités ; il est en somme l'extension de « ce monde étrange et malade, où nous introduisent les Évangiles, un monde comme pris d'un roman russe, où le rebut de la société, les maladies nerveuses et l'imbécilité « enfantine » semblent s'être donné rendez-vous. »

Et ce ramassis de cagots, d'avortons et d'esclaves est venu à bout du monde, après avoir sourdement miné et décomposé « cette œuvre d'art de grand style » qu'était l'empire romain. Le flot impur du plébéianisme a tout envahi, tout noyé, tout nivelé. Voyez quinze siècles plus tard : ce qu'on a appelé la Réforme, ce ne fut en réalité qu'une dernière invasion du plébéianisme. La Renaissance allait triompher, et cela au sein même de l'Eglise ; un homme supérieur, presque un *surhomme*, le cardinal César Borgia allait peut-être, ô bonheur ! — succéder à son père sur le trône pontifical !... Le Christianisme était supprimé !... Hélas ! un moine allemand issu de la populace, un lourd et grossier paysan saxon, Luther vient à Rome (1) et s'indigne de voir la « corruption » installée jusque sur le trône de saint Pierre, alors que le malheureux aurait dû s'apercevoir du contraire : « la vieille corruption, le *peccatum originale*, le christianisme n'était plus sur le siège du pape ». On sait le

---

(1) Les deux Borgia étaient morts depuis nombre d'années lorsque Luther fit, en 1511, le voyage de Rome, sous le pontificat de Jules II. — Mais qu'importe la vérité historique !

reste : la Réformation triomphante, la Renaissance avortée ; ce qu'il y avait d'aristocratique, de fin, de noble, de « corrompu » dans le haut clergé romain, affaibli ou supprimé ; enfin la victoire de ce protestantisme, qui est bien la forme la plus vermoulue, la plus vile, la plus « malpropre » de religion qui ait été réalisée sur la terre.

« Je termine ici et prononce mon jugement. Je condamne le christianisme, j'élève contre l'Eglise chrétienne la plus terrible des accusations que jamais accusateur ait portée. Elle est la plus grande corruption qui se puisse imaginer, elle a eu la volonté de la dernière corruption concevable... elle a fait de toute valeur une non valeur, de toute vérité un mensonge, de toute intégrité une bassesse d'âme... elle a fait de l'*Humanitas* une contradiction, un art de pollution, une haine, un mépris de tous les instincts bons et droits... buvant, avec son idéal d'anémie et de sainteté, le sang, l'amour, l'espoir de la vie, elle est la conspiration contre la santé, la beauté, la droiture, la bravoure, l'esprit, la hauteur d'âme, *contre la vie elle-même* !... » Et Nietzsche, au comble de l'exaltation prophétique, prévoit l'abolition de l'ère chrétienne et l'instauration d'une ère nouvelle datant — *de lui-même* : « — *à partir d'aujourd'hui* — transmutation de toutes les valeurs* !... »

Nous ne nous attarderons pas à critiquer cette critique (?), à commenter cette exégèse (?) fantastique des textes et des dogmes chrétiens. Il y a là un tel mélange de raison et de folie, d'idées justes outrageusement forcées, d'exaltation délirante, de fantaisie échevelée et de paradoxes hagards, qu'on peut dire qu'il se détruit de lui-même, par « auto-suppression », tels ces corps instables et singuliers que produit le chimiste, et dont les éléments, à peine assemblés, protestent et se dissocient sur l'heure irrésistiblement. Est-il seulement besoin de relire les Evangiles, les épîtres pauliniennes et les écrits des Pères, pour avoir raison de cette glose d'énergumène et d'halluciné ? — Ainsi, *il se souciait peu de la foi*, le Maître qui ne guérissait que par la foi, qui ne trouvait jamais assez de foi autour de lui (*Hommes de peu de foi...*) ; il niait toute formule de relation avec Dieu, toute efficacité de la prière, celui qui passait en oraison tout le temps que lui laissaient la prédication et les œuvres, celui qui recommandait à ses disciples de veiller et prier (*vigilate et orate...*) ; il croyait le bonheur réalisable sur terre, à l'exclusion de tout au-delà, celui qui proclamait que son royaume n'était pas de ce monde, et distribuait par avance les places dans la Cité céleste : « *il ne résistait pas au mal* », celui qui confondait et chassait l'esprit même du mal ; « *il ne se fâchait contre personne* » celui qui frappait de

verges les trafiquants et les voleurs installés
« dans la maison de son Père !... » Et saint
Paul, l'apôtre et le parfait modèle de l'action,
saint Paul qui met au-dessus de tout la charité,
la charité pragmatique et agissante, saint Paul
anéantit les œuvres devant la foi, une foi sté-
rile, contemplative, inerte et abêtie !...

Et dire qu'on a invoqué à propos de ces fa-
céties, « les droits imprescriptibles » de la critique, les « exigences supérieures » de la raison ! Ah ! il s'agit bien de critique, et de vérité,
et de raison ! Non, ce qu'on veut ici, manifestement, c'est défigurer, c'est caricaturer, pour les
besoins d'une cause misérable, des personnali-
tés et des croyances qui requièrent — quelque
opinion qu'on ait d'ailleurs touchant leur *histo-
ricité* — ou le silence, ou le respect.

Négligeons tout ce qui est tirade et airs de
bravoure. Essayons seulement de prendre au
sérieux ce qui se donne manifestement pour tel,
pour de la fine analyse, pour de la bonne psychologie religieuse — on sait quelles prétentions étaient celles de Nietzsche à la pénétration, à l'infaillibilité psychologiques. — Reli-
sons, par exemple, dans *Humain, trop humain*,
son « crayon » du saint et de l'ascète. C'est
bien le plus parfait exemple de galimatias et
d'amphigouri pseudo-psychologique qu'on puisse concevoir. Nous y apprenons avec stupeur
que le saint lutte contre sa « lassitude » à l'aide

du « mépris de soi-même. » Il lutte encore par la torture et les flagellations contre cette dépression vitale, cet ennui que lui cause « sa soumission à une volonté étrangère ». Or, un peu plus loin, c'est cette pénible et fastidieuse soumission qui « lui facilite la vie » qui la lui « rend légère »; enfin, cette même soumission « est un puissant moyen de le faire souverain de lui-même ». Comment ? — par *l'abandon total de sa personnalité*. Voilà donc des hommes qui réalisent le double miracle de se relever de leur ennui, de leur dépression vitale, par des actes d'héroïque énergie, et de se rendre maîtres souverains d'eux-mêmes en se livrant pieds et poings liés à une puissance étrangère !

Ces contradictions, ou, si l'on veut — car on ne manquerait pas de nous taxer de *philistinisme* et de lourdeur béotienne, — ces dissonances non résolues, nous les retrouvons partout au cours du réquisitoire nietzschéen contre le christianisme. Nous lisons dans l'*Antichrétien* (*ad finem*) : « Ce qui existait *œre perennues*, l'empire romain, la plus grandiose forme d'organisation qui ait jamais été réalisée... cette admirable œuvre d'art de grand style qui n'était qu'un commencement... ces saints anarchistes se sont fait une « piété » de détruire le monde, c'est-à-dire l'empire romain, jusqu'à ce qu'il n'en restât plus pierre sur pierre — jusqu'à ce que les Germains eux-mêmes et d'autres lourdauds aient pu s'en rendre maîtres... En vain tout le travail du monde antique ; je ne trouve pas de mot pour exprimer mon sentiment sur quelque chose d'aussi monstrueux !... Grecs, Romains, noblesse des instincts, goût, recherche méthodique, génie de l'organisation et de l'administration... art, réalité, vérité, vie — ce n'est pas un cataclysme de la nature qui a détruit cela du jour au lendemain, ce n'est pas le piétinement des barbares, — des vampires rusés, invisibles, anémiques et clandestins l'ont déshonoré !... *Le Christianisme nous a frustrés de l'héritage du génie antique.* »

Ouvrons maintenant *le Voyageur et son ombre* (aph. 224) : « Le Christianisme, y est-il dit, est la religion propre à l'antiquité vieillie ; il a besoin de vieilles civilisations dégénérées sur quoi il agit et sut agir comme un baume. Que l'on songe à la Rome de Juvénal, à ce crapaud venimeux aux yeux de Vénus, et l'on comprendra ce que signifie l'érection d'une croix devant le monde, l'on vénérera la paisible communauté chrétienne et *on lui sera reconnaissant* d'avoir envahi le sol gréco-romain... Ce Christianisme, considéré comme glas de la bonne antiquité, sonné d'une cloche fêlée et lasse, mais d'un son pourtant mélodieux, ce christianisme, même pour celui qui maintenant ne parcourt ces siècles qu'au point de vue historique, est un baume pour l'oreille : que dut-il donc être pour les hommes de l'époque ! » Mais ce Christianisme, baume pour l'antiquité, était pour les Barbares, pour ces grands enfants blonds, héroïques et naïfs, un poison subtil, un ferment de décomposition, une cause permanente d'affaiblissement. « Certes, sans cet affaiblissement, que nous resterait-il de la culture grecque ? quoi de tout le passé civilisé de la race humaine ? — Car les barbares qui n'avaient pas été touchés par le christianisme s'entendaient fameusement à faire table rase des vieilles civilisations... Le christianisme a dû aider, malgré lui, *à rendre immortel le monde antique* ». (1)

Qu'ajouterions-nous à cela ? — En vérité cet homme a tout prévu, et nous sommes persua-

---

(1) Ce rôle d'héritier, de légataire quasi universel de la culture antique n'est plus guère contesté au christianisme naissant. Qu'on relise, à ce sujet, les admirables pages qui ouvrent le premier livre des *Origines* de Taine. C'est lui, c'est le clergé qui « à partir de l'invasion, pendant plus de cinq cents ans, sauve ce qu'on peut encore sauver de la culture humaine » ; c'est lui surtout qui, par son ascendant moral, par sa fermeté, par le charme qu'il exerce sur les « brutes farouches » que lâchent à flots pressés les brèches de l'Empire, c'est lui « certainement... qui a empêché l'Europe de devenir une anarchie mongole ». (*Origines*... I pp. 4, 5, 6).

« Il nous a conservé encore et transmis directement la tradition littéraire gréco-romaine. Ceci est plus connu et moins contesté. On sait maintenant qu'il n'y eut pas de « renaissance » au XV° siècle ; on sait que, en aucun moment des siècles antérieurs, les lettres latines n'avaient cessé d'être cultivées... (R. de Gourmont, *Culture des Idées* 146). Le savant auteur du *Latin mystique* est un nietzschéen notoire et diligent, quelque chose comme le Huxley de celui qu'on appelle, sans trop savoir ce qu'on dit, le « Darwin de la morale ». Son avis n'en est que plus précieux sur la question du « vandalisme » chrétien et des « ténèbres » médiévales.

dé qu'il ne songeait à nul autre que lui quand il écrivait : « Ce penseur n'a besoin de personne pour le réfuter. Il s'en charge lui-même ».

Donnons, en terminant, un spécimen — à peine choisi — de la documentation de Nietzsche en matière théologique. Il s'élève avec colère contre le dogme de l'Immaculée-Conception : « Par là, s'écrie-t-il, on a souillé la conception et avili la nature ! » L'excellent homme ne se doute guère du risible contre-sens qu'il commet. Il n'est peut-être pas aujourd'hui un seul Homais de village qui ignore le sens de ce dogme, lequel signifie, non pas que Marie *conçut* sans péché ce qui serait absurde, mais qu'elle-même fut conçue sans péché, c'est-à-dire exempte de toute participation à la faute originelle. — Nietzsche lisait peu. Il y paraît.

CHAPITRE VIII

DEUXIÈME ENNEMI : LA MORALE

CHAPITRE VIII

DEUXIÈME ENNEMI : LA MORALE

Nietzsche, en bon philosophe qu'il fut toute sa vie, tenait à l'originalité comme à son bien le plus précieux. Nous avons vu de quel ton péremptoire il affirme ses droits de priorité sur la théorie de l'éternel Retour, conception à peu près aussi antique que la philosophie elle-même. En morale, sur le problème même ou la « mise en question » de la morale, il revendique, avec non moins de hauteur, le privilège de premier occupant. Mais c'est un premier occupant à la vue courte, qui n'aperçoit pas, ou feint de ne pas apercevoir ceux qui ont pris position avant lui. Il rappelle un peu ces hardis navigateurs et conquistadors du XVIe siècle qui, abordant dans une île inconnue, plantaient fièrement leur drapeau sur un rocher, en s'écriant : « Cette terre est à nous », sans plus s'inquiéter de savoir si elle était déjà occupée ou non.

Ce problème de la mise en question de la

morale peut s'entendre de deux façons différentes. D'abord pourquoi y a-t-il une morale ? Pourquoi les hommes croient-ils à la valeur d'un impératif, d'un *dictamen*, d'un « *Tu dois* », quels que soient d'ailleurs ce *dictamen*, cet impératif, cette morale ? Oui, demande Nietzsche, pourquoi cet éternel « *Tu dois* », « *Tu ne dois pas* » qui se dispense de donner ses raisons ? Cela ne laisse pas de devenir agaçant à la longue. « Une défense dont nous ne comprenons ni n'admettons les raisons est presque un ordre contraire, non pas seulement pour une forte tête, mais aussi pour un esprit qui a soif de connaissance : on tient à essayer pour se rendre compte *du pourquoi* de l'interdiction. Les défenses morales comme celles du Décalogue n'ont quelque valeur que durant les époques où la raison est assujettie. Aujourd'hui une défense comme « Tu ne tueras point », « tu ne commettras pas d'adultère », présentée ainsi sans raison, aurait plutôt un effet nuisible qu'utile. »
— Et qu'on n'aille pas croire ici à quelque lourde plaisanterie tudesque ; Nietzsche pose la question avec le plus grand sérieux. Pourquoi, demande-t-il encore, rendre le bien pour le mal, plutôt que le mal pour le bien ? Pourquoi la vertu plutôt que le vice, la bonté plutôt que la méchanceté, l'altruisme plutôt que l'égoïsme ? Et ceci nous amène au deuxième problème fondamental que Nietzsche revendique plus spé-

cialement comme étant *son* problème à lui : Pourquoi une certaine espèce de morale prévaut-elle aujourd'hui sans conteste, et justement l'espèce la plus plate, la plus pauvre en vitalité, la plus humble, la plus mesquine, en même temps la plus contraire aux libres instincts de la nature et de la vie, à savoir la morale de l'altruisme universel, du désintéressement, de la « main secourable » et du « cœur chaud », la morale de la pitié ?

Nous touchons ici aux thèses nietzschéennes les plus généralement connues — ce qui ne veut pas dire bien connues. Il n'est guère aujourd'hui de bon nietzschéen, même de candidat au nietzschéisme, qui ne puisse y aller impromptu de sa petite conférence sur la morale des Maîtres et la morale du troupeau — dont il commence par s'excepter consciencieusement. Nous serons donc assez brefs.

Il y avait autrefois — cela commence comme un conte de fées, mais qu'on ne s'y trompe pas : c'est de l'histoire — il y avait donc autrefois des forts et des faibles, de grands hommes valeureux et blonds, et de petits hommes timides et bruns, groupés, les uns en hordes guerrières, les autres en paisibles tribus. Or, il advint que les forts se jetèrent sur les faibles, en firent un ample massacre et soumirent le reste à leur domination. Jusque-là, rien qui nous sorte de l'animalité. Mais voici où la morale entre en scène. Parfois ces grands fauves songeaient. Entre deux « escapades », qui consistaient généralement en carnage, viols, tortures, incendies et autres exploits, ces *nobles* s'asseyaient, les bras rouges de sang, et agitaient sous leur crâne de dolichocéphales quelques profondes idées. Voici un spécimen de leurs cogitations : Nous grands, forts, beaux, blonds, braves, nous sommes *les bons* ; eux (les vaincus, les ilotes), petits, faibles, laids, noirs, lâches, sont les *mauvais*. — C'est ainsi, nous assure Nietzsche, que la notion de bien et de mal fit son entrée dans le monde. — Et les autres, que pensaient-ils? — Tout l'opposé bien entendu, mais comme ils n'avaient qu'un droit, celui de se taire, ils n'ont pu faire passer dans le langage l'expression de leurs sentiments, tandis que les Maîtres, qui créaient la langue en même temps que la morale, nous ont transmis, avec les radicaux signifiant *bon* et *mauvais* dans les divers idiomes, le sens non équivoque de leurs évaluations. C'est ainsi que *bonus*... suit toute une série de considérations étymologiques, dont le principal mérite est d'avoir procuré quelques moments de douce gaieté aux philologues et linguistes, gens austères qui n'ont que trop rarement l'occasion de se divertir, au cours de leurs travaux.

« Ici, avoue Nietzsche, je ne puis étouffer un soupir. » — Mon Dieu, pourquoi donc ? —

C'était trop beau ! — Quoi ! ce régime d'oppression et de sang ? — Oui, hélas ! ça ne pouvait pas durer. Une chose épouvantable s'est produite au cours des siècles : les Maîtres ont dégénéré ; les grands fauves blonds se sont mués en paisibles ruminants ; leur table des valeurs a été anéantie et, sur ses ruines, s'est élevée triomphante la vile éthique des esclaves, qui règne aujourd'hui à peu près partout. Et savez-vous le coupable ? Soupçonnez-vous quel fut le ver rongeur de cette charmante société primitive, de cette admirable hiérarchie, de cette morale hautaine et « distinguée » ? Devinez-vous quel fut le ferment de décomposition de tout cela, le microbe, la levure qui opéra l'inversion de toutes les valeurs et changea en un liquide infect le vin rutilant et généreux des Maîtres ? — *le prêtre*, déjà nommé. Oui le prêtre, et le prêtre par excellence, le juif ; le prêtre, ennemi perfide et souterrain de tout ce qui tend à s'élever au-dessus du troupeau, le prêtre assoiffé de domination, le prêtre exploiteur de toute faiblesse, misère, bassesse et crédulité. Suit un nouveau « crayon » dans le goût de celui que nous avons reproduit au chapitre précédent. Il y a bien quelques variantes, mais elles sont négligeables : c'est ainsi que dans *l'Antichrétien* (26) le prêtre est un carnivore, « mangeur de biftecks, » très regardant à l'article des offrandes et sacrifices, alors qu'ici

(*Généalogie* I, 6) nous le trouvons assujetti au jeûne le plus strict, à « la privation de viande » ce dont on lui fait grief, car ça lui gâte l'estomac et lui aigrit les humeurs.

C'est donc chez le peuple sacerdotal par excellence, les Juifs, qu'eut lieu ce que Nietzsche appelle *l'insurrection des esclaves en morale*. « Ce sont les Juifs qui, avec une épouvantable logique, ont osé le renversement de l'équation aristocratique : bon = noble = puissant = beau = aimé des Dieux. Ils se sont acharnés dessus avec les crocs de la haine la plus enragée — la haine de l'impuissant — et ils n'ont pas lâché prise... Les misérables seuls sont les bons ; les pauvres, les impuissants, les humbles seuls sont bons ; ceux qui souffrent, les indigents, les malades et les estropiés sont les seuls pieux, les seuls aimés de Dieu ; à eux seuls est réservée la béatitude. — Vous autres, au contraire, nobles et puissants, vous qui êtes éternellement mauvais, cruels, rapaces, insatiables, impies, éternellement aussi vous serez malheureux, maudits et réprouvés. »

L'apogée de ce mouvement est marqué par la venue, la passion et le triomphe final du Christ. — Mais n'y a-t-il point là une petite difficulté ? car enfin Jésus et les Juifs, les prêtres juifs surtout, ne faisaient pas très bon ménage. Si Jésus avait été ce que vous dites, la plus haute expression de leur idéal de rancune et de haine, pourquoi l'auraient-ils persécuté et finalement cloué à la croix ? — Pourquoi ? demandez-vous, homme naïf ! mais justement pour mieux prendre et tromper le monde. « C'est par l'occulte magie noire d'une politique de vengeance vraiment grandiose... qu'Israël même a dû renier et crucifier, à la face du monde, le véritable instrument de sa vengeance, comme s'il était un ennemi mortel, afin que le monde entier, c'est-à-dire tous les ennemis d'Israël, eussent moins de scrupule à mordre à cet appât. » Voilà qui est d'une astuce consommée, et nous doutons que l'histoire offre un autre exemple d'un subterfuge aussi adroitement concerté par tout un peuple, en vue de duper l'univers.

Et la subtile ruse a réussi. Le monde a mordu à l'hameçon. Israël a vaincu ; sa morale a envahi l'Europe, et le plébéianisme s'est vautré sans vergogne sur la table des valeurs. Rome d'abord subit le joug honteux, Rome, l'idéal réalisé de la force et de la noblesse ! « Aujourd'hui encore, devant qui, à Rome même... courbe-t-on le front : *devant trois Juifs et devant une Juive :* devant Jésus de Nazareth, Pierre le pêcheur, Paul le fabricant de tentes et devant la mère du susdit Jésus, nommée Marie (1) » Qui donc a vaincu, quinze siècles plus

---

(1) Nietzsche oublie le bon saint Joseph, promu en 1870 au patronat de l'église universelle et, en cette qualité, élevé au-dessus

tard, ce mouvement superbe et noblement païen que promettait d'être, au sein même de l'Eglise, la Renaissance italienne ? La Judée, sous les espèces d'un moine balourd, Luther. Qui donc a triomphé, par la Révolution, de deux grands siècles d'inégalable aristocratie ? La Judée encore. Qui enfin a terrassé le colosse « inhumain et surhumain » Napoléon, le Maître unique et prodigieux, tels que les flancs de l'humanité n'en porteront jamais un pareil : La Judée toujours, par l'organe de la Sainte-Alliance. — Voilà ce qu'on peut appeler une vengeance à longue portée et dont les suites se peuvent encore dérouler à l'infini.

Examinons maintenant les divers articles de ce Credo quasi universel, les valeurs et instances de cette morale de troupeau. Elle commence par créer à son usage deux petits êtres tout-à-fait réjouissants : *l'âme* et la *volonté libre*. Derrière toute action et dans tout personnage elle imagine *un sujet* distinct de l'action et du corps de ce personnage. Elle pousse même cette distinction jusque dans les choses de la nature, disant par exemple : *l'éclair foudroie... cette force actionne*, etc... comme si l'éclair, la force, etc., ne se confondaient pas avec leurs effets mêmes, — et que parlons-nous d'effets ? comme s'il y avait des causes ! comme

des apôtres Pierre et Paul. Nietzsche est décidément peu au courant des « affaires de Rome ».

s'il existait autre chose au monde que des forces en conflit, des centres, des groupes de forces évoluant en un devenir aveugle et sans but! *Il n'y a pas de cause distincte de l'effet; il n'y a pas d'être distinct du paraître; il n'y a pas d'âme distincte du corps; il n'y a pas de volonté libre*, pas plus d'ailleurs que de volonté non libre. Le libre arbitre, l'homme cause de lui-même, affranchi, ne fût-ce que durant un quart de seconde, de sa dépendance phénoménale et interphénoménale, l'homme *causa sui*, « se tirant lui-même par les cheveux comme le baron de Crac », pour sortir du marais universel, — quelle plaisanterie !

Mais on devine le but secret et l'intention souterraine. Il s'agit en somme de relever l'esclave à ses propres yeux — toujours le fait du prêtre — et, par contre, de rabaisser le maître par tous les moyens : *debellare superbos et exaltare humiles*. Avec le mensonge de l'âme et du libre arbitre, l'esclave peut se hausser au niveau du maître, et même le dépasser — en imagination. — Il est fort, se dit-il, il est riche, il a la santé et *tous les biens extérieurs* ; mais son âme est noire, méchante, incomparablement au-dessous de la mienne. Et quel triste usage il fait de sa liberté ! Est-il libre seulement? Il faut le croire, puisque, en définitive, il est un homme comme moi, mais combien ses actions sont mauvaises et quel compte terrible il aura à rendre de cette liberté dont il abuse, de son âme, et de tout le mal qu'il me fait ! Moi, au contraire, je suis faible, pauvre, malade, mais c'est un signe que Dieu m'aime, qu'il m'a désigné d'avance pour d'infinies compensations. Je suis libre comme ce maître méchant ; je pourrais me venger de lui et faire le mal moi aussi, mais je ne veux pas ternir le miroir de mon âme. Je vaux mieux que lui. Patience, résignation, douceur, piété, amour, je possède tous les *biens intérieurs*. C'est à moi qu'est échue en ce monde et qu'écherra surtout dans l'autre *la meilleure part*.

Voilà qui est très bien ; mais il ne faut pas que ce sentiment de supériorité s'emporte hors des limites raisonnables. Et c'est ici qu'intervient le contre-poids de la mauvaise conscience et du péché.

La mauvaise conscience, c'est l'instinct de nuire et de « faire mal » retourné en dedans. Lorsque l'homme eût été domestiqué, ses conditions d'existence changèrent du tout au tout : plus de liberté, plus d'expansion, plus de décharge extérieure de sa volonté de puissance, plus de réactions immédiates et désordonnées. Il fallut rentrer tout cela. Qu'arriva-t-il ? Naturellement ceci, que la bête humaine, enfermée, se cogna et se meurtrit aux barreaux de sa cage ; que ses énergies, jadis dépensées au dehors, durent désormais se dépenser au-dedans ;

que ses instincts, ne pouvant plus se battre contre quelque chose ou quelqu'un, se battirent entre eux et le battirent lui-même. La tristesse, le remords, la mauvaise conscience, en un mot la *vie intérieure* de l'homme venaient de naître.

Et cette mauvaise conscience ne tarda pas à trouver l'aliment dont elle avait besoin : le *péché*. — On admet généralement que l'idée de *devoir*, d'*obligation*, remonte aux premières transactions d'échange qui eurent lieu entre les hommes, aux rapports entre acheteur et vendeur, débiteur et créancier, etc. D'autre part, on sait quel était le sens de ce culte des ancêtres, que nous trouvons à l'origine de toutes les races humaines : le sens d'une dette permanente, d'une dette de reconnaissance vis-à-vis des fondateurs et des perpétuateurs de la race, dette non point sentimentale et platonique — tout est concret, comme rien n'est gratuit dans ces temps — mais bien dette effective, évaluable, et même traduisible en chiffres. — Rien de plus juste que ces considérations (sur un thème d'ailleurs vieillot). Rappelons-nous, par exemple avec quelle exactitude Homère s'exprime touchant le rituel des sacrifices, mentionnant la nature, le nombre, l'âge et la provenance des victimes ; enfin, admis comme poète dans le secret des dieux, n'omettant jamais de nous éclairer sur le résultat de l'offrande. —

Toutefois, et en dépit de la ponctualité la plus scrupuleuse dans le paiement des arrérages de cette dette sacrée, toujours une crainte subsiste au fond de ces âmes obscures : faisons-nous suffisamment ? Les esprits sont-ils satisfaits ? Nous continueront-ils leur protection et leur aide ? Et plus la race devient forte, victorieuse, prospère et indépendante, plus aussi cette crainte grandit. D'autre part et parallèlement, l'image des ancêtres se simplifie, s'éloigne, et finalement s'absorbe dans celle de l'ancêtre primitif, du fondateur de la lignée. Cette image enfin est divinisée et le sentiment de la dette concentré sur un dieu unique. Mais à ce moment, cette dette grandissante a pris, dans l'imagination populaire, de si formidables proportions, que les pauvres gens, épouvantés de se sentir insolvables, terrorisés à l'idée de la vengeance divine, cherchent par tous les moyens à se débarrasser de leur fardeau. La mauvaise conscience les travaille ; la nature, jusqu'alors si riante, se voile et s'assombrit ; le monde, pour nous servir de la jolie expression orientale, le monde noircit devant leurs yeux. Mais après s'être longuement torturés eux-mêmes, après avoir chargé d'invectives et « diabolisé » la nature, qui n'en peut mais, ils cherchent parmi eux et dans leur passé un responsable, un bouc émissaire, un malheureux qui aurait encouru, pour quelque méfait, la malédiction divine. Et devinez sur qui ils tombent... sur leur premier ancêtre en personne, le même dont ils ont fait un Dieu, leur Dieu et souverain créancier. — Voilà l'histoire du péché originel. Elle est bien surprenante. La suite ne l'est pas moins. Sous l'empire de cette idée fixe, de cette monomanie de leur insolvabilité, les pauvres diables s'avisent d'un expédient : En somme, se disent-ils, Dieu seul est assez riche pour payer Dieu, — et ils imaginent alors cette chose terrible, paradoxale, étourdissante : Dieu = créancier = premier ancêtre = débiteur maudit de Dieu, s'immolant lui-même, se faisant livrer au dernier supplice par les hommes et pour les hommes, afin de racheter les descendants de ce débiteur maudit de Dieu = premier ancêtre = créancier = Dieu. C'est à y perdre son algèbre ! « Triste et folle bête humaine, gémit Nietzsche, à quelles imaginations bizarres et contre nature, à quel paroxysme de démence, à quelle bestialité de l'idée se laisse-t-elle entraîner, dès qu'elle est empêchée quelque peu d'être bête de l'action ! »

Il y a heureusement des façons plus « nobles » d'entendre la divinité. Contemplez l'Olympe grec. Comme cela repose des insanités du Calvaire ! Ici triomphe, non plus l'idéal — cette maladie ! — mais l'homme concret, vivant, l'homme en chair et en sens, l'homme héroïque, passionné, riant, lubrique aussi et déchaîné à la rencontre ; « ici l'animal dans l'homme se sent divinisé et ne se déchire pas lui-même, plein de fureur. » — Mais revenons à nos moutons et à leur morale grégaire.

La notion du péché une fois entrée dans ces pauvres âmes, on devine à qui elle profita. Le prêtre, l'éternel curé s'en servit et en joua à sa guise pour asseoir et étendre sa domination. Avec cet anneau dans le nez, la bête la plus farouche ne pouvait manquer d'être amenée à résipiscence, de venir se coucher docilement aux pieds du prêtre pour y faire son *mea culpa*. Songez au moyen-âge. — Passons vite sur les autres petits moyens de coercition ou d'apaisement que le prêtre a inventés : l'abêtissement pascalien, le refoulement de tous les instincts vitaux, l'activité machinale (qu'il appelle « la bénédiction du travail »), l'effacement de l'individu devant la communauté, etc., et examinons de près les autres « valeurs » de cette morale moutonnière.

La pitié. — *Il faut compatir aux souffrances du prochain.* Traduisez : il faut souffrir avec les souffreteux, gémir avec les malades, pleurer avec les pleurards, se faire petit avec les petits, imbécile avec les imbéciles, conspuer l'amour avec les eunuques, et le monde avec les ratés. Grand merci ! Notez que la pitié, la « religion de la souffrance humaine » n'est pas autre chose. Et cette religion a eu ses fanatiques ! On a vu des saints lécher des ulcères et baiser la vermine des loqueteux ! D'abord cela est indiscret : ces ulcères peuvent avoir leur fierté et cette vermine sa pudeur. Lorsque Zarathustra, errant dans la sinistre vallée, vit la chose sans nom, le meurtrier de Dieu, le plus hideux des hommes, il rougit jusqu'à la racine de ses cheveux blancs, se tut et détourna les yeux, et le misérable lui en sut gré. La pitié est donc une offense. Elle est en second lieu un danger pour la vie. Elle retarde et contrarie la marche de l'évolution. Combien plus sage est cette pratique, en honneur chez quelques peuplades d'Océanie, qui consiste à jucher les vieillards, les infirmes et impotents de la tribu dans les branches d'un arbre, qu'on secoue ensuite vivement pendant le temps prescrit : ceux qui tombent sont sacrifiés et, quoique de qualité médiocre, utilisés à des fins culinaires ; ceux qui ont pu se cramponner sont considérés comme encore bons à quelque chose et épargnés, jusqu'à la prochaine séance. « Pour le bien de l'espèce, dit Nietzsche, il est nécessaire que le mal-venu, le faible, le dégénéré périssent... et aidons-les à disparaître ! » Au lieu de cela, que faisons-nous ? Nous les choyons, nous les dorlotons, « renforçant ainsi cet instinct déjà puissant chez les êtres faibles de se ménager, de se conserver, de se soutenir mutuellement... c'est là le comble de *l'immoralité*, un véritable attentat contre la vie. » C'est naturellement encore la faute aux curés, à « l'Eglise qui, au lieu d'encourager à la mort et à la suppression de soi-même, protège tous les mal-venus et les infirmes, et les pousse à se reproduire ».

Enfin et comme nous l'avons reconnu dès notre premier coup d'œil jeté sur ce triste monde moderne, la pitié est un affreux symptôme de dégénérescence. Aujourd'hui on ne peut plus supporter la douleur, moins que cela, le spectacle de la douleur, moins que cela encore, la pensée même de la douleur. On tombe en pâmoison à l'idée de souffrir et de faire souffrir, fût-ce le dernier des criminels. Or — et ici applaudissons, et soyons *nietzschéens* — il faut bon gré mal gré que nous apprenions à souffrir, si nous voulons être autre chose que des loques méprisables. « C'est à l'école de la souffrance, de la grande souffrance — l'ignorez-vous donc? — c'est sous ce rude maître seulement que l'homme a réalisé tous ses progrès. Cette tension de l'âme qui se raidit sous le poids du malheur et apprend à devenir forte, ce frémissement qui la saisit en face des grandes calamités, son ingéniosité et sa vaillance à supporter, à braver, à interpréter, à utiliser le malheur, et tout ce qu'elle a pu gagner de profondeur, de mystère, de dissimulation, d'intelligence, de ruse, de grandeur, — n'est-ce pas au prix de la souffrance, à l'école de la grande souffrance qu'elle a pu acquérir tout cela ? — » La thèse est connue — et la pitié jugée. Elle l'était d'ailleurs bien avant Nietzsche, qui enfonce souvent à grand fracas des portes ouvertes. Une doctrine qui enseignerait que, pour venir en aide aux misérables, il faut commencer par se rendre semblable à eux, serait une pure niaiserie. La pitié, telle que Nietzsche la conçoit et l'abomine, n'a jamais passé pour une vertu : on l'appelle communément *sensiblerie* et *pusillanimité*.

Autre « valeur » : la Justice. Voyons d'abord la justice sociale, la justice du « Palais », qui, en somme, est une façon de morale en toque et rabat. Nietzsche ne l'aime pas beaucoup et le lui notifie sans détours. Ecoutez plutôt son interprète Zarathustra : « Je n'aime pas votre froide justice ; dans les yeux de vos juges passe toujours le regard du bourreau et de son couperet glacé. — Inventez-moi donc une justice qui acquitte tout le monde, hormis celui qui juge... — Toi, juge rouge, si tu disais à haute voix ce que tu as accompli en pensée, chacun s'écrierait : « Otez-moi cette immondice et ce venin ! » Si Nietzsche siège, chez Hadès, au tribunal suprême, les chats-fourrés n'ont qu'à se bien tenir. — Que reproche-t-il donc à la justice ? Simplement ceci, de vouloir *punir* le criminel. L'idée de *punition* est d'une absurdité révoltante en un monde où la Nécessité règne en souveraine absolue. Le criminel est un malheureux ou un révolté, jamais un *coupable*. Si coupable il y avait, ce serait bien plutôt la société (air connu), « les éducateurs, les parents, l'entourage, nous-mêmes et non le meurtrier. » « Notre crime envers les criminels, c'est de les traiter comme le feraient des coquins. »

Persuadons-nous bien d'une chose, c'est que « le criminel ne pouvait pas agir autrement qu'il n'a agi. » Il est et ne saurait être qu'un « fragment irresponsable de la destinée. » Notre erreur à son égard vient de ce que nous le jugeons au point de vue étroit du dommage qu'il nous a causé. Un homme, par exemple, est assailli par un bandit qui l'assomme aux trois quarts, le larde de coups de couteau, et le dépouille de tout son bien. Voilà, dites-vous, une action immorale. Et si la victime avait pu se défendre et mettre à mal son agresseur ? Elle eût eu raison, dites-vous encore, se trouvant en état de légitime défense. Eh bien, je soutiens que les deux actions ont une valeur identique, que légitime attaque et légitime défense sont termes synonymes. Dans les deux cas, en effet, c'est la vie qui est en jeu et vous savez ce que j'entends par la vie. « On fait mal, on vole, on tue pour se conserver ou se garantir, pour prévenir une infortune personnelle... or, dans la mesure où il y a *plaisir* à l'acte (sentiment de sa propre puissance, de sa propre forte excitation), l'acte se fait pour conserver le bien-être de l'individu et relève ainsi du même point de vue que la légitime défense... sans plaisir point de vie. » « La méchanceté n'a pas pour objet propre la souffrance d'autrui, mais bien sa propre jouissance sous forme par exemple d'un sentiment de vengeance ou d'une forte excitation nerveuse... toutes les méchantes actions sont motivées par l'instinct de la conservation ou, plus exactement, par l'aspiration au plaisir et la fuite du déplaisir chez l'individu : or, ainsi motivées, elles ne sont pas méchantes. »

Ces ingénieuses maximes sont empruntées à *Humain, trop humain* : la *Volonté de puissance* est encore à naître et le crime n'est justifié que par le « plaisir » qu'y prend le criminel. C'est le *struggle for pleasure* juché à la hauteur d'un principe. Lorsque Nietzsche sera en possession de son *Wille zur Macht*, son enthousiasme pour le crime ne connaîtra plus de frein. Il saura gré au « pâle criminel » de « vivre dangereusement » et de nous tenir en haleine. « Par lui la voûte céleste qui s'élève au-dessus de la vie devient peut-être dangereuse et obscure, mais l'atmosphère en demeure forte et sévère. » Il le met seulement en garde contre les dépréciations et amoindrissements par quoi il pourrait gâter son œuvre, — les artistes sont souvent si maladroits ! — par exemple en recourant au vol, alors que seul le sang lui importait. « Le juge rouge parla ainsi : Pourquoi ce criminel a-t-il tué ? Il voulait voler. — Moi je vous dis : son âme voulait du sang et ne désirait point le vol. *Il avait soif du bonheur du couteau* ». C'est ce qu'ignorent les avocats, « lesquels sont rarement assez artistes pour faire tourner au profit du coupable la beauté terrible de son geste. »

Voilà donc la justice sociale jugée et condamnée. Par ses procédés elle ne se différencie nullement du criminel, qui voit commettre devant lui, par la société, ou au nom de la société, tout ce que celle-ci lui reproche, « à savoir l'espionnage, la tromperie, la corruption, les pièges tendus, tout l'art plein de ruses et d'artifices du policier et de l'accusateur ; puis encore ces actions essentiellement criminelles qui n'ont même pas pour excuses la passion : le rapt, la violence, l'outrage, l'emprisonnement, la torture, le meurtre... » Elle descend donc même au-dessous du criminel qui, lui, du moins, a l'excuse, disons le mérite, de la passion, du danger, de l'énergie et de l'initiative personnelles. Etc., etc., Nietzsche est intarissable sur l'article. En bon Allemand qu'il est, il ignore que les meilleures plaisanteries sont les plus courtes. Pour un peu, il finirait par nous faire prendre en grippe son « pâle criminel », aussi bien que son criminel « de grand style ». Ce ne serait guère intelligent. Est-il besoin de faire remarquer à quel point ces paradoxes sont usés, aplatis, éculés, misérables, et que personne plus, depuis l'illustre de Quincey (Thomas) et son *Assassinat considéré comme un des beaux-arts*, depuis Stendhal et sa fameuse « distinction par l'échafaud » personne plus, disons-nous, ne s'avise aujourd'hui de les ramasser, encore moins de les promener triomphalement durant des pages et des pages ! (1)

Si, de la justice concrète, nous passons à la justice abstraite et que nous nous demandions : Y a-t-il une justice *en soi*? la réponse ne saurait faire doute : « Parler de justice et d'injustice en soi, cela n'a point de sens. Une infraction, une violation, un dépouillement, une destruction *en soi* ne peuvent être évidemment quelque chose d'injuste, attendu que la vie procède *essentiellement*, c'est-à-dire dans ses fonctions élémentaires, par infraction, violation, dépouillement, destruction et qu'on ne saurait l'imaginer procédant d'autre sorte. « Toujours le vieux sophisme socio-biologique, l'assimilation des fonctions sociales aux fonctions de l'organisme, des rapports d'homme à homme

---

(1) Même admiration pour les « beaux crimes » de la Nature : « Que c'est donc beau ! écrit-il du cataclysme de Java, *deux cent mille êtres humains anéantis du coup!* Mais c'est splendide ! Voilà comment l'humanité devrait finir, comment elle finira un jour. »

aux relations de l'être vivant avec son milieu. C'est l'analogie *passe-partout*, très commode en sociologie pour expliquer ce qu'on ne comprend pas à l'aide de ce qu'on n'a jamais compris. Le malheur est qu'il a trop servi, ce passe-partout ; il est archi-usé, et l'on s'aperçoit aujourd'hui qu'il n'ouvre plus aucune porte. — Pour finir, Nietzsche condamne sans appel, au nom de la vie et de sa volonté de puissance, toute idée de justice égalitaire et niveleuse, d'une justice qui accorderait la même valeur à toutes les volontés. Il tient que ce serait là « *un principe ennemi de la vie*, un agent de dissolution et de destruction pour l'humanité, un attentat à l'avenir de l'homme, un symptôme de lassitude, une voie détournée vers le néant. »

Nous sommes ici au centre même de la position nietzschéenne, au point de perspective générale de ce qu'il a appelé, très inexactement d'ailleurs, son immoralisme (*polymoralisme* serait plus exact, encore que fâcheusement barbare). Or il faut convenir que cette position — que d'autres occupèrent avant lui — l'auteur de *Par delà* la défend avec diantrement de vaillance et d'entrain. Fermement campé derrière son retranchement aristocratique, individualiste et biocentrique, il crible de traits et bombarde de pierres la morale du troupeau, le troupeau lui-même et surtout ses bergers. Kant et Socrate sont ses deux cibles de dilection, sans oublier les moralistes anglais, ni *l'épicier* Spencer.

Nous nous épargnerons de le suivre dans sa critique des axiomes fondamentaux de la morale, nous bornant à résumer — un peu pêle-mêle, à son exemple — ses principaux griefs ou arguments. Les deux termes sont synonymes chez lui.

1° La morale est anti-naturelle et anti-vitale. La nature, la vie, c'est l'inégalité prêchée par l'exemple et par l'action ; c'est le règne des libres instincts, de la volonté de puissance toujours tendue vers plus de puissance encore ; c'est ce qui veut perpétuellement se dépasser soi-même, rejetant et semant sur sa route, avec les déchets et détritus, tout ce qui est faible, malade, insuffisant et manqué. — La morale représente l'effort contraire, par l'égalisation à outrance et le nivellement systématiques, par la compression et le refoulement de tous les instincts, enfin par la pitié et l'énervante « religion de la souffrance », elle est un défi perpétuel à la nature, une insurrection contre la vie.

2° Elle est inesthétique au premier chef, tendant à faire de l'humanité, avec ses vertus bourgeoises, une masse uniforme, sans relief, quelque chose de terne, de gris, de falot et de laid.

3° Elle est éminemment « soporifique » et assommante.

4° Elle radote en me prêchant le désintéressement et le sacrifice. Désintéressement au profit de qui ? sacrifice au nom de quoi ? D'un autre égoïsme ? immoral, par conséquent, — je n'en vois pas la nécessité ; — de l'utilité générale ? ce n'est qu'un égoïsme collectif, et d'ailleurs voudriez-vous me définir l'utilité générale ?... Vous voilà dans le pétrin.

5° Elle repose sur une erreur fondamentale : l'identité foncière des âmes, des mobiles et des actions. Or il n'y a pas deux âmes identiques, peut-être même pas comparables ; il n'y a pas deux mobiles, deux actions semblables, qu'on puisse mesurer à une même échelle de valeurs.

6° Elle paralyse ou tend à paralyser toute une moitié de l'homme, car l'homme complet et vigoureux est autant amour que haine, générosité qu'égoïsme, affirmation que négation, bonté que méchanceté. La morale veut immobiliser le côté *mal* au profit du côté *bien*. Elle est une « hémiplégie ».

7° Elle condamne et elle diabolise tout ce qui est vitalité intense : pétulance, volupté, fierté, audace, confiance en soi. Par contre, elle dore et idéalise tout ce qui est faiblesse, renonciation, lâcheté intime, manque de courage et de personnalité.

8° Elle falsifie même la souffrance et le malheur en y mêlant l'idée de culpabilité, de punition. Elle enlève son innocence au *devenir*.

9° Enfin et surtout elle est une conspiration contre les forts, les maîtres-hommes, les conquérants et dominateurs-nés, contre tous les êtres d'exception, de génie, de puissance et de beauté, qu'elle voudrait réduire à la taille des petits, faire manger au râtelier commun, pousser dans les rangs du troupeau, de ce « bétail moral » dont tout l'idéal se hausse au « bonheur gras d'une conscience tranquille ». Et c'est là le plus fort de nos griefs ; c'est sur ce terrain qu'il faut la combattre sans merci, cette morale grégaire dont la prétention est d'envahir tous les terrains, de s'emparer de toutes les hauteurs, de pénétrer dans les enclos les mieux gardés, même dans le bois sacré du génie et de l'art !...

Tels sont, résumés et groupés, nullement affaiblis, croyons-nous, les principaux arguments et chefs d'accusation que Nietzsche dirige contre la Morale. Ils nous paraissent de valeur très diverse et de portée fort inégale. Beaucoup se réduisent à de simples boutades, médiocrement spirituelles ; quelques-uns, les moins originaux d'ailleurs, sont très spécieux. Tous sont réfutables et ont été réfutés (1). Le contraire serait surprenant. On peut toujours démolir avec des mots ce qui fut construit avec des

---

(1) Consulter : E. FAGUET : *En lisant Nietzsche*, et FOUILLÉE : *Nietzsche et l'immoralisme.*

mots. Or nous sommes ici en plein royaume des mots, c'est-à-dire des signes, des schémas, des symboles, exprimant non pas même des réalités, mais des entités et abstractions (le bien, le mal, etc.), ou des généralisations tellement vastes qu'on s'y perd à la suite du penseur (la nature, la vie, l'humanité, les forts, les faibles, etc.). Certes, on est en droit de se servir de pareils éléments — la philosophie ne fait guère autre chose, — mais c'est à condition de bien préciser le sens de ces signes, schémas et symboles, de définir ces abstractions et d'éclairer de loin en loin le champ nébuleux de ces généralisations, à l'aide de quelques exemples soigneusement choisis. C'est ce que Nietzsche se dispense de faire. — La nature, quelle nature ? *naturans* ou *naturata* ? La vie, la vie en force, la vie ascendante ? Dans quel sens cette force et cette ascension ? Le plaisir ? quantité ou qualité? La volonté de puissance? puissance sur qui, sur quoi ? sur tout ? c'est beaucoup, et nous voilà condamnés au mouvement perpétuel. — Vous combattez la morale, quelle morale ? toute espèce de morale ? C'est tantôt oui, tantôt non. Selon la rencontre et l'humeur du moment, Nietzsche s'avère franchement immoraliste, ou multimoraliste, (« chacun sa loi propre »...), ce qui au fond revient au même, ou, enfin, comme l'honnête M. Nisard, bimoraliste. C'est à cette dernière solution qu'il paraît s'être arrêté.

Mais, on l'a dit et redit, l'humanité ne se laisse pas diviser en deux catégories. Pourquoi pas en trois, en cinq, en dix ou plus? Maîtres et esclaves, forts et faibles, bien portants et malades, que de nuances, que de demi-teintes entre ces deux couleurs tranchées, entre ce *tout blanc* et ce *tout noir !* Et, dans le doute, qui décidera de la catégorie et, par conséquent, de la morale? L'intéressé lui-même? S'il est sincère, gageons qu'il passera son temps à se promener de l'une à l'autre. « On est souvent plus différent de soi-même que d'autrui, » dit La Rochefoucauld — et quel autre que l'intéressé pourrait en décider? Tout cela est bien vague, bien fuyant. Ce sont moins des idées que des ombres d'idées. Nous sommes dans la caverne de Platon.

Aussi bien, pourquoi réfuter? Le parti-pris est manifeste. Tout système, dites-vous, se ramène à un parti-pris, et toute réfutation, toute critique philosophique ou morale à un conflit de systèmes, à une joute de partis pris. Rien de plus juste; mais ce conflit, cette joute se passent généralement sur le terrain commun aux deux adversaires, ou de « l'expérience possible » comme dit Kant, ou au moins des principes et axiomes fondamentaux de la raison. Ici rien de semblable : on ne parle même pas la même langue. Vous invoquez la raison pratique, on vous répond par l'instinct; vous proclamez l'autorité d'une loi intérieure, d'un *dictamen*, d'un impératif, on vous oppose la volonté de puissance et la suprématie de l'inconscient. Comment parvenir à s'entendre ? Vous obstineriez-vous à vouloir convaincre de son erreur un homme atteint de daltonisme qui affirmerait, en plein mois de juin, que les cerises sont vertes ? Non. — On ne réfute pas une optique, on ne guérit point, par raison démonstrative, une maladie des yeux. — Qui a dit cela ? Nietzsche. — Cet homme est un trésor d'arguments contre lui-même.

CHAPITRE IX

TROISIÈME ENNEMI : LA VÉRITÉ

CHAPITRE IX

TROISIÈME ENNEMI : LA VÉRITÉ

Après la Religion, ses prêtres ascétiques et son bétail adorant ; après la Morale, ses prédicateurs et son troupeau vertueux et candide, c'est maintenant au tour de la Vérité et de ses fidèles, philosophes et savants, à passer sur la sellette un assez vilain quart d'heure.

Qu'est-ce que la Vérité ? *Quid Veritas ?* demandait Pilate à celui qui se proclamait lui-même *la vérité, le chemin et la vie*. Mais Jésus dédaigna de répondre. Qu'est-ce que la Vérité ? demanderons-nous à Nietzsche. Et Nietzsche nous répondra délibérément : la Vérité, c'est, dans l'ordre théorique et spéculatif, l'équivalent de la morale dans l'ordre de la pratique et de l'action. La Vérité, c'est une portion de l'héritage que Dieu a laissé en mourant, un déguisement de cet Idéal protéiforme, de cet Idéal hostile à la vie que je me suis donné la tâche de poursuivre et de harceler jusque dans ses derniers retranchements. La Vérité, la volonté de

Vérité, le culte de la Vérité, c'est le refuge intellectuel de l'*homo religiosus* veuf de son Dieu, en deuil de sa religion et de sa foi, tout comme la vertu, le devoir, la conscience représentent son refuge pratique. La Vérité est un succédané de la Religion défunte, une ombre de Dieu, du *ci-devant nommé* Dieu.

Et nous sommes encore ici les premiers à poser la question : pourquoi la Vérité ? Pourquoi pas le mensonge ? ou l'incertitude ? ou l'ignorance ? ou l'illusion volontaire ? Et si l'illusion et le mensonge étaient nécessaires à la vie, persisteriez-vous à vouloir la vérité quand même, la vérité « à tout prix » ? Et si, comme l'insinuait ce calotin de Renan, ce « raccrocheur de l'idéal ascétique », si pourtant *la vérité était triste*, si la somme des joies de ce monde, déjà si pauvre à cet égard, devait en être diminuée, si les forces vitales de l'humanité allaient s'en trouver amoindries, voudriez-vous encore et toujours la Vérité ?

Oui, répondent en chœur philosophes et savants. Ce *oui* les juge et les condamne.

Pour les premiers, la démonstration est facile. On sait ce que vaut *leur* vérité, mais on ne sait peut-être pas assez ce qu'elle *signifie*. En vain s'efforcent-ils, par tous les moyens, de lui donner une tenue objective, impersonnelle et scientifique ; « il suffit de fouiller subrepticement dans le paquet qu'ils dissimulent derrière leur dos avec tant de pudeur. Si l'on réussit à le défaire quelque peu, on tirera au jour, à leur grande honte, le résultat de ce scientifisme ; un tout petit bon Dieu, une aimable immortalité, peut-être un rien de spiritisme, et certainement un mélange confus des misères d'un pauvre pécheur et de l'orgueil d'un pharisien. » Le philosophe est un prêtre masqué, un prêtre honteux. Moins, peut-être, la volonté de domination sur le troupeau, les traits essentiels du prêtre ascétique se retrouvent chez lui, comme on s'en peut convaincre par le résumé suivant :

1° — Il y a toujours chez les philosophes un parti-pris, une thèse anticipée, un désir intime, « une cause secrète qu'ils défendent, qu'ils veulent *gagnée* malgré tout. » Le plus souvent ils sont même les rusés défenseurs de leurs préjugés, qu'ils baptisent du nom de « vérités ». — Leur arme pour cela c'est la dialectique, soit l'artifice le plus captieux, le moins franc, le plus déloyal, le moins *distingué* que le génie philosophique ait imaginé depuis Socrate. « Ce qui a besoin d'être démontré pour qu'on le croie ne vaut pas cher. Partout où l'autorité a pour elle le bon ton, partout où l'on ne « raisonne » pas, mais où l'on commande, le dialecticien est une sorte de polichinelle : on se rit de lui, on ne le prend pas au sérieux ».

2° — Ce parti-pris, cette thèse anticipée que la dialectique recouvre de son manteau de carnaval, c'est le plus souvent — on le devine — un parti-pris moral, une thèse relative à la morale. La morale ! voilà le fond de toute philosophie, le ressort caché qui fait mouvoir tout le système, toute la mécanique ratiocinante ; la morale, qu'il faut défendre et sauvegarder « à tout prix », quitte à la faire passer pour « la vérité ». Si l'on n'y réussit point, ne pas hésiter à la placer au-dessus de cette vérité, à dix mille pieds au-dessus, hors de toute atteinte.

3° — Mépris des sens et du monde sensible. C'est là le royaume de l'illusion, de l'apparence, du changement, du devenir sans fin, de la nécessité — c'est-à-dire de l'erreur. Pourquoi de l'erreur ? Simplement parce que le philosophe *a besoin* du contraire, à savoir : de l'être, de l'unité, du moi, de la réalité, de l'identité, du libre arbitre. Tel est ce fameux besoin métaphysique, surpousse du besoin religieux, qui se satisfait en créant un autre monde, un surmonde, un monde-vérité par opposition à ce bas monde d'erreurs, lieu idéal et commode où l'on casera toutes les perfections, tous les rêves, tout ce qui nous est refusé en ce monde-ci : son petit bon Dieu, sa chère immortalité, sa liberté, etc.

4° — Surestimation de tout ce qui nous rapproche de ce monde idéal : la raison, la réflexion, la pensée pure, le *conscient ;* — dépréciation de tout ce qui nous en éloigne : le corps, les sens, les instincts, les passions, *l'inconscient*.

Bornons-nous à ces traits essentiels et sachons diagnostiquer ce qui se cache là-dessous : calomnie et mépris de la vie, de la nature et de l'homme même ; vaste entreprise de faux-monnayage psychologique, métaphysique et moral ; restauration plus ou moins directe de toutes les valeurs de l'idéal ascétique. Voilà ce que le philosophe appelle sa vérité. — Qu'on nous rende vite le mensonge !

Et les savants ? et la vérité scientifique ?

J'ai cherché en eux les adversaires de l'idéal ascétique, « les anti-idéalistes de cet idéal ». Vainement. Ce n'est pas qu'ils ne croient fermement à leur propre incrédulité. « C'est là précisément ce qui semble constituer leur dernier reste de foi, tant sur ce point leurs discours, leurs gestes sont passionnés ; — mais est-ce une raison pour que ce qu'ils croient soit *vrai* ?... » Nous inclinerions plutôt vers l'opinion contraire, *la force* d'une croyance étant pour nous un signe de faiblesse. « Ces négateurs, ces intransigeants épris de netteté intellectuelle, ces esprits durs, sévères, abstinents, héroïques, qui sont l'honneur de notre temps, tous ces pâles athées, antichrétiens, immoralistes, nihilistes, sceptiques, incrédules et autres *rachitiques* de l'esprit (ils le sont tous en quelque façon), ces derniers idéalistes de la connaissance... ils se croient bien détachés de l'idéal ascétique, ces libres, *très* libres esprits, et cependant, je vais leur révéler une chose qu'ils ne peuvent voir d'eux-mêmes (manquant de l'éloignement nécessaire), c'est que cet idéal est précisément aussi *leur* idéal, qu'ils en sont aujourd'hui, plus que personne peut-être, les vrais représentants, ils en sont la forme la plus spiritualisée... Non, ceux-ci sont loin d'être des esprits libres, *car ils croient encore à la vérité*... rien ne leur est plus étranger que la *liberté*, que l'affranchissement de toute entrave. Les liens les plus étroits sont justement ceux qui les attachent à la foi en la vérité. » Toutes leurs vertus de savants, le désintéressement, l'esprit objectif, la probité devant le texte ou le fait, l'impartialité, l'effacement personnel, l'abdication de toute fantaisie, le sérieux profond — « tout cela, pris en bloc, est aussi bien l'expression de l'ascétisme par vertu que n'importe quelle négation de la sensualité... Mais la force qui *pousse* à cet ascétisme, cette absolue volonté de vérité, c'est, qu'on ne s'y trompe pas, *la foi en l'idéal ascétique lui-même*, sous la forme de son impératif inconscient; — c'est la foi en une valeur métaphysique, en une valeur par excellence de la vérité, valeur que seul l'idéal ascétique garantit et consacre. « Ce sont deux alliés, deux inséparables ; et qui combat l'un doit combattre l'autre. « Même au point de vue physiologique la science repose sur les mêmes bases que l'idéal ascétique : l'un et l'autre supposent un certain *appauvrissement de l'énergie vitale ;* — c'est dans les deux cas le même tiédissement des passions, le même ralentissement de l'allure ; la dialectique prend la place de l'instinct ». Et puis, la science est grave, sérieuse, compassée. Cela seul équivaut à une réfutation. « La gravité pose son empreinte sur le visage et les gestes, signe infaillible d'une évolution plus laborieuse de la matière, de difficultés et de luttes dans l'accomplissement des fonctions vitales. « On saisit, n'est-ce pas, à demi-mot, dans quel sens intime et délicat la science n'est pas « libre ». — « Voyez, dans l'évolution d'un peuple, les époques où le savant passe au premier plan : ce sont des époques de fatigue, de crépuscule, de déclin, — c'en est fait de l'énergie débordante, de la certitude de vie, de la certitude *d'avenir*. La suprématie du mandarin ne signifie rien de bon. »

« Non ! cette science moderne — essayez donc d'y voir clair ! — est le meilleur auxiliaire de l'idéal ascétique... Ils ont jusqu'ici joué le même jeu les « pauvres d'esprit » et les savants adversaires de l'idéal chrétien, et qu'on se garde bien, par parenthèse, de prendre ces derniers pour... des riches de l'esprit ; — ils ne le sont nullement, je les ai nommés les rachitiques de l'esprit. » Et remarquez que ce savant, cet homme de foi, ce véridique, ce consciencieux de l'esprit, vivant et évoluant dans un monde « supérieur », un monde-vérité pour lui aussi, doit logiquement mépriser et même nier l'antithèse de son monde idéal, le monde de la nature, de la vie et de l'histoire. C'est une raison de plus pour nous mettre en garde contre lui, car par là il peut devenir dangereux.

Des esprits libres, affranchis de tout idéal, et qui gardent leur indépendance hautaine, même un peu méprisante, en présence de l'idole Vérité — il n'y en a plus aujourd'hui. Il y en eut jadis. Lorsque les croisés se heurtèrent en Orient à cet ordre invincible des *Assassins*, ordre d'esprits libres par excellence... ils obtinrent, on ne sait par quelle voie, quelques indications sur le fameux symbole, sur ce principe essentiel dont la connaissance était réservée aux dignitaires supérieurs, seuls en possession de ce suprême secret : « *Rien n'est vrai, tout est permis* »... C'était là de la véritable *liberté* d'esprit, une parole qui mettait en question la foi même en la vérité ». Comme nous sommes loin de cette fierté, de cette superbe attitude ! Tellement loin, qu'il n'est peut-être personne en Europe aujourd'hui, capable de pénétrer le sens profond de cette incomparable et sublime formule.

Encore une fois, on soupçonne ce qui se cache sous les grands airs du philosophe et du savant, de quoi est synonyme leur culte désintéressé et objectif de la sacro-sainte Vérité, où gîte la petite bête souterraine qu'il importe que nous dénichions et traînions à la lumière : hostilité à la vie, incompréhension de la vie, *escamotage* de la vie (le mot de Flaubert, à peine modifié, leur est pleinement applicable : la poursuite de la vérité, c'est encore le meilleur moyen d'escamoter la vie !), enfin et surtout, dépréciation et calomnie de toutes les valeurs vitales. « L'histoire de la philosophie est une rage *secrète* contre les conditions de la vie, contre les sentiments de valeur de la vie, contre la décision en faveur de la vie. Les philosophes n'ont jamais hésité à affirmer un monde, pourvu qu'il fût en contradiction avec *ce* monde-ci, qu'il fournît matière à vilipender notre monde. La philosophie fut jusqu'à présent la grande *école de la calomnie*, et elle en a tellement imposé, qu'aujourd'hui encore notre science, qui se donne pour l'interprète de la vie, a *accepté* la position fondamentale de la calomnie, et qu'elle traite ce monde comme s'il était purement phénoménal. » Est-il besoin de préciser davantage ? Ne devine-t-on pas, à ces traits, l'éternelle Circé des philosophes, la Morale, qui, sous le manteau de la Vérité, sait se glisser jusque dans les laboratoires les mieux défendus !

Eh bien ! nous saurons lui barrer la route, la combattre, la vaincre une fois encore sous cette forme captieuse et universellement révérée. Nous supprimerons le monde-vérité, cette fable, cette bouffonnerie digne tout au plus d'un éclat de rire olympien. Nous montrerons « que la morale, elle aussi, est immorale, dans le sens où l'immoralité a été condamnée jusqu'ici. Lorsque nous aurons ainsi brisé la tyrannie des valeurs qui ont eu cours jusqu'à nous, lorsque nous aurons anéanti le monde-vérité, un *nouveau système de valeurs* suivra naturellement ».

Dernier grief, d'ordre esthétique : la volonté de vérité tend sottement à tout découvrir, tout dévoiler, tout étaler en pleine lumière ; cela est indiscret et choquant. Sachons respecter les incognitos, n'offensons pas la « pudeur que met la nature à se cacher derrière le mystère », n'ouvrons pas à deux battants les portes de tous les temples. « La volonté de vérité, de vérité *à tout prix* est une chose de mauvais goût. C'est aujourd'hui pour nous une question de convenances de ne pas vouloir tout voir en pleine nudité. « Est-il vrai que le bon Dieu est présent partout? demandait une petite fille à sa mère, moi je trouve ça inconvenant ».

En résumé, nous avons reconnu dans la Vérité une surpousse de l'idéal religieux, une ombre du feu Père céleste. — « C'est la croyance chrétienne — qui fut aussi celle de Platon — que Dieu est la vérité et que la Vérité est divine... Mais quoi ! si précisément cela devenait de moins en moins digne de foi, si rien n'apparaissait plus comme divin, sinon l'erreur, l'aveuglement, le mensonge, — si Dieu lui-même se trouvait être notre mensonge, *le mensonge qui a le plus duré ?* — il convient ici de faire une pause et de méditer longuement. »

Tels sont, dans toute leur force, les traits que Nietzsche dirige contre son troisième ennemi, la Vérité. Nous ne les croyons pas mortels. Il est même permis de les juger inoffensifs ; nous serions presque tenté d'ajouter *innocents,* si nous ne soupçonnions cette fois l'auteur de Humain, *trop humain,* d'un léger faux-monnayage pour les besoins de la cause, d'une interprétation tendancieuse *ad majorem nietzschéismi gloriam.* Car enfin cet artifice du « monde vérité » dont il fait grief au philosophe en général — ce qui constitue déjà une lourde exagération — chez quel philosophe en particulier l'a-t-il trouvé exposé comme il l'imagine si complaisamment ? Chez Kant, n'est-ce pas, Kant, sa tête de Turc de prédilection. Or Kant dit expressément que le *noumène* est pour nous un concept négatif, strictement limitatif des prétentions de l'esprit à dépasser la sphère de l'intuition sensible. « Pour qu'un noumène signifiât un objet véritable, distinct des phénomènes, il faudrait que je fusse fondé à admettre une autre espèce d'intuition... l'intuition intellectuelle, qui n'est point la nôtre et dont *nous ne pouvons même pas apercevoir la possibilité.* » Il serait, croyons-nous, difficile de concevoir un monde quelconque, de vérité ou d'erreur, hors des catégories de temps, d'espace, de causalité, conditions *sine qua non* de toute démarche et opération de l'esprit. Or Kant nous avertit non moins expressément que ces catégories, si elles ne naissent pas de l'expérience, sont absolument « *inapplicables, indéfinissables, impensables* hors de l'expérience. » Quels éléments reste-t-il donc pour l'édification d'un monde-vérité tel que celui dont Nietzsche attribue gratuitement la création aux philosophes ? — Et Platon ? et son *monde intelligible ?* pourrait-on objecter. N'oublions donc pas que Platon est avant tout un poète, un mystique, presque un mystagogue, et qu'en le lisant il faut toujours sous-entendre ce qu'il dit à propos de l'immortalité de l'âme : « une espérance, un beau rêve dont il faut tâcher de s'enchanter soi-même. » Au fond, chez Platon, aucune prétention systématique : la beauté du rêve prime tout.

Non, ce que Nietzsche appelle le « *monde vrai* » (*die wahre Welt*), par opposition au monde des sens et de l'apparence, ne fut jamais conçu que comme une possibilité purement spéculative, inaccessible, invérifiable par définition. C'est l'Océan de Littré, « qui vient battre notre rixe, et pour lequel nous n'avons ni barque ni voile ». Cette possibilité, Nietzsche ne l'a pas toujours jugée « digne tout au plus d'un éclat de rire homérique ». « Il est vrai, écrit-il en 1876, qu'il pourrait exister un monde métaphysique ; la possibilité absolue en est à peine contestable. Nous regardons toutes choses avec la tête d'un homme et ne pouvons couper cette tête ; pourtant la question reste de savoir ce qui demeurerait encore du monde, une fois cette tête coupée... D'ailleurs, de ce monde métaphysique on ne pourrait rien affirmer, sinon qu'il est différent de nous, différence qui nous est inaccessible, incompréhensible ; ce serait une chose à attributs négatifs ». (*Humain trop humain*, aph. 9.) — Mais Kant, « l'araignée de Kœnigsberg », mais, après lui, les criticistes, néocriticistes, positivistes, hyperpositivistes, scientistes, évolutionnistes, etc., n'ont jamais soutenu autre chose. — Le « monde vrai » de Nietzsche ressemble beaucoup à ces châteaux de cartes que les enfants s'amusent à édifier, pour se donner le plaisir de les détruire en soufflant dessus.

Quant à ses fantaisies contre la vérité, elles rappellent les innocents exercices de pugilat auxquels se livrent les tout petits sur le sein de leur nourrice. Il est en effet assez plaisant de voir un philosophe échafauder des propositions, enchaîner des arguments dans un ordre logique, se servir en un mot de l'appareil de la vérité, pour démolir cette vérité même. Certes, on peut toujours scier la branche sur laquelle on est assis, mais quand on pratique cette opération du côté de l'arbre, la chute est inévitable. Elle est d'ailleurs sans danger ; on ne se fait jamais grand mal en tombant du haut d'un raisonnement. Et c'est pourquoi nous pouvons peut-être en rire un peu.

Négligeons les critiques de détail (idée fixe de la morale, de l'idéal ascétique qu'il découvre jusqu'au fond des cornues, sous les balances de précision, partout et toujours ; — qualités des maîtres « esprits durs, sévères, abstinents, héroïques, » concourant à faire des « rachitiques de l'esprit », etc., etc.) et constatons que Nietzsche prétend pouvoir se passer de la vérité. Mais qu'instaure-t-il à la place ? car enfin il faut à toute doctrine un appui, un but, une « valeur » quelconques. Nietzsche va nous le dire : « Nous autres immoralistes, nous représentons aujourd'hui la seule puissance qui n'ait pas besoin d'alliés pour enlever la victoire ; en quoi nous sommes de beaucoup les plus forts parmi les forts. Nous n'avons pas même besoin du mensonge — et quelle puissance, hormis nous, pourrait donc s'en passer ? — Une grande séduction combat pour nous, la plus grande peut-être qui soit, — la séduction de la vérité ?... la vérité ? Qui donc ose me mettre ce mot à la bouche ? Mais je le rejette bien vite, je dédaigne ce mot altier : non, nous n'en avons pas besoin non plus ; même malgré la vérité nous arriverions à la puissance et à la victoire. L'enchantement qui combat pour nous, l'œil de Vénus, qui fascine et éblouit jusqu'à nos ennemis même, c'est la *magie de l'extrême*, l'attrait séducteur de toutes les choses extrêmes. Nous autres immoralistes, nous sommes *les plus avancés !*... Traduisons en clair : « Nous nous moquons de cette « petite vieille » qu'on appelle la Vérité ; tout ce que nous voulons, c'est *épater le bourgeois.* »

On s'en doutait un peu. Maintenant on en est sûr.

CHAPITRE X

LA VOLONTÉ DE PUISSANCE — LA CITÉ NIETZSCHÉENNE — L'ÉTERNEL RETOUR

CHAPITRE X

LA VOLONTÉ DE PUISSANCE — LA CITÉ NIETZSCHÉENNE — L'ÉTERNEL RETOUR

Voici donc accablés et gisants les trois grands adversaires de Nietzsche : Dieu, la Morale, la Vérité. Leur défaite est sans espoir ; leur chute définitive et mortelle. — Mais pourquoi l'heureux vainqueur, au lieu d'entonner un chant de triomphe, demeure-t-il interdit et soucieux devant ces trois cadavres grandioses ? C'est qu'un doute terrible, une tentation jusqu'alors inéprouvée viennent de l'assaillir : — Qu'ai-je fait ! soupire-t-il, et que va devenir le monde ? Je viens de « ravir sa force à l'humanité ». Hélas ! je suis « le maître de la grande fatigue », le champion de l'infinie désespérance, *je viens de tuer l'Idéal !* — Peut-être n'était-il pas bien vivant, murmure à son oreille une voix ironique. — Nietzsche est rasséréné. Il n'a fait que porter le coup de grâce à trois pauvres moribonds.

Une histoire de la vie intérieure de l'humanité équivaudrait en effet à celle de ses désillusions successives, de la lente et fatale dépréciation de toutes les valeurs supérieures, en un mot de la marche au « nihilisme ».

L'humanité a cru longtemps en une autorité supraterrestre et suprahumaine, sens et raison d'être de l'Univers et de la vie, en un législateur souverain imposant des fins et des tâches, allégeant ainsi à l'homme le fardeau de l'existence, recours dans le malheur, l'injustice et la souffrance, espoir suprême *post mortem*. — L'humanité n'y croit plus. Dieu est mort.

L'humanité a cru ensuite à une autorité intérieure, non plus *personnelle*, mais abstraite, et, certes, tout aussi impérieuse et exigeante que la première, peut-être même un peu plus, car il est remarquable que la morale est d'autant plus sévère qu'elle est mieux émancipée de la théologie et maîtresse absolue du terrain spirituel. — L'humanité ne croit plus à la conscience et à son impératif.

L'humanité a cru à l'autorité de la raison, à la Vérité, à la Science. Elle a cru à *l'instinct social*, à l'idéal du troupeau, ou encore à l'Histoire, « avec son esprit immanent », enfin au *bonheur*, et, non sans un grain de tartufferie, au *bonheur du plus grand nombre*. — L'humanité ne croit plus à tout cela.

Quand on lui parle de ces choses, l'humanité a maintenant un sourire navré, ou bien elle hausse les épaules en murmurant : *à quoi bon ?* — *en vain !* Découragement, pessimisme, *nihilisme.*

— Mais vous allez trop vite et nous n'en sommes pas là, Dieu merci !

— Ce que je raconte, répond Nietzsche, c'est l'histoire des deux prochains siècles ; j'écris ce qui va arriver, ce qui ne peut plus ne pas arriver. Cet avenir, je puis en parler, car je l'ai moi-même déjà vécu et franchi ; il est maintenant derrière moi, au-dessous de moi. Je suis l'oiseau prophétique qui regarde en *arrière* quand il prédit ce qui va venir.

L'humanité, du moins l'humanité supérieure, a cru longtemps à un but, à un sens de l'évolution, à la marche *vers* quelque chose, fût-ce vers le néant. Cette illusion lui a été ravie : elle a vu surgir à ses yeux épouvantés un *Devenir* aveugle, chaotique, sans loi et sans fin. — Elle a cru ensuite pouvoir systématiser l'ensemble des choses, les ramener à l'unité, en faire un tout organique, centralisé et rationnel. Erreur encore et désenchantement. — Enfin, suprême ressource : derrière ce monde sans unité, sans forme, sans but, monde d'apparences, monde du Devenir indifférent et aveugle, il doit y avoir un monde « vrai », refuge de tout ce qui est banni de ce monde-ci, l'unité, la permanence, l'identité, etc. — Hélas ! l'homme ne tarde pas à reconnaître qu'ici encore et toujours, il est le démiurge du rêve et de la fantaisie ; qu'ici encore et toujours, il a pris ses aspirations pour la réalité.

Remarque importante : dans cette course à l'abîme du nihilisme, ce sont les valeurs elles-mêmes de l'humanité qui poussent à leur propre suppression. Ce sont les forces mêmes dégagées par les croyances religieuses et morales, qui finalement se retournent contre elles et les anéantissent : la pénétration, l'introspection, affinées, aiguisées par la pratique de l'examen de conscience, jointes à l'esprit de sincérité et de probité intellectuelle, nous obligent à reconnaître notre propre marque dans les fictions de Dieu, de l'âme, de la conscience et de l'au-delà.

Une conclusion s'impose, ou plutôt un dilemme redoutable, une alternative grosse de conséquences et de dangers : l'homme doit condamner « ou sa table de valeurs ou lui-même », renoncer à son idéal traditionnel, accepter une « transvaluation de toutes les valeurs », ou rester accroché, cramponné quelque temps encore à son mensonge, et alors maudire la réalité hostile, pour sombrer finalement dans le nihilisme et le désespoir.

Ici, la pensée de Nietzsche paraît avoir subi un nouveau fléchissement, autant du moins qu'il est permis d'en juger d'après la restitution forcément incohérente, fragmentaire, inégale et à bâtons rompus qu'on nous en a donnée dans

La Volonté de puissance. Il faut toujours en effet, dans l'exposé logique d'une pensée comme celle d'un Nietzsche ou d'un Pascal, faire la part de l'interprétation. Leur philosophie en morceaux est comparable à un jeu de patience incomplet dont les pièces ne s'ajusteraient que très imparfaitement les unes aux autres. On peut les y aider par l'imagination. Il y a certainement là un grand charme, dont Nietzsche a eu quelque soupçon, et qui a sans doute contribué à le détourner de toute exposition, sinon dogmatique, du moins suivie et *composée* de ses vues principales. Mais il y a aussi le danger inséparable de toute restauration de ce genre : on néglige les contradictions gênantes ou inconciliables, on adoucit les heurts, on arrondit certains angles, on comble des lacunes, on « sollicite doucement les textes ». Ce danger, nous ne croyons pas qu'un seul des nombreux exposés de la philosophie nietzschéenne y ait échappé. Et c'est pourquoi il convient, avec Nietzsche, de multiplier les citations, et surtout de louvoyer prudemment à égale distance de deux écueils contraires : l'enthousiasme irréfléchi et l'hostilité systématique.

Il semble donc que Nietzsche, arrivé à ce tournant de sa doctrine et, pour ainsi dire, sur le seuil même de sa Cité future, ait éprouvé de rechef un peu d'embarras. Il sent poindre l'objection capitale que nous allons voir bientôt se dresser contre lui et, par dessus lui, contre tout créateur ou législateur d'un « nouvel ordre de choses », de nouvelles tables de valeurs érigées sur les ruines des anciennes. Cette objection il cherche visiblement à l'atténuer par avance. — Oui, l'ancien idéal avait du bon. La morale chrétienne offrait de nombreux avantages : « 1° — Elle prêtait à l'homme une *valeur* absolue en opposition avec sa petitesse et son accidence (*Zufälligkeit*) dans le fleuve du Devenir et de la disparition. 2° — Elle servait les avocats de Dieu, en ce sens qu'elle laissait au monde, malgré la misère et le mal, le caractère de la perfection...; 3° — Elle admettait que l'homme possède un savoir particulier au sujet des valeurs absolues, et lui donnait ainsi, pour ce qui importait le plus, une connaissance adéquate ; 4° — Elle évitait à l'homme de se mépriser en tant qu'homme, de prendre parti contre la vie, de désespérer de la connaissance : elle était un *moyen de conservation.* » Tout cela n'est plus. Que va-t-il se passer ? Les Maîtres eux, se tireront toujours d'affaire ; ils sauront bien donner un sens à la vie, et d'ailleurs leur part sera belle dans la Cité nietzschéenne. Mais la masse, le troupeau, le grand tas ? « La morale sauvait du nihilisme les deshérités... en les rangeant dans un ordre qui ne correspondait pas à la puissance terrestre, à la hiérarchie du monde ; elle enseignait la soumission, l'humilité, etc. En admettant que la croyance en cette morale soit détruite, il s'en suivrait que les déshérités seraient privés des consolations de cette morale — et qu'ils *périraient* ». Mais alors une question se pose, angoissante. Qui labourera la terre ? qui cuira le pain des Maîtres ? qui bâtira leurs palais ? qui accomplira les mille infimes besognes de la vie sociale, si ceux que vous appelez les déshérités (*Schlechtweggekommenen*) n'en veulent plus et préfèrent s'en aller ? — Mon Dieu, répond Nietzsche, ils ne s'en iront peut-être pas tous, les plus faibles seulement, ceux surtout qui ne pourront supporter la pensée du Retour éternel de leur misérable condition. D'ailleurs il ne faut rien exagérer : « Dans notre Europe, la vie n'est plus incertaine, hasardeuse, insensée à ce point... n'allons pas croire que la détresse soit devenue plus grande, bien au contraire. Dieu, la morale, la résignation étaient des remèdes à des degrés de misère extrêmement bas... Le fait même de considérer la morale comme surmontée implique un certain niveau de culture intellectuelle, celle-ci de son côté un bien-être relatif. » D'ailleurs, une fois passée cette crise de nihilisme pessimiste, crise salutaire et épuratrice s'il en fut jamais, puisque les pires éléments de décadence s'y détruiront eux-mêmes par *auto-suppression ;* une fois organisée, sur les bases que nous allons voir, la société nouvelle, la nouvelle hiérarchie,

— eh bien, on avisera à conserver ou à rendre au troupeau son petit bon Dieu, sa petite conscience, son petit idéal : il n'y a pas d'inconvénient à cela.

Les forts, les natures énergiques, les futurs Maîtres, traverseront aussi cette crise nihiliste, mais ils en sortiront sains et saufs. Ils sont assez riches de leur propre fond pour embellir, aimer, diviniser la vie réelle, la vie intégrale. Ils n'ont que faire des fictions. Eux aussi connaîtront le pessimisme, mais leur pessimisme ne sera pas celui des décadents. Ce pessimisme, cet « *à quoi bon*, après une lutte terrible, même après la victoire » leur révèlera un but nouveau, « un but pour lequel on n'hésite pas à faire des *sacrifices humains*, à courir tous les dangers, à assumer sur soi ce qu'il y a de pire, c'est la grande passion ». Le fort enfin accepte avec joie, avec une ivresse dionysienne, la perspective de l'éternel Retour. Il dit *oui* à la vie totale, et non seulement *oui*, mais *bis !*

C'est donc la qualité par excellence, la « faculté maîtresse », la vertu (*virtù*, sans *moraline*) de ces Maîtres, de ces aristocrates-nés, la *Volonté de puissance*, que le philosophe de l'avenir, ce « créateur césarien de la culture » inscrira en tête de la nouvelle table des valeurs. Tout en ce monde est volonté de puissance ; on en découvrirait jusque dans la morale, jusque dans la faiblesse, jusque dans la pitié et les larmes.

Mais il y a des degrés ; surtout il y a la manière, et c'est la manière *noble* qui, seule, prévaudra.

La connaissance humaine est-elle-même l'œuvre de la Volonté de puissance. C'est la vie, ce sont les besoins et instincts profonds de la vie, surtout celui qui les résume tous, l'instinct de puissance, qui ont progressivement créé et perfectionné la connaissance, ses conditions et ses organes. Toutes les théories qui ont eu cours jusqu'ici sont entachées de *moraline* ; la conscience y montre le bout de l'oreille. De plus on y pose comme réalités des expressions telles que *la substance, le sujet, la cause*, etc. Rien de tout cela n'existe réellement. Mais l'espèce humaine, pour pouvoir vivre et prospérer, et soumettre la nature, a dû se livrer à un travail d'interprétation, de simplification et d'identification des phénomènes naturels. Au devenir incertain et mouvant elle a substitué l'être stable ; au conflit tumultueux des forces aveugles, la causalité et la mesure ; à l'inégalité, l'identité, etc. Les catégories de la raison, les jugements synthétiques dits *a priori* ne sont autre chose que le résultat, transmis par l'hérédité, de ce travail tant de fois millénaire d'unification du multiple, de schématisation du complexe, de stabilisation de l'instable, de rationalisation de l'incohérent. Leur soi-disant *a priori* n'est qu'un *a posteriori* inaperçu. L'esprit humain est donc le véritable Démiurge. Suivant son plus ou moins de vitalité, de richesse, de volonté, de puissance chez les divers individus, le monde sera ou un spectacle misérable ou une création de force et de beauté.

Volonté de puissance dans la Nature. — Il n'y a point de « causes » ni d'effets. Nous projetons *hors de nous* une fausse distinction que nous croyons établir *en nous* entre le sentiment de puissance et la puissance même, entre la volonté et l'acte. Pure illusion. — Il n'y a pas de « loi », mais bien un conflit aveugle, une mêlée chaotique, où « chaque puissance tire à chaque instant sa dernière conséquence ». La notion de *loi* est d'ailleurs suspecte de *moraline*. Il n'y a pas de « chose ». Encore une illusion par analogie avec le *sujet*, le *moi* qui n'existe pas davantage, du moins en tant qu'unité. Il n'y a que des quantités dynamiques, des systèmes de forces luttant entre eux pour la puissance. « Résistance et domination, c'est cela seul qui est en jeu dans tout ce qui arrive ». — Il n'y a pas d'unités réelles, pas d'atomes, pas de monades. « Là encore *l'être* a été introduit par nous, pour des raisons de perspective, pratiques et utiles », comme moyen d'explication. — Volonté de puissance, d'empiètement, d'accaparement, nous ne voyons pas autre chose dans la nature, de l' « atome » au système solaire. Attraction du fer par l'aimant : volonté de puissance. Combinaison de l'oxygène et de l'hydrogène, explosion d'un mélange détonnant, hydratation tumultueuse de la chaux vive : volonté de puissance et d'accaparement. Gravitation universelle : volonté de puissance de systèmes dynamiques les uns sur les autres.

Volonté de puissance dans la vie. — Nous en avons dit un mot précédemment. Ajoutons ceci : le plaisir et la douleur, dont on voudrait faire les deux grands ressorts de toute activité vitale, ne sont que des phénomènes secondaires et dérivés, des moyens accessoires, des adjuvants, jamais des moteurs réels ou des buts. Les passions, les besoins même n'ont de spécifique que l'apparence : ils se ramènent tous en dernière analyse à la volonté de puissance : « le protoplasma étend ses pseudopodes pour chercher quelque chose qui lui résiste, non parce qu'il a faim, mais pour déployer sa volonté de puissance. » La nutrition s'ensuit, mais ne constitue qu'un phénomène dérivé, non déterminant, encore moins essentiel. — La conscience, qu'on aime à se représenter comme la suprême valeur (conscience totale de l'univers, Dieu) n'est qu'un instrument au service de la vie générale, un moyen parmi tant d'autres. « Comparé aux forces énormes et multiples qui travaillent les unes contre les autres, telles que les représente l'ensemble de toute vie organique, le monde conscient, n'est qu'un petit fragment. Nous n'avons aucun droit de considérer cette parcelle de conscience comme le but, la raison du phénomène général de la vie. C'est une naïveté de considérer comme valeurs supérieures le plaisir, ou la spiritualité, ou la moralité, ou un point quelconque dans la sphère de la conscience, et de vouloir peut-être même justifier le monde en s'appuyant sur l'un de ces points. Mesurer le degré de valeur de la vie d'après les sentiments agréables et désagréables de la conscience, peut-on imaginer plus folle débauche de la vanité ! » Cette conscience n'est donc que la vassale, la servante de la vie organique, loin d'être la souveraine. « Ce qu'on appelait corps et chair a tellement plus d'importance ! le reste n'est qu'une petite adjonction... Les fonctions animales sont mille fois plus importantes que les beaux états d'âme et les sommets de la conscience. Ces derniers sont un excédent, en tant qu'ils ne doivent pas servir d'instruments à ces fonctions animales. » Quelle est donc la mesure de la valeur, pour l'homme comme pour le dernier des êtres vivants : la volonté de puissance encore et toujours, c'est-à-dire : la quantité de puissance *renforcée* et *organisée*.

Volonté de puissance dans l'évolution. — Qu'on se garde d'entendre cette expression au sens du progrès. L'homme, en tant qu'espèce, n'est pas en progrès sur les autres espèces.

L'humanité ne réalise pas davantage le progrès au sein d'elle-même. « Tout se fait en même temps, à tort et à travers, se superpose et se contrecarre. » Nul développement, nulle ascension de l'inférieur au supérieur. Les types les plus réussis, les « forts » sont des exceptions, des accidents heureux et éphémères. Ce qui domine, et de beaucoup, ce sont les cas moyens. La médiocrité a pour elle l'écrasante supériorité du nombre ; les petits ont pour eux d'inépuisables ressources de fécondité et d'astuce. « La lutte pour la vie réalise le contraire de ce qu'enseigne Darwin, c'est-à-dire qu'on aperçoit partout au premier rang ceux qui sont le rebut, ceux qui compromettent la vie, la valeur de la vie... Je trouve ailleurs la « cruauté de la nature » dont on fait tant de bruit : la nature est cruelle à l'égard des favoris de la fortune : elle ménage, et protège, et aime les humbles. » Ici la volonté de puissance se retourne contre les forts ; l'augmentation de la puissance est du côté des humbles ; la nature incline dans le sens de la vie descendante.

On pourrait suivre de même l'idée de volonté de puissance dans la société, dans la morale, dans l'art. Ce ne serait jamais en vain. Tantôt visible au premier plan, plus souvent masquée et couverte par ce qu'on a pu appeler les « mensonges conventionnels de notre civilisation », elle est présente partout. C'est ainsi qu'on parle de droit : mais il n'y a point de droit ; il n'y a que des degrés de puissance. *Unusquisque tantum juris habet quantum potentia valet.* Rien de plus instructif à cet égard que l'étude des collectivités. Elles accomplissent avec la meilleure conscience du monde des actes qui condamneraient et perdraient l'individu. « L'Etat, c'est l'immoralité organisée, à l'intérieur sous forme de police, de droit pénal, de caste, de commerce, de famille, à l'extérieur comme volonté de puissance, de guerre, de conquête, de vengeance. » S'il en est ainsi, pourquoi considérer le crime comme un déshonneur ? Le crime est une révolte, une guerre individuelle contre l'ordre social. Or « le fait de se révolter n'abaisse nullement, par lui-même, la valeur d'un homme. Il est des cas où l'on devrait même vénérer un tel révolté, parce qu'il ressent dans notre société quelque chose contre quoi il importerait de faire la guerre. » D'ailleurs, toutes les qualités du criminel, le courage, l'énergie, le sang-froid dans l'exécution, sont dans le sens de la volonté de puissance. Un homme qui serait incapable d'un grand crime, si les circonstances l'exigeaient, ne mériterait que le mépris. « Se mettre *hors la loi* de la tradition, de la conscience, du devoir, tout grand homme connaît ce danger. Mais il le veut aussi : il veut le grand but et aussi le moyen pour parvenir à ce but. »

Le crime ainsi conçu nous amène, par une naturelle transition, à l'art. L'art est la glorification de la volonté de puissance. Il se résume en « *l'affirmation, la bénédiction, la divinisation* de la vie. » Et il n'est pas autre chose. La célèbre formule *l'art pour l'art* est un mot vide de toute idée. Le beau *en soi* ne vaut pas davantage : « le beau existe tout aussi peu que le bien et le vrai. » Ici encore il faut en revenir *à l'homme mesure de toutes choses* et poser en thèse : « Rien n'est beau ; il n'y a que l'homme qui soit beau. » En somme, la beauté c'est tout ce qui va dans le sens de la vie ascendante, tout ce qui tonifie les instincts, « allume la joie, c'est-à-dire le sentiment de la force, » jusqu'à provoquer cet excédent qui s'appelle l'ivresse. Le laid, c'est « la dégénérescence, l'appauvrissement de la vie, l'impuissance, la décomposition, la dissolution. » La Beauté, loin d'incliner à la négation de la volonté, comme le voudrait Schopenhauer, est au contraire une affirmation passionnée de la vie. Elle est même une invitation au désir, et c'est une plaisante naïveté d'artiste ou de philosophe (Kant), de soutenir qu'on peut regarder « d'un œil désintéressé » une belle statue de femme nue. Au fond, l'instinct de l'artiste va plus loin que l'art, à la vie. L'art est un stimulant de la volonté de puissance, un hymne d'allégresse en l'honneur de la vie.

Reportons maintenant nos regards sur cette société moderne dont nous avons esquissé le triste tableau en commençant. Mais, cette fois, plus d'indignation, plus de colère, plus de mépris : d'abord tout y est nécessaire ; puis tout y est en somme parfaitement utilisable pour la grande tâche et le grand but qui sont les nôtres, à savoir l'avènement d'une race de Surhommes. Il faut que la société en arrive à ne plus pouvoir exister en vue d'elle-même, à n'être plus qu'un moyen entre les mains d'une race supérieure. C'est pourquoi, loin d'entraver le processus de nivellement, d'uniformisation, d'amoindrissement de la masse, il faudrait plutôt l'accélérer, pousser à la roue démocratique et socialiste, mais, en même temps, creuser toujours plus profondément le fossé, accentuer le *pathos* de la distance entre cette masse et le petit nombre des élus qui doivent recueillir et décupler l'héritage de la culture supérieure.

L'humanité tend chaque jour davantage à se transformer en une colossale machinerie « composée de pièces toujours plus petites, d'une adaptation toujours plus parfaite... un ensemble d'une force énorme dont les divers éléments représentent des forces *minima* et des valeurs *minima*. » Nous nous acheminons vers une époque d'exploitation générale et méthodique des forces de la planète où l'homme — depuis le savant jusqu'au valet de charrue — sera réduit à la fonction de simple rouage, accomplissant ponctuellement la même besogne durant le demi-siècle d'existence qui lui est accordé. — Certes, rien n'apparaîtrait plus déplorable, plus avilissant pour l'homme que cette condition mécanique — et l'idéal socialiste est bien à cet égard la conception la plus basse, la plus littéralement dégradante et dégradée qui se puisse imaginer de l'humanité future — si cette machinisation universelle n'avait d'autre but qu'elle même, ou l'utilité, le bien-être du grand nombre. « Mais elle suppose qu'il existe des hommes en faveur de qui cette exploitation a un sens ; sinon elle ne serait en effet qu'un amoindrissement général du type humain — un phénomène de régression à grande allure. »

Ces hommes d'exception seront comme la floraison suprême de l'avenir, la couronne de luxe, de loisir et de beauté d'une humanité esclave, courbée sur sa tâche inélégante et quotidienne. Ils seront la justification de l'homme-machine, les bénéficiaires du labeur général. L'aristocratie de l'avenir a besoin du nivellement, de l'unification de toutes les classes de la société afin d'être mieux assise, plus solidement établie. Elle n'aura d'ailleurs aucun autre rapport avec cette société : elle ne la dirigera en rien ; ne s'intéressant à elle que dans la stricte mesure de son propre intérêt et de sa très précieuse existence. « Elle accepte d'un cœur léger le sacrifice d'une foule d'homme qui, *à cause d'elle*, doivent être réduits et abaissés à l'état d'hommes incomplets, d'esclaves et d'instruments. Cette aristocratie aura une foi fondamentale, à savoir que la Société ne doit pas exister pour la société, mais seulement comme une substruction et un échafaudage, grâce à quoi des êtres d'élite pourront s'élever jusqu'à une tâche plus noble, et parvenir, en général, à une existence supérieure », telle cette liane de Java, le *sipo matador*, qui, « avide de soleil, enserre de ses multiples replis le tronc d'un chêne, s'élève bien au-dessus de lui, et, prenant appui sur ses branches, développe sa couronne dans les airs, étalant ainsi son bonheur à tous les regards. »

Et qu'on n'aille pas confondre ces hommes souverains avec les grands hommes du type *populaire* : un Victor Hugo, un Wagner, par exemple, hérauts de la foule et de son misérable idéal. Qu'on ne les confonde pas davantage avec ces génies chaotiques et sans force véritable dont Gœthe — ce soi-disant *olympien* (1) — nous offre l'expression la plus réussie. Les Maîtres de l'avenir réaliseront l'idéal de l'homme non pas multiple, mais synthétique « chez qui les forces dissemblables sont assujetties sous un même joug, tendues vers un but unique. » — Synthétique, disons-nous, mais non précisé-

---

(1) Très juste. Nous en a-t-on assez rebatu les oreilles, de cet *olympianisme*, de ce *Jovisme* de parade!

ment « harmonieux », surtout pas le moins du monde *pacifique*, car, pour s'élever à l'organisation qui assurera son pouvoir, cette race supérieure devra être contrainte par la nécessité : « Disparaître ou *s'imposer*. Une race dominatrice ne peut avoir que des origines terribles et violentes. Problème : où sont les barbares du XXe siècle ?... Guerre à la conception efféminée de la noblesse ! — On ne saurait se passer d'une dose de brutalité en plus, tout aussi peu que d'un certain voisinage avec le crime. Aventureux... audacieux, destructeur — rien du bavardage onctueux des belles âmes. Faisons place à un idéal plus robuste. »

Et ces Maîtres auront une morale, ou plutôt une règle, une auto-discipline, dont voici les articles principaux : Empire sur soi-même, non dans un sens moral mais comme exercice de la volonté de puissance : se sentir maître de l'être le plus fort — soi — n'est-ce point là le comble de la joie dans la volonté ? — Foi en soi-même, orgueil de soi-même, de sa naissance, de ses privilèges, de sa force et de ses droits ; — Profond respect de la vieillesse et de la tradition ; circonspection et délicatesse dans les rapports *entre pairs* ; — susceptibilité extrême sur le point d'honneur, pratique courante du duel ; — réciprocité dans les services rendus (toujours *inter pares*), le bien pour le bien, le mal pour le mal ; — « longue reconnaissance et vengeance infinie ».

Cette morale n'admet donc de devoirs qu'*entre égaux*. « A l'égard des êtres de rang inférieur, à l'égard de tout ce qui est étranger, l'on peut agir à sa guise, *ad libitum, comme le cœur vous en dit,* (*nach Gutdünken*), et de toute façon en se tenant par delà le bien et le mal. » Ni altruisme, ni désintéressement d'aucune sorte : « l'égoïsme appartient à l'essence des âmes nobles, j'entends affirmer cette croyance immuable, qu'à un être tel que « nous sommes » d'autres êtres doivent être soumis, d'autres êtres doivent se sacrifier. L'âme noble accepte l'existence de son égoïsme sans le moindre scrupule... comme quelque chose qui doit avoir sa raison d'être dans la loi fondamentale des choses. » La faculté maîtresse et, pour employer le langage de la morale en un sens extra-moral, l'unique vertu de ces hommes supérieurs sera la volonté de puissance. A la réserve et même sous le couvert de cette volonté, ils pourront se permettre à peu près tout : l'oisiveté, le libertinage, les vices, les folles aventures, l'impiété, même le crime (« rien ne nous paraît grand si un grand crime n'y est compris »). Loin de chercher à extirper ou même à affaiblir leurs passions, ils leur lâcheront la bride comme à un beau cheval de sang, car « plus est grande la maîtrise de la volonté, plus on peut accorder de liberté aux passions. Le grand homme est grand par le jeu qu'il laisse à ses désirs et par la puissance plus grande encore que les superbes monstres que sont ses désirs savent prendre à leur service. »

Tels sont les privilèges des Maîtres. Et les « esclaves », les « instruments », les « hommes incomplets », la « masse », le « troupeau » ? — « Les conditions qui permettent à une espèce forte et noble de se conserver... sont l'opposé des conditions qui régissent la « masse industrielle », les épiciers à la Spencer. Ce qui n'est permis qu'aux natures les plus fortes et les plus fécondes pour rendre leur existence possible — les loisirs, les aventures, l'incrédulité, les débauches même — si c'était permis aux natures moyennes, les ferait périr immanquablement. L'activité, la règle, la modération, les « convictions » sont ici de mise, en un mot les « vertus du troupeau » : avec elles cette espèce d'hommes moyens atteint sa perfection. » « Le problème c'est de rendre l'homme aussi utilisable que possible et de le rapprocher, autant qu'il est en notre pouvoir, de la machine parfaite. Pour cela il faut l'armer des vertus de la machine ; il faut qu'il apprenne à considérer les conditions où il travaille de façon machinale et utilitaire comme les plus précieuses : c'est pourquoi il est nécessaire qu'on le dégoûte le plus possible des autres conditions ; qu'elles lui soient présentées comme dangereuses et décriées. »

Le troupeau ne sera pas, d'ailleurs, aussi mal partagé qu'on pourrait le croire. Les Maîtres, généreux comme tout ce qui est vraiment fort, lui laissent d'abord son vieil idéal (« petit bon Dieu, » etc.), « afin de rendre l'existence encore possible aux faibles, qu'il y a lieu de conserver, puisqu'il faut qu'une énorme quantité de *petit* travail soit accomplie. » Ils lui laissent la « bénédiction du travail », du travail régulier et paisible, gardant pour eux « la vie dangereuse » et mouvementée (voir plus haut : loisirs, aventures, etc.). Ils lui laissent le bonheur, « je veux dire le bonheur considéré comme paix de l'âme, comme vertu, *confort*, épicerie anglo-évangélique à la Spencer. » — Ils lui laissent surtout la pratique des « niaiseries » morales : *Ne fais pas aux autres... Neminem lœde..., Agis de telle sorte...,* dont, pour leur compte, ils se contentent de rire à gorge déployée.

Voilà de bien grandes concessions. Si avec tout cela *Pecus* ne se déclare pas ravi de son sort, c'est qu'il est insatiable. Pourtant, Nietzsche pousse plus loin encore la condescendance. Dans ses moments de belle humeur, il va jusqu'à lui rendre de la main gauche ce qu'il lui a retiré de la droite. Ne nous parle-t-il pas de « droits », de « privilèges des médiocres » !

« N'estimons pas trop bas les privilèges des médiocres. A mesure que la vie s'élève, elle devient plus dure, le froid augmente, la responsabilité s'accroît. Une haute culture est une pyramide : elle ne peut se dresser que sur un large terrain ; elle a besoin comme condition première d'une médiocrité sainement et fortement consolidée. Le métier, le commerce, l'agriculture, la *science*, la plus grande partie de l'art, en un mot toutes les occupations quotidiennes ne peuvent s'accorder qu'avec une certaine moyenne dans le pouvoir et le vouloir ; de telles choses seraient déplacées chez des êtres d'exception... Pour le médiocre, être médiocre est un bonheur... Il serait tout à fait indigne d'un esprit profond de voir une objection dans la médiocrité même. La médiocrité est la première nécessité pour qu'il puisse y avoir des exceptions ; une haute culture dépend d'elle. Si l'homme d'élite traite le médiocre avec plus de douceur que lui-même et ses égaux, ce n'est pas seulement politesse de cœur — c'est tout simplement *son devoir.* » (*Antichrétien* 57). — Comment concilier ce « devoir » avec cette « morale de maître qui affirme, suivant la sévérité de son principe, que l'on n'a de devoirs qu'envers ses égaux » (*Par delà*, 260) ? De 1886 à 1888 le dur aristocratisme du prophète se serait-il humanisé ? La vieille morale aurait-elle pris une légère revanche ? « *Politesse de cœur*, dou-

ceur, devoir » envers les humbles, on n'en croit pas ses yeux ! L' « idée fixe » de Guyau, la sympathie, montrerait-elle enfin le bout de l'oreille ? Malheureusement, le passage est unique et très bref : partout ailleurs il n'est question que de « creuser le fossé toujours davantage », d'accentuer le « *pathos de la distance* » ; on ne nous parle que d'hostilité, d'égoïsme, de « regard hautain », même de « brutalité » et de « barbarie » dans les rapports des Maîtres avec les classes laborieuses.

Classes laborieuses est en effet le mot. Le travail : voilà ce qui sépare la foule de l'aristocratie. Le noble ne fait rien, l'esclave travaille pour lui. Conception antique et simpliste ! Le labeur quotidien, la tâche à remplir, le métier, la spécialité, la *bosse*, qu'il s'agisse de pétrissage du pain ou de mathématiques transcendantes, « de telles choses seraient déplacées chez des êtres d'exception. » Que feront-ils donc tout le long du jour, ces exceptionnels ? De la beauté, de la joie, de l'ivresse de vivre, parfois des débauches, ou pis encore ! — Et la foule stupide sentira tout le prix de cette *noble* existence ? Et les médiocres se hausseront à admirer ces exercices prestigieux ? Hélas ! il est à craindre que, la floraison aristocratique ne soit bien éphémère, et que cette « pépinière de plantes rares » ne résiste pas au premier ouragan. Pourquoi, s'il vous plaît, la masse se résignerait-elle à entretenir ces oisifs turbulents et orgueilleux ? En quoi participe-t-elle à leur culture ? Quel service lui rendent-ils. Entre elle et eux quel trait d'union, quelle pensée commune, quel lien, si léger qu'on l'imagine ? « Quand Gubbio ou Assise, dit Renan, voyait passer en cavalcade la noce de son jeune seigneur, nul n'était jaloux. Tous alors participaient de la vie de tous : le pauvre jouissait de la richesse du riche, le moine des joies du mondain, le mondain des prières du moine : pour tous il y avait l'art, la poésie, la religion. » Et la *sympathie*, ajouterons-nous, et la communauté de race, et l'esprit de cité, l'amour, le culte et l'orgueil de la petite patrie, si vivaces dans les villes italiennes du moyen-âge et de la Renaissance, sensibles encore de nos jours. Rien de semblable dans la cité nietzschéenne : ici ni religion, ni sympathie, ni patriotisme ; une immense classe de travailleurs servant de support à une petite phalange de surhommes (ou de précurseurs du surhomme, — Nietzsche dit tantôt l'un, tantôt l'autre) ; une colossale cariatide portant sur son échine ployée un fragile mais lourd, inutile et coûteux édifice de luxe et d'orgueil, — qui ne voit tout ce qu'il y a d'artificiel, d'arbitraire, au fond de naïvement barbare dans la conception d'une telle hiérarchie ! Et ces maîtres sont totalement démunis de moyens d'action. Ils ont pour eux la volonté de puissance, non la puissance réelle. Nietzsche ne prend même pas la précaution de mettre les savants de leur côté ; aussi bien lui eût-ce été difficile, étant surabondamment prouvé que la science se prête mal au rôle de servo-moteur entre les mains d'un parti. Renan, plus avisé, empruntait à l'Institut et au Collège de France les membres de sa redoutable aristocratie, et faisait régner l'harmonie par la terreur scientifique. *Initium sapientiæ timor sapientium.* — Remarquons enfin que le grand nombre représente le parti de la paix, alors que les surhommes, étant essentiellement volonté de puissance — à savoir : domination, lutte, accaparement, conquête, etc. — ont pour ainsi dire la guerre dans le sang. Des divergences de vues, des froissements et tiraillements paraissent inévitables. Consolons-nous toutefois : nous n'en serons certainement pas les témoins, ni nos enfants, ni nos petits-enfants et arrière-petits-enfants, ni personne dans l'avenir. Les cités platonicienne, comtiste, renanienne n'étaient assurément que des rêveries, du moins des rêveries cohérentes et logiquement soutenables ; la cité nietzschéenne est le produit de la fantaisie la plus folle qui ait jamais dansé dans le cerveau fumeux d'un aristocrate mégalomane.

Le dernier mot, le dernier cri de cette philosophie est l'écho fidèle du prefier : *Vive la vie !* A nous la vie totale, la vie intégrale et synthétique ! « Tout se passe véritablement comme cela devrait se passer », tout est « souverainement désirable ». — Quoi ! même le mal ? — Même le mal, surtout le mal : « Nous considérons le côté jusqu'à présent *nié* de l'existence non seulement comme nécessaire, mais encore comme désirable, et cela non pas seulement par rapport au côté affirmé (à peu près comme son complément et sa condition première), mais encore à cause de lui-même, comme étant le côté le plus puissant, le plus redoutable, le plus *vrai* de l'existence, le côté où la volonté s'exprime le plus exactement ». Nous ne voulons ni justifier le mal avec les religions, ni nous y soumettre avec la morale, ni le combattre avec la science. Nous l'aimons bien trop pour cela. Nous voulons le savourer « pur et cru ». Nous sommes décidément pour le corps contre l'âme, pour les sens et la chair contre l'esprit, pour le Diable contre Dieu. « Nous accordons de l'importance à toutes les choses *basses*... en revanche nous donnons à bon compte les « beaux sentiments ». « Dans un pareil état, c'est précisément *le bien* qui a besoin de justification, c'est-à-dire qu'il lui faut avoir un fond méchant et dangereux, ou renfermer en lui une grande bêtise, *alors il plaît encore*... L'homme est maintenant assez fort pour pouvoir être honteux *de croire en Dieu.* »

Dieu est mort, et, avec lui, ont disparu les

vieux fantômes de tristesse, d'épouvante et de laideur : la faute, la punition, la mauvaise conscience, l'au-delà... Le devenir a reconquis sa robe d'innocence. L'homme, soulagé de ses terreurs, arraché à son long cauchemar, va pouvoir grandir en bien et en mal, synthétiquement, devenir « meilleur et plus mauvais (*besser und böser*) », affirmer la vie intégrale et affronter sans frémir la redoutable idée du Retour éternel. — Oui ce monde *devient* et *revient* indéfiniment et sans relâche, monde de forces incalculables, mais déterminées, monde sans commencement ni fin, mais limité dans l'espace, suspendu dans le Néant comme un îlot dans l'infini, monde quantitativement invariable, et changeant de figure d'une seconde à l'autre ; monde de l'un et du multiple, océan toujours agité de forces en mouvement, tendues ici, relâchées plus loin, en perpétuelle transformation, revenant sans cesse à nouveau en immenses périodes de répétition, et repassant alors identiquement par la série totale de ses formes et de ses créations antérieures. « Voilà mon univers dionysien, éternellement se créant lui-même, éternellement se détruisant lui-même. » Voilà l'idée formidable qu'il faut savoir embrasser courageusement, la *grande pensée sélectrice* qui exalte les puissants et jette les faibles dans les bras de la mort — refuge illusoire ! vain suicide ! les malheureux étant condamnés à la *vie forcée* à perpétuité !

En somme, l'ancien idéal et le nouveau sont symbolisés par les deux grandes figures de Dionysos et de Jésus. « Dionysos contre le Crucifié, voilà l'opposition. Il n'y a pas de différence quant au martyre, mais il s'en faut qu'il y ait le même sens. La vie elle-même, avec son caractère éternellement redoutable et son retour éternel, nécessite l'angoisse, la destruction, la volonté de destruction... Dans l'autre cas la souffrance, le « crucifié innocent » sert d'argument contre cette vie, de formule pour la condamner. On le devine : le problème est celui de la signification à donner à la souffrance : un sens chrétien ou un sens tragique... Dans le premier cas elle est le chemin qui conduit à la vie sainte ; dans le second la vie est assez sainte par elle-même pour justifier même un excès de douleur. L'homme tragique dit *oui* même à la souffrance la plus dure : il est assez fort, assez riche de vitalité et d'enthousiasme pour cela. Le chrétien dit *non*, même à l'existence la plus heureuse en ce monde : il est assez faible, assez pauvre, assez misérable pour souffrir de la vie sous toutes ses formes. Le Dieu crucifié est un anathème à la vie... Dionysos lacéré est une promesse de vie, de vie indestructible, éternellement renaissante. »

CHAPITRE XI

NIETZSCHE MAXIMISTE
L'AMOUR - LES FEMMES - LE MARIAGE

CHAPITRE XI

NIETZSCHE MAXIMISTE
L'AMOUR - LES FEMMES - LE MARIAGE

Nietzsche, avons-nous dit, fut un authentique « grand seigneur » de la pensée détachée. Bien lui en prit, car les temps sont proches où, la méditerranée de livres dont nous jouissons présentement ayant atteint les proportions d'un insondable Pacifique (notre Bibliothèque nationale occupera alors l'emplacement de plusieurs quartiers de Paris), les florilèges, recueils de « pages choisies » et autres *Selecta*, qui s'imposent déjà aujourd'hui, deviendront la règle invariable, et le meilleur écrivain se verra réduit à la portion congrue d'une maigre notice en tête de quelques pages hâtivement colligées. Heureux alors les ciseleurs de pensées, dont l'œuvre s'ouvrira d'elle-même et s'égrènera en quelque sorte sous les doigts, comme une belle grenade mûre ! Et c'est pourquoi Nietzsche ne périra pas tout entier. « Une bonne sentence, écrit-il, est trop dure pour la mâchoire du temps, et des milliers d'années ne suffiront pas à la dévorer, quoique toutes les époques s'en nourrissent : pour cela, elle est le grand paradoxe dans la littérature, l'impérissable au milieu du changement, l'aliment toujours apprécié comme le sel, mais qui ne perd pas sa saveur. »

Ce qui le flatte tout particulièrement et caresse son amour-propre — car il se sentait et était réellement un maître du genre — c'est l'origine aristocratique de la maxime morale : « Nombre de remarques isolées sur l'humain et le trop humain ont été d'abord découvertes et exposées dans des sphères de la société qui avaient accoutumé de faire par là toutes sortes de sacrifices, non à la recherche scientifique, mais au pur plaisir de l'esprit, et le parfum de ce vieux berceau de la maxime morale, parfum très captivant, est presque inséparable du genre tout entier. » On sait en effet que le jeu des sentences fut fort en honneur dans les salons et ruelles au temps de La Rochefoucauld et de la marquise de Sablé. C'était une manière de sport infiniment noble et spirituel, un exquis jeu de grâces où l'on s'envoyait et se renvoyait, en guise de volant, quelque fine remarque sur la vertu ou les passions, entre une recette de confitures et le dernier potin de la cour.

Ce genre — car ce n'est qu'un genre littéraire, et non des plus ardus — est parfaitement compatible avec la plus absolue ignorance des hommes. Il ne réclame que de l'esprit et un tour de main particulier, qui s'acquiert assez vite. Beaucoup de dames y excellèrent, depuis la dite marquise de Sablé jusqu'à la comtesse Diane, dont la fécondité en « pensées » défia toute concurrence. Les sujets sur lesquels le maximiste a coutume de se donner carrière : la morale, le bonheur, l'amour, les femmes, etc., étant toujours des plus vagues, des plus fertiles en variations, il se ménage les plus grandes chances, en multipliant les *peut-être*, les *souvent* et autres formules restrictives, de rencontrer à peu près juste dans la plupart des cas. Mais les « vérités » qu'il découvre ainsi — ou qu'il croit découvrir — ne sont à tout prendre que des demi-vérités, des fractions de vérité, des vérités *secundum quid*, dirait un casuiste, souvent d'autant plus contestables à la réflexion qu'elles paraissent plus séduisantes à première lecture. Et puis, combien peu de ces pensées sont vraiment dignes d'être « détachées » et mises en vedette ! Combien y en a-t-il qui passeraient inaperçues dans un morceau suivi ? L'isolement typographique d'une pensée, sentence ou maxime morale en fait trop souvent l'unique valeur.

« Les bonnes pensées, écrit Nietzsche, n'ont pas avantage à se suivre de trop près. Elles se cachent réciproquement la vue. C'est pourquoi les plus grands artistes et les meilleurs écrivains ont fait amplement usage du médiocre ». On devine là, sans peine, un argument *pro domo ;* car, sur les trois ou quatre milliers d'aphorismes qui composent son œuvre, il s'en faut qu'on ne compte que des merveilles, surtout des merveilles inédites. Trop souvent tombe-t-on sur des pensées (?) dans le goût de celles-ci : « On dit se complaire à une chose ; en réalité c'est se complaire à soi-même par le moyen de cette chose ». « On dit que la femme est profonde, — pourquoi ? parce que chez elle on n'arrive jamais au fond ; — la femme n'est pas même encore plate. » « Le christianisme a donné du poison à boire à Eros. Il n'est pas mort, mais il a dégénéré en vice ». « Ce n'est pas un argument contre la maturité d'un esprit que d'y trouver quelques vers. » « Le fourreau doré de la compassion cache trop souvent le poignard de l'envie. » — Il en est qui combleraient d'aise le *Frisé de Montmartre* ou la *Terreur du Sébasto*, si ces messieurs n'avaient autre chose à faire qu'à lire du Nietzsche : « Le criminel n'est souvent pas à la hauteur de son acte ; il le rapetisse et le calomnie. » « Les avocats d'un criminel sont rarement assez artistes pour faire tourner au profit de leur client la beauté terrible de son acte. » — En voici une qui, affichée en bonne place dans certains quartiers de Paris, ne laisserait pas d'éviter quelques accidents : « On n'est jamais en plus grand danger d'être écrasé que lorsqu'on vient d'esquiver une voiture. »

Les meilleures sont visiblement imitées ou inspirées de La Rochefoucauld et de Chamfort : « Le manque d'abandon entre amis est une faute qui ne peut être reprise sans devenir irrémédiable » (transposition exacte de la célèbre maxime sur la timidité). « L'exigence d'être aimé est la plus grande de nos prétentions. » « Parler beaucoup de soi peut être un moyen comme un autre pour se cacher. » « Ce qui se fait par amour se fait toujours par delà le bien et le mal. » Etc.

On sait que Nietzsche professait l'opinion la plus avantageuse de sa propre pénétration en psychologie féminine. « Je suis, déclarait-il, le premier psychologue de l'éternel féminin ». L'affirmation est catégorique, mais les preuves le sont beaucoup moins. Nietzsche, d'abord, ignora toute sa vie les délices et tourments de l'amour. Les quelques expériences qu'il tenta de ce côté échouèrent en amitié pure et simple. Il est vrai qu'il écrivit un jour les trois mots fatidiques : *ich liebe dich* (à l'adresse de Mme Cosima Wagner : « Je t'aime, Ariane ! ») mais le malheureux Dionysos qui signait cette déclaration tardive sombrait déjà dans les ténèbres de la folie. Nietzsche ne parle donc de l'amour que par ouï-dire, tel un aveugle des couleurs. Sans doute, comme on l'a observé finement, trop d'expérience en la matière, à savoir une expérience trop active, trop vécue, ne laisse pas d'être un peu suspecte ; d'ailleurs les Lovelaces et Dons Juans *font* l'amour et n'en écrivent guère. Mais il y a loin de ce défaut *per excessum* à l'ignorance totale, que fut celle de notre psychologue. Quant aux femmes, il ne connut d'un peu près que trois exceptions : Mme Wagner, Mlle von Meysenbug et Mme Lou Andréas Salomé. Or on sait son peu de goût pour les femmes exceptionnelles — « les femmes comiques » disait-il de Mme Roland, Mme de Staël et George Sand ! — Aussi sa psychologie de l'éternel féminin est-elle d'une simplicité toute napoléonienne.

La femme est faite : 1° pour être la santé, le réconfort et la joie du guerrier, 2° pour mettre au monde de beaux et robustes enfants. Tout le reste est vanité. Or c'est précisément dans ce « tout le reste » que donne et se complaît la femme moderne, au grand détriment de ses devoirs. Quels devoirs ? Devoirs de cuisinière d'abord. Nietzsche tient beaucoup à la cuisine, en quoi il est bien de sa race et de son pays. « On sait, dit M. Barrès, comment les Germains allient les préoccupations matérielles, et particulièrement stomacales, aux plus excellentes abstractions ». Les aphorismes frisant la recette culinaire ne sont pas rares dans l'œuvre de Nietzsche. Il reproche donc aux femmes de négliger le pot-aufeu familial. « La stupidité dans la cuisine, la femme comme cuisinière, l'effroyable irréflexion qui préside à la nourriture de la famille et du maître de la maison ! La femme ne comprend pas ce que signifie la nourriture, et elle veut être cuisinière ! Si la femme était une créature pensante, cuisinant déjà depuis des milliers d'années, elle aurait dû faire les découvertes physiologiques les plus importantes et conquis l'art de guérir. C'est à cause des mauvaises cuisinières que le développement de l'homme a été retardé et entravé le plus longtemps, et il n'en va guère mieux aujourd'hui. »

La femme n'entend rien à la question cardinale de l'alimentation. Cela ne l'empêche pas de mener grand bruit de ses menus travaux et soucis d'intérieur. Au fond, ce qu'elle veut, c'est tout simplement se faire entretenir. Elle est le frelon de la ruche. « Même les soins à donner aux enfants ont pu être utilisés à l'origine par les femmes pour se soustraire autant que possible au travail. » D'où l'étalage et la surestimation qu'elles font de leurs moindres besognes. Il est vrai que nous sommes, nous autres hommes, si absurdement faibles à leur égard ! si pleins d'illusions ! « Se tromper au sujet du problème fondamental de l'homme et de la femme, nier l'antagonisme profond qui les sépare et la nécessité d'une tension continuellement hostile, rêver peut-être de droits égaux... voilà les indices typiques de la platitude d'esprit... Un homme au contraire qui possède de la profondeur, dans l'esprit comme dans les désirs... ne pourra jamais avoir de la femme que l'opinion *orientale.* Il devra considérer la femme comme propriété, comme un objet qu'on peut enfermer, comme quelque chose de prédestiné à la domesticité et qui y accomplit sa mission. Il devra s'en rapporter à la prodigieuse raison de l'Asie, à la supériorité d'instinct de l'Asie, ainsi que firent jadis les Grecs, ces meilleurs héritiers de l'Asie, les Grecs qui, comme on sait, firent marcher de pair, avec le progrès de la culture et l'accroissement de la force physique, *la rigueur envers la femme.* » Nietzsche, on le voit, est partisan de la manière forte, voire de *l'argumentum baculinum* à l'endroit du sexe faible : « *buona femmina e mala femmina vuol bastone* »; « Tu vas chez les femmes ? n'oublie pas la cravache », etc., etc. Ne nous hâtons pas cependant, avec un critique *aliénomane* bien connu, de proférer le vilain mot de sadisme à propos de ces vivacités d'un goût discutable. N'oublions pas que notre philosophe « au marteau », trouvant la galanterie et le culte de la femme inscrits sur la table des valeurs modernes, ne pouvait logiquement que taper dessus à tour de bras : « A aucune époque le sexe faible ne fut traité avec autant d'égards de la part des hommes qu'à notre époque. C'est une conséquence de notre penchant et de notre goût foncièrement démocratiques (un peu bien surprenante la conséquence !)... Faut-il s'étonner si ces égards ont dégénéré en abus ? » La femme s'émancipe ; elle hausse le ton d'insupportable sorte ; elle se croit tout permis ; bref elle « désapprend de *craindre l'homme* » (1) N'aspire-t-elle pas à devenir son égale, à jouer des coudes comme lui, et contre lui, pour se faire une place au râtelier social ! « La femme-commis se dresse sur le seuil de la société moderne ! » Horrible apparition ! — Notez qu'on lui reprochait tout à l'heure de se « faire entretenir » et, comme disent pittoresquement les troupiers, de *tirer au flanc*. Quel abîme de contradictions que cet éternel féminin — et son « premier psychologue ! »

Mais en quoi consiste au juste cette psychologie ? Pour autant qu'elle condescent à se rendre accessible, en voici les traits essentiels : La femme est perfide, et c'est pourquoi elle est charmante (l'Ecclésiaste et M. Paul Bourget nous avaient déjà appris cela). — « Chez la femme tout est une énigme, mais il y a un mot à cette énigme, et ce mot est *grossesse* » (nos pères disaient plus court : *tota mulier in utero*). — « La femme apprend à haïr dans la mesure où elle désapprend de charmer » (ah ! les vieilles demoi-

---

(1) On croirait entendre saint Paul, saint Paul, la bête noire de Nietzsche : « *Mulieres viris suis subditæ sint, sicut Domino... uxor autem timeat virum suum (Eph. 5, 13).*

selles ne sont pas toujours commodes) — « Une saveur amère reste même à la femme la plus douce ». (encore l'Ecclésiaste, cette fois textuellement). — « La femme doit être pour l'homme un jouet » (merci pour elle). — « Le bonheur de l'homme est : je veux ; le bonheur de la femme est : il veut », (quand ce n'est pas exactement le contraire). « L'âme de la femme est surface, une couche d'eau mouvante et orageuse sur un bas-fond » (joli, mais connu). — « Que l'homme redoute la femme quand elle aime ! » (air de *Carmen*). — « Les mêmes passions sont d'une allure différente chez l'homme et chez la femme ; c'est pourquoi l'homme et la femme ne cessent de se mal comprendre » (mon Dieu ! oui), etc., etc... « Première psychologie » si l'on veut, mais dans le sens de *psychologie élémentaire*.

Sur le mariage, les idées de Nietzsche sont beaucoup plus originales. Il tient d'abord que l'amour y doit céder le pas à l'amitié, à l'esprit de conversation : « Pourrai-je causer avec cette femme jusqu'à la fin de mes jours ? » telle est la question capitale que doit se poser tout fiancé, et non plus le traditionnel *L'aimè-je ? M'aime-t-elle ?* On ne fonde rien de sérieux sur l'amour.

Nietzsche tient ensuite que le mariage moderne représente un bail d'une durée vraiment excessive. Il voudrait des unions plus courtes, des mariages d'oiseaux, ou même de papillons.

Au bout du temps convenu, on se quitterait comme on s'est pris, le sourire aux lèvres, sur une bonne poignée de main, et chacun s'en irait de son côté vers une vie nouvelle et des hymens nouveaux. Vivent les habitudes courtes !

Ou encore voici ce qu'on pourrait faire : le jeune homme épouserait, aux environs de sa majorité, une jeune fille de dix ans plus âgée que lui qui le guiderait, le soutiendrait de son expérience et de son amour parmi les écueils de la vingtième année. Puis, cette première jeunesse passée, elle s'effacerait stoïquement et, non seulement permettrait, mais exigerait que son cher époux la remplaçât par une toute jeune fille, dont il entreprendrait à son tour l'éducation. L'ennui et les inconvénients du mariage, nous dit Nietzsche, seraient ainsi beaucoup amendés à l'aide de cet ingénieux concubinat.

En somme, pour Nietzsche, amour, femmes et mariage n'ont de sens que par l'instinct de *possession*. Avidité (*Habsucht*) et amour sont un seul et même instinct nommé deux fois. « Celui qui aime veut posséder à lui tout seul l'être qu'il désire, exercer un pouvoir absolu tant sur son âme que sur son corps ; il veut être aimé exclusivement, habiter l'autre âme, y dominer comme ce qu'il y a de plus élevé et de plus admirable ». Cet amour tant chanté, divinisé et adulé, qu'est-il au fond ? « l'expression la plus naturelle de l'égoïsme ». Et Nietzsche, en connaisseur cette fois, lui oppose éloquemment l'amitié : « Il y a bien ça et là, sur la terre, une espèce de continuation de l'amour où ce désir avide que deux êtres ont l'un pour l'autre fait place à un nouveau désir, à une nouvelle avidité, à une soif commune, supérieure, d'un idéal placé au-dessus d'eux, mais qui connaît cet amour ? Qui est-ce qui l'a vécu ? Son véritable nom est *amitié*. »

La femme, nous l'avons vu, n'a aucun droit sur l'homme : bien au contraire, elle est sa « propriété », son « objet », sa « chose ». « La femme doit être nourrie, soignée, protégée et ménagée comme un animal domestique, tendre, étrangement sauvage et souvent agréable ». Là se bornent les devoirs du mari. Le mariage est, pour la femme, le don et l'abandon d'elle-même, une sorte « d'esclavage et de servage » qu'elle doit consentir avec joie au profit de son seigneur et maître. Pour l'homme il est la prise de possession de son bien, l'exercice absolu et sans contrôle de son « instinct de propriété ». Tout le reste est divagation.

Fermons la parenthèse.

CHAPITRE XII

CONCLUSION : L'ŒUVRE

CHAPITRE XII

CONCLUSION : L'ŒUVRE

Nietzsche est l'introuvable prédicateur qui nous dit sur la charité des choses tout à fait nouvelles, à savoir qu'il ne faut pas la faire. — « Assommons les pauvres ! » s'écriait déjà Baudelaire. — Assommez-les si le cœur vous en dit, ou laissez-les paître tranquillement dans leur champ de misère ; secourez-les, ou, si votre volonté de puissance l'exige, dépouillez-les du peu de laine qui leur reste, cela est *indifférent* en soi et peut être excellent pour vous, nous dit Nietzsche. — Il n'y a pas de morale, profère l'introuvable prédicateur, rien, du moins, de ce qu'on a entendu jusqu'à moi sous ce nom. Et que les pauvres gens, bonnes gens, petites gens, continuent à révérer ce fantôme désuet, cela n'est d'aucune conséquence, et même cela est bien ainsi. — Comment ! le devoir... — Illusion ! — Du moins illusion pieuse et respectable ? — Non, plutôt niaise et ridicule.

Nietzsche est l'introuvable prédicateur qui nous dit sur la religion des choses tout à fait nouvelles, à savoir qu'elle est une valeur de dernier ordre, un syndrome de décadence, une sueur d'agonie, un relent de décomposition, un innommable avant-goût du tombeau. Quant à Dieu, nous savions déjà par Henri Heine que le bon vieux Père était à toute extrémité : « Entendez-vous résonner la clochette, disait ou répétait ce *prénietzschéen*, on porte le viatique à un Dieu qui se meurt ». — Maintenant *Dieu est mort*, vaticine l'étrange prédicateur, et, s'il n'était pas mort, il faudrait le tuer, car il était terriblement gênant. Mais il est mort et bien mort. *Requiem æternam Deo.*

Nietzsche est l'introuvable philosophe qui nous dit sur la Vérité des choses tout à fait nouvelles, à savoir qu'il est malséant de la poursuivre dans tous les coins, de s'obstiner à vouloir lever tous les voiles, trahir tous les incognitos, violer toutes les pudeurs ; que d'ailleurs cette Vérité, que nous parons de tant de charmes, n'est au juste qu'une petite vieille, décrépite, édentée, le chef branlant, et confite en dévotion; enfin, que lui, Nietzsche, sait très bien s'en passer, ayant à son service un charme, un sortilège, un « œil de Vénus » autrement puissant et séducteur, le charme de l'extrême, la magie de la folle audace, l'enchantement de l'excessif et du paradoxal (traduisez : en français *de la pou-*

dre aux yeux, en yankee du *bluff* et du *humbug*.)

Que reste-t-il donc et que pourra bien nous prêcher désormais l'étrange évangéliste ? — Il reste la Force, et il nous prêchera l'évangile de la Force. Et voici qu'en l'honneur de cette idole nouvelle, il va ramasser et retaper les vieux cadres démolis et gisants : nous aurons le devoir, l'altruisme du fort pour le fort, la morale du Maître, la vertu — *virtù* au sens noble de la Renaissance — la religion, le culte, l'adoration de la Force. « Il n'y a pas de valeur, pas de force au-dessus de la Force ». Pour le fort « rien n'est vrai, tout est permis ».

Sur quoi, le lecteur quelque peu doué, sinon de *moraline* du moins de *criticine*, entre en méditation, et, comme il a pas mal lu, pas mal entendu, « traversé » nombre de philosophies, il sourit intérieurement, se redit une fois de plus le *nil admirari* d'Horace, le *Nihil tam absurdum* de Cicéron, et, sans trouble, nullement « épaté », s'apprête à soupeser les thèses nietzschéennes.
— Et d'abord, nouvelles ? A priori et sauf plus ample examen, non. Pourquoi ? parce que nous savons de reste qu'il n'est rien de nouveau sous le soleil ; et puis, vraiment, penser « à rebrousse-poil » ainsi que Nietzsche, de son propre aveu, s'en est donné la tâche constante, prendre l'exact contrepied du sentiment commun, ou s'en servir comme d'un tremplin pour

sauter *par delà*, toujours *par delà* ; se prévaloir, en guise d'arguments, du prestige de l'excessif, de la « magie de l'extrême ; » vraiment une telle attitude ne saurait passer pour éminemment originale. Il y eut de tout temps des négateurs, des destructeurs par principe ou par ambition, des Erostrates de la pensée. Seulement voici : *nous en avions perdu l'habitude*. La platitude des temps en est la cause. Et c'est pourquoi Nietzsche nous secoue, un peu, pas bien longtemps.

A posteriori et après examen, non encore. Ces thèses n'ont rien d'original, hors la façon dont elles sont présentées, c'est-à-dire la forme, l'extérieur, l'épiderme. Notre lecteur avisé et « méfiant » (suivant le conseil même du Maître) croit se rappeler que des théories singulièrement approchantes furent soutenues, il y a quelque 2.300 ans, sur les bords lumineux du Céphise. Et en vérité, il serait surprenant que ce foyer intense d'idées, de systèmes et aussi de sophismes de toute sorte que fut Athènes au Ve siècle avant notre ère, n'eût pas jeté quelques étincelles de prénietzschéisme. Elle le fit en la personne — réelle ou fictive, il n'importe — de Calliclès, héritier de l'aristocratisme de ce Théognis de Mégare que nous savons avoir été un des premiers maîtres de Frédéric Nietzsche. C'est contre Calliclès que Socrate, dans le *Gorgias*, arme sa plus pénétrante ironie, met en œuvre le pesant appareil de sa *maïeutique*, et fait marcher son ordinaire phalange de corroyeurs, foulons, tailleurs et autres gens de métier. (Et à ce propos, qu'il serait donc chose savoureuse d'ouïr les arguments et reparties que doivent échanger, sur la prairie d'asphodèles, le peu dialectisant professeur à lunettes et l'incomparable et captieux causeur que fut le fils de Sophronisque !)

Que soutient donc Calliclès ? Rien de plus que *l'aristocratisme radical* de F. Nietzsche, avec cette différence toutefois que le sophiste athénien, plus logique en cela que le sophiste allemand, ne se contente pas de se placer au-dessus de la morale, par delà le Bien et le Mal, mais se pose nettement en ennemi des lois, comme le sympathique héros de M. Maurice Barrès. Ces lois sont en effet le méprisable ouvrage des faibles, du plus grand nombre, c'est-à-dire d'un vil ramas d'esclaves et de gens de toute espèce. « En les édictant, ces lois, ils n'ont eu égard qu'à eux-mêmes et à leurs bas intérêts. S'ils approuvent, s'ils blâment quelque chose, ce n'est que dans ce but. Pour effrayer les plus forts, qui pourraient posséder plus que les autres, et les empêcher d'en venir là, ils disent que c'est une chose laide et injuste d'avoir quelque avantage sur les autres, et que travailler à devenir plus puissant, c'est se rendre coupable d'injustice. Car, étant les plus faibles, ils se tiennent, je crois, trop heureux que tout soit égal. Telle est la raison pour laquelle, dans l'ordre de la loi, il est injuste et laid de chercher à l'emporter sur les autres, et pourquoi on a donné à cela le nom d'injustice. Mais la nature démontre, semble-t-il, qu'il est juste que celui qui vaut mieux ait plus qu'un autre qui vaut moins, et le plus puissant plus que le plus faible. » La nature, en effet, a de tout autres évaluations que la populace. Dans la plupart des choses, la nature et la loi sont opposées entre elles. Pour la loi, par exemple, il vaut mieux et il est plus beau de souffrir une injustice que de la commettre. Mais, aux yeux de la nature et des âmes vraiment nobles et fortes, c'est là un jugement « de vil esclave, pour qui il est plus avantageux de mourir que de vivre lorsque, souffrant des injustices et des affronts, il n'est en état de défendre ni soi-même ni les siens... Qu'il soit juste que celui qui l'emporte en valeur ait plus qu'un autre, et le plus fort plus que le plus faible, c'est ce que la nature nous fait voir en mille rencontres, aussi bien en ce qui concerne les animaux que les hommes eux-mêmes... la règle du juste est que le fort commande au faible et qu'il soit mieux partagé... Nous prenons dès la jeunesse les meilleurs et les plus forts d'entre nous ; nous les formons et les domptons comme on dompte des lionceaux, par des discours pleins d'enchantement et d'artifices, leur faisant entendre qu'il faut s'en tenir à l'égalité et qu'en cela consiste le beau et le juste. Mais j'imagine que s'il paraissait un homme né avec de grandes qualités qui, secouant et brisant toutes ces entraves, parvint à s'en délivrer ; qui, foulant aux pieds vos écritures, et vos prestiges, et vos artifices, et vos lois toutes contraires à la nature, aspirât à s'élever au-dessus de tous, et, de votre esclave, devint votre maître, alors on verrait briller la justice telle qu'elle est dans l'institution de la nature ». — Et, sur plusieurs questions que lui pose Socrate, Calliclès-Nietzsche précise sa pensée. Les meilleurs et les plus puissants sont aussi les plus sages, des hommes « fermes, courageux, capables d'exécuter les projets qu'ils ont conçus et ne se rebutant point par mollesse d'âme ». Ceux-là seuls sont affranchis des règles communes, ceux-là seuls peuvent s'emparer de plein droit des biens des faibles et des petits, comme Hercule emporta les bœufs de Géryon sans consulter autre chose que son bon plaisir, ceux-là seuls enfin peuvent commander aux autres.

Mais Socrate désirerait savoir si ces hommes supérieurs ne devraient pas commencer par se commander à eux-mêmes.» — Qu'entends-tu par commander à soi-même ? demande Calliclès. — Rien que tout le monde ne sache : être tempérant, maître de soi, gouverner ses passions et ses désirs, répond Socrate. — Tu es admirable ! raille Calliclès, tu nous parles d'imbéciles sous le nom de tempérants... Comment un homme serait-il heureux s'il est asservi à quoi que ce soit ? Mais je vais te dire en toute liberté ce que c'est que le beau et le juste dans l'ordre de la Nature. Pour mener une vie heureuse, il faut laisser prendre à ses passions tout l'accroissement possible et ne point les réprimer. Lorsqu'elles sont ainsi parvenues à leur apogée, il faut être en état de les satisfaire par son courage et son adresse, et de combler chaque désir à mesure qu'il naît. C'est ce que la plupart des hommes sont hors d'état de faire, à ce que je pense, et c'est pourquoi ils condamnent ceux qui ont ce pouvoir, dissimulant ainsi honteusement leur propre impuissance. Ils disent donc que les excès sont chose laide... ils veulent enchaîner ceux qui sont nés avec de plus grandes qualités qu'eux ; et, ne pouvant fournir à leurs passions de quoi les satisfaire, ils font l'éloge de la tempérance et de la justice par pure lâcheté. » (Platon, *Gorgias*, passim).

Tout l'immoralisme de Nietzsche tient en substance dans ces pages ; jusqu'à la conception du surhomme qui s'y trouve ébauchée (« s'il paraissait un homme né avec de grandes qualités... »). Nous comprenons maintenant sa prédilection pour les sophistes, « ces personnages *distingués* (*vornehm* toujours) qui vivaient à l'écart du peuple et des mœurs. Les sophistes étaient des Grecs ; lorsque Socrate et Platon prirent le parti de la vertu et de la justice, ils étaient des Juifs ou je ne sais trop quoi... l'honneur des sophistes, c'était précisément de ne pas faire de blagues avec les grands mots de la vertu. »

Sa théorie généalogique de la morale, c'est en partie à Théognis que Nietzsche la doit, Théognis, cet aristocrate entêté et rageur qui, chassé de Mégare par le parti populaire victorieux, exhale inlassablement sa rancune et sa haine : « Ces métèques, ces miséreux vêtus de peaux de bouc, ce sont eux maintenant qui sont les bons (agathoï) ; et ceux qui étaient les braves (esthloï) sont devenus les lâches (deiloï). » Il passe son temps à dresser des évaluations, pour les renverser ensuite. C'est ainsi que, lors de sa prospérité, *bon* était synonyme de riche, et *méchant* (cacos) de pauvre. Plus tard, dépouillé de ses biens et réduit à la misère, c'est l'estimation inverse qui prévaut, naturellement. Il se répand en jérémiades continuelles, sur lui-même, d'abord, puis sur ses amis et le malheur des temps : « O malheureux ! les maux que j'endure font la joie de mes ennemis et le désespoir de mes amis, (au moins douteux en ce qui concerne les amis)... Et je ne vois pas la punition de ceux qui m'ont ravi mes biens par la force... Puissè-je boire leur sang noir ! Puisse un bon démon accomplir ma vengeance ! » « Ce qu'il y a de mieux pour les habitants de la terre, c'est de ne pas naître, et, lorsqu'on est né, de franchir sans tarder les portes de l'Érèbe. » — Il se ressaisit enfin sous le coup du malheur, redresse fièrement la tête et frappe alors des maximes vraiment nietzschéennes : « C'est dans la pauvreté que se révèlent le faible et le fort... le faible ne sait user ni des biens ni des maux ; le fort doit braver les uns et jouir noblement des autres... Le cœur du brave est inébranlable, également grand dans l'infortune et dans le bonheur... Supporte l'adversité. Kyrnos, comme tu t'es réjoui dans le bonheur ; tes maux aussi sont un présent de la destinée... Le brave supporte ses maux et ne trahit rien de sa douleur. Le lâche ne sait supporter ni les maux ni les biens... Les dons fatals des Dieux ne peuvent être évités par un mortel, même s'il plongeait dans l'abîme de la mer violette, même lorsqu'il est entré dans le Tartare ténébreux ».

Saluons l'idée maîtresse de la philosophie de Nietzsche, une des très rares qu'il ait exprimées sans variations ni contradictions dans tous ses écrits : l'inséparabilité du bien et du mal, du plaisir et de la peine, de la souffrance et du bonheur, non pas seulement union, mélange et amalgame, mais bien combinaison, fusion, pénétration intime et indissoluble, et l'acceptation héroïque des deux, et la volonté de vie intégrale, et l'*amor fati* — tout cela est grec, foncièrement grec, homérique d'abord, puis gnomique, tragique, stoïque, avant d'être romain, quelque peu chrétien et finalement nietzschéen. Ecoutons, par exemple, la voix grave de l'empereur philosophe (au fait, qu'est-ce que Nietzsche pouvait bien penser de Marc Aurèle ?) : « O mon âme, pourquoi être triste ? Il faut donner de la joie aux dieux. Ne les accuse point ; n'accuse pas la nature... Comment pourrais-tu imaginer que tout n'est pas pour le mieux !... O intelligence, ô Nature, tout ce qui te convient me convient de même. Rien n'est pour moi prématuré ou tardif qui est de saison pour toi. Tout ce que m'apportent les heures m'est un fruit savoureux, ô Nature ! Tout vient de toi ; tout est en toi ; tout rentre en toi. »

Il serait aussi aisé que vain, et un peu puéril, de suivre ainsi à la trace, dans l'histoire de la philosophie, les idées-maîtresses de Frédéric Nietzsche. On n'y songerait assurément pas, si ce penseur orgueilleux n'avait affiché ses prétentions à l'originalité absolue. Or, une fois dépouillées de leur brillante parure verbale, — parure trop souvent d'ailleurs bariolée et criarde — les idées nietzschéennes les plus séduisantes paraissent méconnaissables, ou plutôt parfaitement reconnaissables pour avoir été rencontrées à tous les tournants du chemin qui va d'Héraclite à Schopenhauer. On n'en trouverait peut-être pas une qui ne soit un prolongement, une exagération, un « *jenseits* » de quelque conception antérieure. Souvent, du moins, dans la partie critique et polémique (qui s'étend bien aux neuf dixièmes de l'œuvre) c'est la négation pure et simple qui prévaut, l'antithèse « fièrement campée, dit M. de Roberty, en face de la thèse » et prétendant avoir raison de celle-ci par sa seule attitude guerrière.

Qu'on relise les aphorismes et maximes de Nietzsche touchant les usages, la conversation, les relations mondaines, l'amour, l'amitié, etc.; il est impossible d'y voir autre chose qu'un *Par delà* La Rochefoucauld, Vauvenargues et Chamfort. Nous en avons produit quelques exemples. L'influence de Spinoza est aussi des plus sensibles chez le philosophe de la Volonté de puissance. — L'identité *substantielle* de l'âme et du corps ; — l'âme multiple, « idée composée de plusieurs idées ; » — l'inexistence des soi-disant facultés de l'âme : ni intelligence ni volonté distinctes de leurs manifestations, c'est-à-dire des *actes*, c'est-à-dire de l'âme elle-même, laquelle est essentiellement *effort* et *puissance d'agir* ; — le bien et le mal, le juste et l'injuste = distinction dépourvue de sens dans l'ordre de la nature ; etc, etc, autant de thèses spinozistes aisément reconnaissables sous leur prestigieux manteau nietzschéen.

Nietzsche se rattache à l'extrême-gauche hegelienne par Feuerbach l'iconoclaste et surtout par Max Stirner, individualiste radical et libertaire, premier pontife de ce culte du Moi (*l'uni-*

que) célébré depuis par M. Barrès, Oscar Wilde et quelques lévites de moindre importance.

Nietzsche rappelle Renan par quantité de traits personnels et de vues, tant particulières que générales : l'un et l'autre élevés par des femmes et par des prêtres ; même enfance grave, solitaire et réfléchie ; même vie intérieure précoce, toute de poésie, de religion et d'idéal ; l'un et l'autre rompant, aux environs de la vingtième année, avec le Dieu de leurs jeunes ans, rupture violente et radicale chez Nietzsche, plus enveloppée et suivie de retours de tendresse chez Renan ; l'un et l'autre également épris de science universelle, assoiffés de polymathie ; l'un et l'autre s'enivrant de l'opium hegelien, dont toute leur philosophie devait demeurer pénétrée ; l'un et l'autre, enfin, mêmement, foncièrement aristocrates et démophobes, encore que d'un aristocratisme et d'une démophobie assez dissemblables.

Mais le vrai maître de Nietzsche, son « éducateur » et père spirituel, celui qui féconda en quelque sorte sa Muse philosophique, fut Schopenhauer. Nous avons dit son enthousiasme délirant lorsqu'il fit la découverte du grand pessimiste, et que la lecture du *Monde comme Volonté et Représentation* l'avait exalté jusqu'à l'entraîner sur le seuil de la folie. Une telle émotion nous paraît profondément significative : toute une psychologie, tout un tempérament s'y révèlent, éclairant d'un jour singulier les origines et les dessous de sa philosophie. Nous y reviendrons. Notons brièvement, pour l'heure, à titre de *curiosa* psychologiques, quelques traits de ressemblance entre ces deux philosophes de la Volonté : même franchise, liberté et intrépidité intellectuelles allant parfois jusqu'au cynisme ; même amour de la clarté. (« Enfin nous devenons clairs ! » — Après le règne des écoles kantistes et hegeliennes, c'était là une scandaleuse nouveauté, une révolution, une *nuit du 4 août* des privilèges philosophiques !) ; même souci de l'écriture, de la couleur, de l'image, de l'*argumentum ad oculos* ; mêmes goûts littéraires, même prédilection pour les moralistes français ; même antipatriotisme germanophobe (« Je déteste les Allemands, déclare Schopenhauer, et cela en raison de leur incommensurable bêtise, et je rougis de leur appartenir ») ; même voltairianisme, même haine de la superstition, de l'obscurantisme, de la bigoterie (surtout anglo-saxonne) ; même richesse de vocabulaire dans l'injure ; même mépris des hommes et éloignement de la foule ; même horreur pour la politique et ses agitations bêtes, même tour d'ivoire hantée par le même orgueil. Enfin, même dédain pour la femme — dédain purement théorique d'ailleurs, étant de notoriété que l'austère Schopenhauer ne laissa pas de prendre connaissance, à mainte reprise et de toute première main, du petit être « aux cheveux longs et aux idées courtes ». Quant à Nietzsche, il lui aurait dû, à en croire le Dr Möbius, avec la plus redoutée des diathèses, sa mégalomanie morbide et finalement sa folie.

Pour le fond même de la doctrine, la similitude n'est pas moins frappante. Laissant de côté les nombreuses vues de détail communes aux deux philosophes, bornons-nous à leur conception fondamentale de la volonté. Pour Nietzsche comme pour Schopenhauer, la volonté n'a rien de psychologique ; loin de dépendre de la conscience, c'est elle qui la détermine et la régit. Chez l'homme, elle comprend les instincts, les tendances, les passions, le fond le plus intime de l'être, ce qu'on nomme communément le *caractère* ou encore le *cœur*, soit tout le mécanisme obscur du *vivre* et de *l'agir*. Elle correspond à peu près aux deux âmes inférieures de Platon et d'Aristote, à la *vie organique* de Bichat, à l'*Inconscient* de Hartmann, etc. Immanente dans l'univers, du minéral à l'homme, la volonté en est comme le moteur et le grand ressort. Maintenant, que savons-nous de ce grand X mystérieux, qui se cache derrière notre monde de phénomènes, le commande, le meut et lui donne un sens ? Rien de plus que le fait de son existence, qui se révèle en nous, nous, phénomène parmi tant d'autres, mais phénomène conscient, sentant et voulant, *phé-*

nomène-noumène et qui se sait tel — *se connaissant* médiatement *comme phénomène, s'affirmant* immédiatement *comme noumène* — sorte de pont jeté entre l'apparence et la réalité, mieux encore : clef unique du grand hiéroglyphe, mot de l'énigme de Maya.

Ce mot est donc : Volonté. Pour Nietzsche, comme pour Schopenhauer, la volonté est le fait primitif, déterminant et dominant la conscience, qu'elle utilise à son gré, la dupant, la jouant sans trêve, la laissant croire à son autonomie, à sa « raison », à sa « liberté », et prendre des attitudes qu'elle juge nobles, mais qui apparaissent du plus haut comique quand on sait qu'elle est la puissance qui se cache là-dessous, la main sûre qui tient les fils de la risible marionnette.

Mais cette Volonté, demandera-t-on, qu'est-elle en somme et que *veut*- elle ? Comme Volonté *en soi*, répond Schopenhauer, nous n'en savons rien et n'en pouvons rien savoir, le principe de raison étant inapplicable en dehors du monde des phénomènes. En tant que *représentation*, en nous et hors de nous, elle se révèle désir aveugle d'exister, de s'objectiver, de revêtir toutes les formes possibles, de durer et de se transmettre ; sa plus haute manifestation c'est la *Volonté de vivre* (*Wille zum Leben*). — Non, déclare Nietzsche : *Volonté de puissance* (*Wille zur Macht*). Et le chœur des nietzschéens de se récrier sur la trouvaille, séduits, sans aucun doute, par l'harmonie purement verbale de l'expression. *Volonté de puissance*, comme c'est beau ! — Il nous est impossible de partager cet enthousiasme. Si l'on entend, en effet, signifier par ces mots que tout être ici-bas fait effort, non point seulement vers la vie, sans plus, vie béatement, stupidement végétative et stagnante, *conservatio sui* pure et simple, mais vers un *maximum* de vie, vers un *optimum* de vie ; que cet être doit, en conséquence, courir des risques, accepter la lutte, souvent même la provoquer, pourchasser l'ennemi, user tour à tour de violence et de ruse, enfin travailler sans relâche du bec, de l'aiguillon, des dents, des griffes ou des mains, et se démener de son mieux dans le coin de planète où la nature l'a installé, — en ce sens, dirons-nous, la volonté de puissance est impliquée dans la volonté de vie, car la vie est essentiellement tout cela, et il paraît assez inutile de ranger sous une rubrique spéciale les innombrables faits de cet ordre. « La volonté de vivre, dit Schopenhauer, loin d'être une personnification arbitraire, ou même un mot vide de sens, est au contraire la seule expression véritable de l'essence intime du monde. Tout se presse et se pousse vers l'existence, autant que possible vers l'existence organique, vers la vie, pour en atteindre ensuite l'échelon le plus élevé... Contemplons cette ardeur de vie universelle, voyons l'empressement infini, cette facilité, cette exubérance avec laquelle, en tout lieu et à toute heure, le vouloir-vivre fait violemment effort vers l'existence, emprunte des formes innombrables, use des fécondations et des germes, et, à leur défaut, de la *generatio equivoca*, sans perdre une seule occasion de tirer à soi avidement la moindre substance capable de vivre... » Et en effet, cette volonté de vivre se ramène en dernière analyse à une volonté de possession, d'accaparement de la matière, (donc de renforcement, de puissance, si les mots ont encore un sens) : « Partout les diverses forces de la nature et les formes vivantes se disputent la matière ; toutes tendent à l'envahir ; chacune en possède tout juste ce qu'elle a arraché aux autres ; ainsi s'entretient une éternelle guerre où il s'agit de vie et de mort. De là des résistances qui de toutes parts font obstacle à cet effort, essence intime de toutes choses, le réduisent a un désir mal satisfait, sans que pourtant il puisse abandonner ce qui fait tout son être, et le forcent ainsi à se torturer jusqu'à ce que disparaisse le phénomène, laissant sa place et sa matière, bientôt accaparées par d'autres. » (Schopenhauer, *Le Monde comme Volonté et comme Représentation*, éd. Alcan : t. I, p. 323 ; t. III, p. 163).

Mais si, dépassant cette manifeste équivalence et connexion de la volonté de puissance et de la volonté de vie, l'on entend subordonner celle-ci à celle-là, soutenir que *tout* être veut d'abord dominer, exploiter pour le plaisir, accaparer pour l'amour de l'art, et *accessoirement* ensuite se nourrir et se reproduire, — qu'il nous soit permis de trouver que c'est là proprement « mettre la vérité la tête en bas », posture fort inconvenante pour une personne aussi respectable, selon la propre remarque de Nietzsche. Or c'est bien à ce sens outré, à ce sens *insensé*, si on peut dire, que l'auteur de la *Volonté de puissance* est parvenu en dernier lieu. Il tient visiblement à se séparer de Schopenhauer, à sauvegarder, à mettre à tout prix en évidence l'originalité de son *Wille zur Macht*. Nous avons vu que, pour lui, le protoplasme se sert de ses pseudopodes, non pour se nourrir, mais pour exercer sa volonté de puissance. « Il n'est pas possible de considérer la faim comme mobile premier, non plus que la conservation de soi… la vie n'est qu'un cas particulier de la volonté de puissance. » Et quelles raisons fait-il valoir à l'appui de cette thèse paradoxale ? Aucune. « J'affirme », dit-il. Pour un peu, il nous donnerait aussi sa parole d'honneur. Et voulez-vous savoir quelle critique il adresse à son ancien maître ? « Le mot *Volonté* chez Schopenhauer, dit-il, dégénéra entre les mains de son inventeur à cause de sa rage philosophique des généralisations, pour le plus grand malheur de la science : car c'est faire de cette volonté une métaphore poétique que de prétendre attribuer à toutes les choses de la nature une volonté. » Hé, voilà un argument à deux tranchants qui nous paraît atteindre au vif la métaphysique même de la Volonté de puissance.

Cette métaphysique et, plus généralement, tout le *biodynamisme* de Nietzsche, son parti-pris d'apologie exaltée de la vie et de ses forces, ses *oui* enthousiastes et ses *non* furieux, tout cela dérive, tant par filiation directe que par opposition, de la philosophie de Schopenhauer. On ne saurait mieux comparer les deux pensées qu'au positif et au négatif d'une seule et même photographie. Sur l'une et l'autre épreuve, le champ de l'image, les proportions du dessin, les contours, la perspective, sont à peu près identiques ; mais aux blancs de l'une correspondent les noirs de l'autre et réciproquement. De plus, l'épreuve positive a été fortement retouchée ; elle n'en demeure pas moins reconnaissable et rappelle exactement, dans l'ensemble comme dans maint détail, l'épreuve originale d'où elle est sortie, le modèle qui lui a laissé sa marque ineffaçable et sans lequel, est-il besoin de le dire, elle n'eût jamais été ou eût été tout autre que ce qu'elle fut. (1)

---

(1) Sur Nietzsche et Schopenhauer voir J. DE GAULTIER : *Nietzsche et la réforme philosophique.*

Volonté de puissance, nouvelle *Hiérarchie*, théories du *Surhomme* et de *l'éternel Retour* : telles sont les pièces essentielles du nietzschéisme. La *Transvaluation de toutes les valeurs* (*Umwerthung aller Werthe*), Nietzsche, il est vrai, en parle souvent, mais ne s'en explique nulle part. La nouvelle table demeure incertaine et conjecturale. On peut en dire autant du nouveau principe d'évaluation : tantôt, en effet, il est question du bonheur général, de « la prospérité humaine » (*Généalogie*, Préface), ce qui ne laisse pas de surprendre un peu, tantôt du renforcement et de l'élévation de la vie, suivant une « échelle graduée des forces » dont on ne nous dit rien, sinon qu'il faudrait travailler à l'établir (*Volonté*, aph. 353).

Nous venons de voir que la Volonté de puissance n'est qu'un *jenseits*, un *par-delà* indûment généralisé du *Vouloir-vivre* schopenhauerien. Toutefois, réduits à de justes proportions, le mot et la chose se justifient. Il est hors de doute que certains hommes sont tout *Wille zur Macht*, comme d'autres — du troupeau, il va de soi — sont exclusivement *Wille zum Leben*, voire *Wille zum Schlafen*.

Le dualisme social, la nouvelle *Hiérarchie* (*Rangordnung*) met en présence deux classes qui n'ont entre elles aucune sorte de rapports, « deux races juxtaposées, séparées le plus possible, et dont la première (les Maîtres), ne se soucie pas plus de la seconde (tout le reste de l'humanité) *que les Dieux d'Epicure ne se soucient des mortels.* » Très bien. Seulement voici : les dieux d'Epicure se suffisent à eux-mêmes, tandis que les Maîtres *ont besoin* du troupeau, comme une plante parasite a besoin de l'arbre qui la supporte et la nourrit. Ce n'est pas qu'une telle symbiose sociale, avec prédominance d'une caste privilégiée, soit théoriquement insoutenable ; mais l'exclusion de toute sympathie, de toute compréhension d'une classe à l'autre, de toute réciprocité de services rendus, fait, nous le répétons, du système nietzschéen, une véritable gageure contre le bon sens.

Le *Surhomme* ? Il nous est présenté, tantôt comme fin suprême de l'évolution biologique (voir dans Zarathustra : « vous avez suivi le chemin qui va du ver au singe... »), tantôt comme une expression collective désignant les maîtres de l'avenir, les hommes synthétiques, ces « dieux d'Epicure » dont nous venons de parler, tantôt enfin comme un être encore supérieur, à l'avènement duquel la race privilégiée doit travailler sans relâche. — Y eut-il déjà des surhommes ? Encore trois réponses malaisément conciliables : « Oui, ce type souverain fut réalisé *assez souvent (oft genug)*, mais comme coup de hasard, comme exception, jamais comme type voulu. » D'autre part, Zarathustra affirme : « *Jamais encore (niemals noch)* il n'y eut un surhomme. Je n'ai vu exclusivement que ces deux types : le plus grand et le plus petit homme. » Enfin, nous lisons dans une projet de continuation de *Zarathustra* : « Ce n'est pas seulement l'homme, mais le surhomme qui *revient éternellement (kehrt ewig wieder)* ». Quant à la nature exacte de cet *Uebermensch* qui n'a jamais existé, tout en ayant existé une infinité de fois, et que d'ailleurs le cours normal des évènements doit de lui-même amener ou ramener, sans que nous nous en mêlions — il faut décidément renoncer à la connaître. Incohérence, chimère, utopie de mégalomane. « La théorie du Surhomme, dit M. Charles Renouvier, c'est la folie des grandeurs érigée en système social, » théorie tout inoffensive d'ailleurs, inconsistante et, en somme, *inexistante*.

Enfin *l'éternel Retour*. — L'éternel Retour fut la plus grande illusion et la plus grande désillusion de F. Nietzsche. Illusion d'abord, et illusion d'inventeur : « Je viens de concevoir une pensée merveilleuse, que jamais personne n'a eue avant moi », écrit-il naïvement dans l'ivresse de sa découverte. On ne parvient pas à s'expliquer comment cet homme, à qui pourtant les philosophies et religions de l'antiquité devaient être familières, n'a pas songé tout d'abord à y chercher l'origine de sa « nouvelle conception », ce qui aurait eu pour effet de transformer en souvenir précis une simple réminiscence de ses études classiques. On la trouve partout en effet, cette idée du recommencement indéfini de toutes choses. Elle est enseignée plus ou moins explicitement par les Orphiques, dans les mystères et dans les temples, par les pythagoriciens et par les stoïciens. De nos jours, Blanqui, G. Le Bon, Guyau, Dostoïewsky, d'autres encore l'ont connue et exposée, chacun avec quelque variante personnelle. Première désillusion, la plus cruelle sans doute : l'idée n'était pas neuve. Etait-elle du moins scientifiquement soutenable ? Nietzsche l'espéra et conçut, nous l'avons vu, tout un plan d'études spéciales. Hélas ! il ne tarda guère à se convaincre qu'une hypothèse d'une telle envergure était à tout jamais invérifiable et indémontrable par l'expérience ou le calcul. Pis encore : elle est logiquement contradictoire et tous les arguments du néo-criticisme portent à plein contre elle. En vain Nietzsche se défend-il contre ce dernier coup. En vain prétend-il « calculer en arrière, à partir de ce moment-ci » et traiter son infini *a parte ante* comme un infini *a parte post* : cet artifice n'empêche nullement qu'un *infini* ne soit *actuellement* écoulé, révolu, *fini* au moment considéré, ce qui implique contradiction. — D'ailleurs en la supposant vraie, cette « pensée redoutable », en quoi nous importe-t-elle ? Et comment ne s'est-il pas trouvé un homme de bon sens pour répondre à Zarathustra : « Pourquoi trembler devant l'éternel retour ? Nous avons été une infinité de fois avant le moment présent, et voici que nous n'en sommes pas autrement émus, n'en ayant gardé nulle souvenance. Pourquoi en serait-il autrement dans l'avenir ? » Qu'importe à la feuille qui va tomber de l'arbre en automne l'assurance d'être remplacée au printemps par une feuille identique ? elle n'en est pas moins vouée à la mort, sans retour, et nous ne croyons pas que l'immortalité de l'idée (platonicienne) de feuille suffise à la consoler, à moins pourtant qu'elle ne soit philosophe. *Tout devient, rien ne redevient :* douce ou cruelle vérité, suivant l'image qu'on se fait de la vie, mais vérité sûrement — aussi sûrement que l'éternel Retour est chimère.

Ainsi, des quatre ou cinq idées maîtresses de Nietzsche, une seule, la *Volonté de puissance* nous paraît viable, encore n'est-ce qu'à la condition d'abandonner son rang usurpé de vérité générale et même universelle. Tout le reste est rêverie. Et voici qu'une conclusion s'impose, assez plaisante : ce que Nietzsche a voulu et cru démolir, ces « trois ennemis » dont il est si fier, la Religion, la Morale, la Vérité, se portent toujours le mieux du monde, alors que ce qu'il a prétendu édifier sur leurs ruines ne tient réellement pas debout. C'est là le sort ordinaire des systèmes de philosophie. Mais il en est peu qui aient eu autant de bonheur que le nietzschéisme, dont le succès fut merveilleux et qui, merveille plus grande encore, s'est transformé chez quelques disciples en un véritable culte. Il a conquis ainsi une notoriété, presque une gloire, que ne justifient ni son originalité, ni sa valeur scientifique, ni la fermeté de ses principes, ni la rigueur de son argumentation, — tout cela y est à peu près nul, — mais qu'expliquent assez bien, en revanche, une forme neuve, saisissante, colorée, accessible aux lecteurs les plus novices en philosophie, un tour paradoxal et outrancier, un ton violent jusqu'à l'injure, enfin et surtout l'inestimable complaisance avec laquelle il se laisse débiter en un petit nombre de formules portatives, à l'usage des gens pressés et des snobs des deux sexes.

CHAPITRE XIII

CONCLUSION : LE MAITRE ET LES DISCIPLES

CHAPITRE XIII

CONCLUSION : LE MAITRE ET LES DISCIPLES

Misère et grandeur, faiblesse et orgueil : tout l'homme est là, nous dit Pascal. Tels sont en effet les deux pôles de l'humaine nature, les deux extrémités entre lesquelles oscille et oscillera toujours le pendule de l'*Humain, trop humain*. Reconnaissons-le de bonne grâce. Mais n'allons pas nous imaginer que les « grands hommes » échappent à la règle commune. Ils oscillent comme nous ; même, étant plus grands, plus amples aussi sont leurs oscillations. Et n'est-ce pas l'un d'eux qui nous révèle que, « à une grande vanité près, les héros sont faits comme les autres hommes ? » triste — ou consolante — vérité que l'exemple de notre « héros », Nietzsche, vient illustrer une fois de plus.

Ce fut un *faible*, et, encore bien qu'on ne puisse relever chez lui tous les genres de faiblesse, ce n'en est pas moins sur un fond très pauvre d'énergie que le philosophe de la Volonté de puissance vécut sa vie et édifia sa pensée. — Nietzsche avait fait sienne, avec beaucoup d'autres, la théorie de Schopenhauer sur l'hérédité, théorie d'après laquelle la volonté, faculté essentielle et primordiale, serait transmise par le père, et l'intelligence, faculté secondaire et dérivée, par la mère. Rien de plus discutable que cette théorie ; on peut même dire que le peu que nous suggère la science sur ces questions ténébreuses tendrait plutôt à l'infirmer et à nous incliner vers la thèse contraire. On sait en effet qu'il est *à peu près* établi aujourd'hui, à la suite des travaux de Pflüger, Maupas, etc. que la détermination du sexe est l'attribut exclusif de l'organisme maternel et que cette détermination est déjà un fait accompli au moment de la conception. D'où il pourrait bien résulter que ce qu'il y a de fondamental en nous, le facteur primitif, l'élément originel de notre nature, la *volonté* soit le fait de la mère, surtout si l'on entend par volonté, avec Schopenhauer et Nietzsche, les instincts, les tendances, les passions, le cœur, tout le domaine obscur de la vie affective et de ce qu'on nomme aujourd'hui l'*inconscient*. Outre cette raison physiologique, étant surabondamment prouvé que la volonté ainsi définie prédomine chez la femme, comme l'intelligence chez l'homme, « il semble, dit M. Ribot, que chacun transmettra ce qu'il possède au plus haut degré, par conséquent la femme le cœur et l'homme l'esprit. » — Mais il convient d'attendre, pour un médecin, un notable supplément d'informations.

Quoi qu'il en soit donc de ces hypothèses, Nietzsche n'hérita guère des siens que l'intelligence, laissant à sa sœur, « sa vaillante Lisbeth », le don précieux, si fort envié par lui, de la volonté. « Deux catégories chez les faibles, écrit-il dans la *Volonté de puissance* : les natures subites et les natures variables. Ne pas se confondre avec eux; les tenir à distance — à temps! » Nous croyons plutôt que ces deux catégories n'en font qu'une, et n'en voulons d'autre preuve que Nietzsche lui-même. L'impulsivité et l'instabilité sont en effet deux caractères inséparables, deux manifestations connexes, le *syndrome* même de la faiblesse. Or il suffit de parcourir la biographie de Nietzsche pour se convaincre qu'il fut au plus haut degré un impulsif et un instable. Cette vie, quelle singulière impression elle nous laisse, et combien révélatrice ! Inquiète, fébrile, désordonnée, trépidante et douloureuse ; au dehors, courant sans trêve du Nord au Midi et de l'Ouest à l'Est, toujours en quête d'un milieu propice, d'une atmosphère idéale, d'un introuvable ciel ; au dedans se consumant en rêves grandioses, en ébauches surhumaines, en plans démesurés, brouillons aussitôt raturés qu'écrits, projets aussitôt avortés que conçus ; et tout cela se traduisant tour à tour par des élans d'enthousiasme et des cris de désespérance, par des rires et par des larmes, par des *sursum* et par des *hélas !* — « excentrique », disait-on de lui, excentrique en effet et condamné par sa nature même à ne trouver son centre et son repos que dans l'affreuse paralysie finale.

Comme tous les débiles nerveux, Nietzsche subissait passivement et à l'excès ces mille influences insidieuses du temps, des saisons, des heures et des jours, qui, chez l'homme de volonté normale et maître de ses nerfs, viennent s'amortir dans l'inconscient et n'en franchissent que rarement le seuil. Chez lui, nulle tentative de réaction, nul effort pour régler son pendule moral, pour diminuer l'amplitude de ses terribles oscillations d'humeur. Sombre et découragé par temps couvert, il ne se tient pas de joie et danse tout seul quand il fait soleil, — toujours l'enfant nerveux et hypersensitif qui notait à quinze ans sur son carnet d'impressions : « un temps sombre rend l'âme sombre et, quand le ciel pleure, mes yeux aussi sont pleins de larmes. » — « Par mauvais temps et sous un ciel nuageux, écrivait-il à sa sœur, je suis littéralement un tout autre homme, plein de fiel et d'irritation contre moi-même, voire aussi contre les autres. Le premier et le second *Zarathustra* sont nés dans la lumière et sous un ciel serein, comme le *Sanctus Januarius*. Qui me juge d'après ces choses me juge cent fois trop favorablement. »

Ainsi qu'on l'observe chez tous les émotifs, son irritabilité et susceptibilité ne firent que croître et empirer avec l'âge, exaspérées encore par la solitude et l'insuccès. « Il en était arrivé, écrit Madame Foerster-Nietzsche (en 1883), à ne plus souffrir la moindre contradiction, croyant toujours son autorité compromise. » C'est ainsi qu'il considéra comme « une offense personnelle » le mariage de sa sœur avec le Dr Förster, parce que celui-ci ne partageait pas toutes ses idées, notamment sur les Juifs.

Comment s'étonner, après cela, des contradictions, antinomies et variations de tout genre qui fourmillent dans son œuvre ! Ces contradictions, nous en avons relevé quelques-unes au cours de cette étude, mais il faut renoncer à les signaler toutes. Comme les étoiles du ciel et les grains de sable de la mer, elles lassent le dénombrement. Nul, à cet égard, ne se ménagea plus de chances « d'être de temps en temps dans le vrai »; nul ne brigua moins que Nietzsche « le triste mérite de n'avoir jamais changé d'opinion », suivant deux formules célèbres ; nul enfin n'attacha plus de prix au grand principe fondamental de la dialectique « par lequel Hegel aida naguère à la victoire de l'esprit allemand sur l'Europe : « La contradiction est le moteur du monde ; toutes choses se contredisent elles-mêmes. » — Il ne tient à rien ; il ne s'attache durablement à rien. On sait son aphorisme sur les « habitudes courtes ». — « Je hais les habitudes stables et je crois qu'un tyran s'est approché de moi, que mon atmosphère vitale s'est épaissie, dès que les choses tournent à l'habitude acquise, par exemple par une fonction sociale, par la fréquentation constante des mêmes hommes, par une résidence fixe, par une espèce définie de santé... » Même ses goûts de correction extérieure, de tenue irréprochable l'abandonnent à leur tour. Il se relâche peu à peu de ce *vornehmes Wesen* à quoi naguère il tenait tant. « Ici, écrit-il de Nice, je vis positivement comme un gueux cynique, arborant *sans gêne* (en français) les plus vieilles défroques au beau milieu des élégances cosmopolites — mais qu'importe ? » Il se détourne avec dégoût de tout ce qui est exprimé, réalisé, consacré, définitif. Nul doute que, si le succès fût venu à lui, il n'eût fini par s'en lasser comme de tout le reste.

Instable, impulsif, tourmenté, discordant, faible en un mot : tel il nous apparaît tout le long de sa vie haletante et douloureuse. Que la maladie y ait été pour beaucoup, que Nietzsche ait souffert au-delà de la commune mesure, c'est ce que nul ne contestera. Mais qu'il ait parfois exagéré ses souffrances et forcé la note *léopardique*, c'est de quoi aussi nous avons quelque soupçon (1). « Il appelait maladie, écrit Madame Förster-Nietzsche, ce que les autres hommes nomment simplement tristesse ou manque d'entrain. » D'ailleurs tout ce qui le concerne est ainsi décrit en des termes que nous jugeons hyperboliques, mais qui au fond sont très sincères — Nietzsche fut toujours la sincérité même. — Il ne s'aperçut jamais qu'à travers des verres démesurément grossissants et déformants.

Il fut malheureux et se rendit plus malheureux encore. La solitude était à coup sûr le régime qui convenait le moins à ce grand enfant nerveux, malade, prompt au découragement, et, qui pis est, *pharmacomane* hors de toute mesure. Cette solitude, il l'exalte et la maudit tour à tour, suivant l'humeur et la saison. Les hommes, qu'il méprise en bloc et toise de haut, il ne les connaît pas. A deux ou trois reprises, nous le voyons tenté de combler cette lacune. Il essaye de prendre contact avec le troupeau : « Comment donc au juste vit le peuple ? demande-t-il un jour à sa mère, j'ai envie d'essayer de vivre comme lui » — ce qui fit beaucoup

---

(1) La douleur, dit M. Pierre Janet, joue un rôle considérable dans les névroses, car les malades faibles de volonté et émotifs savent, moins que tout autre, la supporter et lui donnent vite une importance démesurée (*Les Névroses*, p. 169).

rire Madame Nietzsche, qui savait bien que l'expérience ne serait pas poussée très loin, l'odeur des petites gens convenant on ne pouvait plus mal aux nobles narines de son fils.

Ainsi, il fuit les hommes et se plaint de l'abandon général. Il réclame des disciples à tous les échos de l'univers, il brûle de transmettre sa doctrine, de féconder des esprits, et, à peine en a-t-il réuni deux ou trois, qu'il les décourage et se décourage lui-même, tôt repris par quelque nouvelle lubie. Le voici à Ruta (automne 1886), décidé à y passer l'hiver. Il convoque ses deux disciples du moment, Lanzky et P. Gast. Mais à peine le premier est-il auprès de lui, que notre homme change d'idée et veut retourner à Nice. Lanzky essaye vainement de le retenir : — Quelle singulière nature est la vôtre, lui dit-il, vous réclamez des disciples, et semblez prendre plaisir à les décourager; vous les appelez auprès de vous, et, dès qu'ils sont là, c'est vous qui filez ! — Je vais à Nice, répond le Maître doucement obstiné, il me faut Nice, sa lumière, son ciel, sa baie des Anges...

Quand on est faible, c'est pour longtemps, a dit Sénèque : *Velle non discitur*. Nietzsche, il est vrai, s'efforça de faire mentir l'aphorisme. Il se raidit contre sa faiblesse et la détesta de plein cœur. Déjà en 70, pendant la terrible campagne, il avait senti courir dans ses moelles le dangereux frisson de la pitié et voué, dès lors, une haine implacable à l'énervante « religion de la souffrance humaine. » Tandis qu'il relevait, pansait, transportait les blessés douloureux et plaintifs, il voyait passer devant lui des chevauchées héroïques, des États-majors étincelants, des généraux, des princes auréolés de gloire. Son cœur ne balança point : « L'intrépidité du coup d'œil, la bravoure et la dureté de la main qui sabre », le conquirent à tout jamais. Il dressa devant lui et embrassa éperdûment un idéal d'énergie, d'audace, de domination, de volonté impérieuse et dure. Il *voulut vouloir* et usa à cet effet d'une manière d'autosuggestion philosophique. — Prenez de l'eau bénite, conseille Pascal aux chrétiens défaillants, priez, faites les gestes consacrés, accomplissez les rites prescrits, et la foi suivra le mouvement. Hélas ! Nietzsche essaya du procédé pascalien. Il exalta l'énergie et la mima de son mieux. Mais il eut beau enfler la voix, froncer les sourcils et donner à sa moustache un pli formidable, l'énergie ne suivit point. Il eut beau célébrer la guerre et chanter les combats, et la « joie du couteau », et « l'ivresse du meurtre », et « l'indicible bonheur à l'aspect des tortures », il n'en demeura pas moins le plus faible, le plus débonnaire et pacifique des hommes. Il eut beau faire de la volonté de puissance le centre et le pivot de tout son système, il ne posséda

jamais ni volonté ni puissance d'aucune sorte.
Velle non discitur. La force est incorruptible. Remarquez d'ailleurs qu'elle se passe le plus aisément du monde de théoriciens, d'apologistes et de hérauts, s'imposant assez d'elle-même et s'entendant parfaitement à faire son chemin toute seule, sans qu'il soit besoin de lui tracer des règles ou de lui payer un tribut de louanges qu'elle ne réclame point. Quant à la susciter là où elle n'est pas, quant à la créer ou seulement en développer le germe par la toute-puissance du verbe philosophique, c'est à quoi il serait un peu naïf de songer. L'énergie peut bien suggérer l'énergétique, la force, les théories dynamiques, mais le phénomène, comme disent les physiciens, n'est pas réversible. — *Velle non discitur* : Sénèque et Schopenhauer ont raison. Il n'y a jamais eu, il ne saurait y avoir de « professeur d'énergie ». On n'apprend pas à *vouloir*, non plus qu'à respirer ou à digérer dans les règles. Tout ce que peut faire le faible, c'est, connaissant son mal, d'éviter les occasions prochaines et tentations pernicieuses, de même qu'un homme affligé d'un mauvais estomac doit s'interdire les venaisons, les épices et les vins forts. Encore celui-ci — à lui supposer quelque volonté — peut-il se traiter efficacement, tandis que le premier, pour suivre un régime favorable, aurait précisément besoin de ce qui lui manque, de ce qui manqua surtout à F. Nietz-

sche : la persévérance, l'esprit de suite, la maîtrise de soi et de ses nerfs, la faculté de réagir ou d'inhiber une réaction intempestive par un acte de volonté.

Il eut un soutien : son orgueil, un orgueil qui fut de bonne heure, et indépendamment de toute influence morbide, prodigieux et démesuré. La paralysie générale n'eut qu'à broder sur un canevas déjà ancien. Dès l'enfance, Nietzsche avait été habitué à se considérer comme un être d'exception, à voir tout le monde en extase devant lui. « Tout ce qu'il disait, écrit sa sœur, était parole d'évangile. » Son regard seul imposait à ses petits camarades, « qui n'eussent osé, pour rien au monde, risquer en sa présence une parole grossière ». Il rappelait, paraît-il, « le petit Jésus à douze ans, dans le temple. » Bref, c'est une adoration unanime, un encens perpétuel qui monte et fume autour de lui. A Pforta, il est vrai, la note change, l'enthousiasme est sensiblement moindre, Nietzsche se met même dans le cas de faire connaissance avec les sévérités d'une règle aussi égalitaire qu'inflexible ; — mais le pli était pris : *le jeune Fritz n'était pas fait comme les autres.*

C'est environ vers l'époque de sa rupture avec Wagner que le futur prophète du Surhomme prend conscience de sa « mission ». — « Wagner n'a été que mon *précurseur* », dira-t-il plus tard, non sans une modeste allusion à un autre précurseur et à un autre Prophète. Tout de suite cette mission revêt des proportions surhumaines. Ses lettres débordent d'une ferveur sacrée, entrecoupée de plaintes sur l'énormité de la tâche (*ungenheure Aufgabe*) « dont le sort a chargé ses épaules. » « J'en ai littéralement le vertige, écrit-il en *1880*... ce qui m'est imposé est peut-être au-dessus des forces humaines ! » *Dès 1875*, il mande à Gersdorff : « Je sais déjà quelle influence j'exerce, et, si je devenais plus faible et plus sceptique, ce n'est pas moi seul que j'amoindrirais, mais aussi beaucoup d'autres hommes dont le développement dépend du mien. » Et, l'année suivante : « Je veux rendre aux hommes la sérénité, condition de toute culture, et aussi la simplicité. — Sérénité, simplicité, grandeur ! » *En 1881*, il écrit à sa sœur : « Crois-moi, je représente actuellement le sommet de toute réflexion et de toute étude sur la morale en l'Europe... Le temps est proche peut-être où *même les aigles frémiront à ma vue*, comme sur cette image de saint Jean que nous aimions à regarder dans notre enfance ». Qu'on veuille bien noter les dates, et l'on se convaincra que le délire ambitieux de 1888, la mégalomanie qui s'étale à plein dans *Ecce homo* n'est que l'aboutissant d'une longue évolution, le dernier terme d'une effrayante progression géométrique. Nous en avons

CONCLUSION : LE MAITRE ET LES DISCIPLES

rapporté assez d'exemples, elle est d'ailleurs suffisamment connue pour que nous nous abstenions d'y appuyer davantage.

Il eut un autre soutien : sa passion, c'est-à-dire ses enthousiasmes et ses haines (celles-ci à peu près exclusivement dans les dernières années de sa vie). Aux unes comme aux autres, nous le voyons s'abandonner tour à tour avec la même fougue, sans réserve ni prudence, sans le moindre souci des contradictions et palinodies les plus choquantes. C'est moins un homme, qu'une succession incroyablement rapide d'hommes divers, tous également *emballés*, tous également sincères, — ne craignons pas de le redire : Nietzsche fut la sincérité et la loyauté mêmes — tous enfin également « convaincus ». Ce n'est pas à la photographie, mais bien au cinématographe qu'il faudrait demander de rendre la mouvante image de cet homme protéique et déconcertant. Ses haines, disions-nous, finirent pas rester maîtresses du champ de bataille. En vain leur avait-il imparti, en 1874, un délai de cinq ans pour déverser leur fiel ; en vain écrivait-il, en janvier 1882 (le « saint Janvier »), dans l'ivresse d'un hiver radieux sur la Riviera italienne : « Je ne veux pas accuser, je ne veux même pas accuser les accusateurs. *Détourner mon regard*, que ce soit là ma seule négation... Je veux en toute circonstance n'être enfin qu'affirmateur ! » En vain, en vain. Il demeura jusqu'au bout hypnotisé, *envoûté* par les objets de sa haine et de son mépris, avec la conscience, la « mauvaise conscience » de tout ce que cette fascination lui volait de temps et de forces spirituelles. En quoi il rappelle un peu l'auteur de *Bouvard et Pécuchet*, qu'une antipathie analogue, la phobie stupide du « bourgeois », obséda, accapara, tyrannisa au point qu'il ne put s'en défaire et, *sit venia verbo*, s'en purger qu'au prix énorme de tout son talent.

De même, le combat qui se livra en lui, sa vie durant, entre le pessimisme et l'optimisme, semble bien s'être terminé par la défaite de ce dernier. L'*amor fati*, l'exaltation de la vie intégrale cédèrent peu à peu la place au découragement. La pensée du retour éternel de ses maux finit même par lui paraître tout à fait intolérable. La vision le hanta d'un suicide libérateur. Libérateur ? Hélas non, et il dut renoncer. Cette porte dérobée est trompeuse et *n'ouvre pas sur le dehors*, sur le néant bienheureux. Nous sommes condamnés à errer indéfiniment dans le labyrinthe des choses, sans but, sans espoir, sans fil conducteur, sans Ariane secourable. Schopenhauer a raison une fois de plus : le suicide ne nous affranchit pas, l'essence intime de notre être et du monde, la Volonté, est rebelle aux moyens violents, et nous n'avons contre elle d'autre recours que la résignation ou, mieux encore, la renonciation totale et absolue.

Nietzsche fut malheureux, — par sa faute serions-nous tenté d'ajouter, si nous ne craignions de commettre une injustice et, par surcroît, d'avancer une sottise. Car enfin, être malheureux *par sa faute*, cela ne résiste pas à la réflexion. On est heureux ou malheureux par un concours de circonstances et de conditions *dont on fait soi-même partie*, avec les fatalités de son caractère, de son tempérament, de sa physiologie étroitement déterminée et, en majeure partie, héritée. Il y a là un imbroglio tragique où le rôle et la part de complicité de chacun des agents sont indiscernables. D'ailleurs aucun n'est coupable au fond. Le sage parfait, dit à peu près Épictète, n'accuse de ses maux ni soi-même ni les autres. Ni la destinée ajoutait Nietzsche ; — mais il y a bien peu de sages parfaits ici-bas, surtout en pratique, et Nietzsche lui-même accusa beaucoup — ses amis, ses ennemis, ses éditeurs, l'Allemagne entière — et gémit encore davantage.

Il s'est pris trop au sérieux. Cet apologiste du rire n'a jamais su sourire. Renan, qu'il détestait et peut-être enviait secrètement, notre bon maître Renan aurait bien pu lui passer quelques grains de son sel. Ce germain germanophobe et grécolâtre était totalement dépourvu d'atticisme, à savoir de mesure, de bon goût, d'harmonie égale et sereine ; cet admirateur d'Epicure ne connut jamais la souriante ataraxie du sage de Samos.

Il s'est pris trop au sérieux. — Peut-être, nonobstant les circonstances adverses — eût-il pu, sinon esquiver, du moins retarder le terrible naufrage de sa raison, s'il avait su s'imposer une meilleure hygiène physique et morale, maîtriser, pour parler comme Platon, le fougueux attelage de ses passions spirituelles, enfin, régler, discipliner, canaliser son exaltation dionysiaque. Mais non : il préféra se battre les flancs, se pressurer, s'échauffer dans son harnois jusqu'à l'explosion finale, tout cela pour une « mission » que personne ne devait ni ne pouvait prendre au sérieux. C'est là une bien mélancolique histoire. Il est vrai qu'il a détraqué quelques cervelles, mais elles n'étaient certainement pas très solides. La sienne, qui méritait mieux, il l'a littéralement intoxiquée de sophismes grandioses et de mirobolantes chimères, autant que d'hydrate de chloral.

Ce fut une vive intelligence singulièrement mal servie par ses organes et son tempérament. Un peu plus d'harmonie et de stabilité dans ses cellules cérébrales eussent sans doute fait de lui, non pas un Gœthe à coup sûr, du moins un écrivain de premier ordre et un grand philosophe. Il eût laissé une œuvre achevée au lieu d'une poussière d'œuvres, une lumière au lieu d'un feu d'artifice, un beau poème philosophique au lieu d'un évangile prétentieux, incohérent et manqué.

Les disciples ? Ils sont légion, et légion très mêlée. Nombre de nietzschéens, d'ailleurs, ignorent leur étiquette, tout comme M. Jourdain, prosateur, ignorait la sienne. La thèse fondamentale de notre philosophe : *Il n'y a pas de puissance, pas de valeur au monde supérieure à la force*, constitue en effet le premier article d'un Credo qui réunit, en une pittoresque confrérie, des hommes tels que Cartouche, Mandrin, Napoléon, Troppmann, le prince de Bismark et généralement les ambitieux, *strugglers* et arrivistes de tout plumage et de toute envergure. *Une seule chose est nécessaire :* l'énergie, la volonté de puissance ; un seul but : le développement maximal de son *moi*. Quant aux moyens, ils sont tous bons, pourvu qu'ils réussissent. Et ceci, encore une fois, n'est pas une charge grossière, une vile caricature de la doctrine, c'en est la quintessence, l'aboutissant, le bourgeon terminal. Nietzsche n'a jamais affirmé, et, ses prémisses négatives posées, ne pouvait affirmer autre chose. Il n'y a de droit au monde que la force : *Unisquisque tantum juris habet quantum potentiâ valet*. Tout détenteur d'une parcelle de force peut et doit en user, la développer, la pousser jusqu'aux dernières limites. Il se heurtera inévitablement à des forces adverses, s'exerçant comme la sienne et contre la sienne. S'il les surmonte, c'est tant mieux, s'il succombe, c'est tant pis. Le bien, c'est la force et la victoire ; le mal c'est la faiblesse et la défaite : tout le reste est sophisme, hypocrisie et mensonge intéressé. — Un missionnaire interrogeait un jour le chef d'une tribu sauvage sur l'idée qu'il se faisait du bien et du mal : « Le bien — répondit cet homme avisé — c'est quand nous prenons aux autres leurs femmes, le mal c'est quand ils nous prennent les nôtres. » Nietzschéen aussi, ce sauvage-là.

N'oublions pas non plus que l'intelligence est une force ; forces aussi ses variétés pratiques : la connaissance des hommes, l'art d'en tirer parti, le sens des affaires, etc. Jointes à l'absence totale de scrupules, alliées à l'amoralisme le plus déterminé, au parfait mépris de *Pecus*, elles permettent de faire entrer dans la vaste église nietzschéenne une intéressante catégorie de personnages : forbans de finances, d'industrie et de lettres, exploiteurs et tondeurs du troupeau, hommes de proie et aigrefins, en un mot, tout ce qui opère, évolue et déploie ses énergies *par delà le bien et le mal.*

En vain quelques nietzchéens s'indignent et protestent. Cet envahissement les effraie et ils voudraient établir à l'entrée du temple un contrôle plus rigoureux. En vain allèguent-ils certaines restrictions du Maître. Ils n'empêcheront jamais de se réclamer très légitimement de la doctrine, et *d'en revendiquer les privilèges*, tous ceux qui réunissent les deux conditions essentielles, les deux vertus cardinales du nietzschéisme : *volonté de puissance* et *puissance de volonté*, qu'ils soient par ailleurs ce qu'ils voudront, princes, escrocs, empereurs ou bandits. « C'est la foi qui décide ici, prononce le Maître en propres termes, c'est elle qui fixe le rang. » et quel homme un peu doué d'aptitudes nietzschéennes ne le formulera pas, cet acte de foi qui doit l'élever au-dessus du troupeau, l'affranchir de toute contrainte religieuse ou morale, le mettre au rang des nobles — *quelle que soit sa classe sociale*, — lui donner droit enfin à la philosophie la plus hautaine et la plus « distinguée » qui ait été enseignée sous le soleil !

Mais voici les disciples d'élection, les vrais, les purs, les fidèles, les « bons » nietzschéens, ceux à qui le Maître a dédié ses ouvrages, « livres d'élite pour hommes d'élite, *Eliteschriften für Elitemenschen* », — du moins le croient-ils, et, encore un coup, il n'y a que la foi qui sauve. Ils ont une grande qualité, qui est aussi un grand charme : ils sont jeunes, jeunes de cœur s'entend, car tous les âges de la vie sont représentés parmi eux. Beaucoup connurent d'autres voies et exhaltèrent d'autres idéals. Schopenhauer, Wagner, Tolstoï, Ibsen les conquirent tour à tour. Leur choix du moment est déterminé par le superlatif de nouveauté et de hardiesse d'une doctrine, d'un art, d'une musique, d'un genre littéraire, voire d'une religion. Le nietzschéisme a pour eux l'inestimable mérite de représenter la plus récente formule, la *neuere* et *neueste Philosophie*. Ils sont donc nietzschéens. Ils le sont candidement, avec la meilleure conscience du monde, d'autant plus à l'aise à l'endroit de leurs professions de foi successives et successivement abandonnées, que le Maître lui-même a donné l'immortel exemple de pareils avatars et subtiles « ruses de serpent qui se plaît à changer de peau. »

Ils sont les prêtres du nouveau culte, les hiérophantes du Zarathustrisme, les gardiens de la Loi. Leur centre est le *Nietzsche-Archiv*, à Leipzig. Là, penchés, la loupe en main, sur les innombrables brouillons, lettres, ébauches, plans, notes et notules tirés du fameux *Klumpfusz*, les plus dévoués d'entre eux se livrent, depuis de longues années, à un véritable labeur de bénédictin, déchiffrant, comparant, interprétant, restituant avec zèle jusqu'aux moindres vestiges de la pensée du Maître. Presque tous ont soutenu brillamment leur thèse de doctorat ès-nietzschéisme. Il en est peu en effet à qui l'on ne doive quelque aperçu nouveau, quelque rapprochement ingénieux, au moins vingt-cinq à trente pages de solide exégèse. Est-il besoin d'ajouter que l'apologétique y est seule admise ? Toute critique est par eux jugée d'un mot : incompréhension. Si ce petit livre pénètre d'aventure — ce qu'à Dieu ne plaise — dans la bibliothèque du temple, nul doute qu'il n'y soit plongé aussitôt dans le plus ténébreux *enfer*.

Ils ont leur lieu de pèlerinage, leur Mecque, leur Jérusalem : Sils-Maria (1). Ainsi s'accomplit la parole du Prophète : « Sils-Maria, séjour merveilleux auquel je ferai en reconnaissance un nom immortel. » On y montre *la* maison et *la* chambre, et le lit où il reposait — si peu hélas ! — et la table où il rangeait, le soir, ses collections de pensées, capturées et cueillies, — fleurs divines, divins papillons — sous les sapins puissants, près des sources chantantes, parmi les grands rochers vêtus de mousse et coiffés de lichens. Sortons. Voici le chemin ombreux qu'il prenait d'habitude ; voici le panorama qu'il embrassait du regard ; voici enfin le lac, le lac témoin de l'éternel Retour, et la verdoyante petite presqu'île où il avait accoutumé d'allonger sa rêverie... Sils-Maria, paradis nietzschéen, ton nom est immortel !

Ils ont leurs icônes et images taillées, représentant le Maître aux divers âges de sa vie et dans des attitudes diverses. Les plus fortunés possèdent sa statue en bronze par Arnold

(1) Triebschen pour les wagnéro-nietzschéens.

Kramer : Nietzsche, assis dans son fauteuil de malade, tient sur ses genoux la nouvelle table des valeurs, qu'il désigne à l'univers, d'un index impérieux (bronze argenté, 450 M.; bronze, 400 M.; plâtre, 40 M.). La statue se débite, et l'on peut, à la rigueur, se contenter de la partie supérieure (160 M. avec pied en onyx), à moins qu'on ne préfère, pour le même prix, le *Nietzsche-Relief* de Julius Drexler. Quant aux portraits, ils sont innombrables. Le dernier en date représente le Maître étendu sur son lit de paralytique, les traits durs, les yeux caves, le regard éteint (« tourné en dedans » euphémise M. Lichtenberger) — et c'est une assez triste image, qu'on aurait peut-être pu se dispenser de livrer au public.

On le voit, c'est un culte, un véritable culte, et voilà que nous sommes pris de remords. N'en avons-nous pas parlé sur un ton léger, frivole, un peu déplaisant ? Toutes les religions sont respectables, et, en définitive, il faut bien qu'il y en ait une de vraie. — Un explorateur déballait un jour, devant Baudelaire, quelque idole exotique grossièrement taillée, mais ornée des plus riches couleurs. Comme il la maniait sans ménagements, au risque même de la laisser choir, le poète lui saisit vivement le bras : « Prenez garde, dit-il ; si c'était le vrai Dieu ! » — Nous aussi prenons garde d'offenser, sinon la vraie religion, du moins la vraie philosophie qu'est peut-être, après tout, l'immoralisme nietzschéen. Dans le doute, imitons le sage éclectisme de ces Romains qui, ne pouvant adorer tous les dieux de l'empire, les rassemblaient pieusement sous un même toit, sans en exclure un seul. Aussi bien, Nietzsche a-t-il sa place marquée dans le panthéon de la pensée humaine. Où ? Peut-être à côté de Gœthe, de Renan et de Schopenhauer, — peut-être à côté, mais sûrement au-dessous.

FIN

TABLE DES MATIÈRES

	Pages.
INTRODUCTION :	
Philosophie et philosophes..................	5
CHAPITRE I. — Nietzsche enfant................	29
— II. — Nietzsche disciple............	49
— III. — Nietzsche critique............	87
— IV. — Nietzsche évangéliste. — Sa folie. — Sa mort..........	115
— V. — L'œuvre : impression générale.	141
— VI. — Modernité et Décadence.......	153
— VII. — Premier ennemi : le Christianisme...........................	183
— VIII. — Deuxième ennemi : la Morale.	215
— IX. — Troisième ennemi : la Vérité..	245
— X. — La Volonté de puissance. — La cité nietzschéenne.— L'éternel retour.........................	263
— XI. — Nietzsche maximiste.—L'amour.— Les femmes. — Le mariage.	295
— XII. — Conclusion : l'œuvre..........	309
— XIII. — Id. : le Maître et les disciples..................	337

Imprimerie Rennaise. — L. Caillot et fils.

www.ingramcontent.com/pod-product-compliance
Lightning Source LLC
Chambersburg PA
CBHW050251170426
43202CB00011B/1645